gastrolife pur

Gastronomisch-kulinarische Sach- und Lachgeschichten

gastrolife pur

Gastronomisch-kulinarische Sach- und Lachgeschichten

t.

TRAUNER VERLAG

Impressum:

Coverdesign:
Mag. Christian Pötscher

Herstellung:
TRAUNER DRUCK GmbH & Co KG, Köglstraße 14, 4020 Linz

Vertrieb:
TRAUNER VERLAG + BUCHSERVICE GmbH, Linz

ISBN 978-3-99033-249-8
www.trauner.at

Inhalt

Im nachfolgenden Text wird aus Gründen der Übersichtlichkeit vorwiegend die männliche Form angeführt. Es versteht sich jedoch von selbst, dass die weibliche Form gleichermaßen gemeint ist.

Vorwort

Meist kommen mir solche Ideen im Urlaub, lustigerweise immer auf einer Liege mit Blickrichtung auf das offene Meer und an Orten, an denen man für die Außenwelt telefonisch nicht oder nur äußerst eingeschränkt erreichbar ist.

So war es auch, als ich mir vor drei Jahren spontan gemeinsam mit meinem Freund Mario präventiv einen elftägigen Entspannungsurlaub auf den Malediven von einem befreundeten Arzt verordnen ließ, um nicht auf seiner Behandlungscouch als Burn-out-Patient zu landen. Die Idee, gleich nach dem Urlaub eine kleine, aber feine Uhrenfirma zu gründen, um aus meinem langjährigen Hobby auch Profit zu schlagen, kam mir auf so einer Liege.

Als Häuslbauer, Genussmensch mit ausgeprägtem Sinn für die schönen Dinge im Leben und in erster Linie als ständig unter Strom stehender Mensch war es mir nicht möglich, längere Fernreisen mit meiner Familie zu unternehmen. Nach 14 Jahren ohne gemeinsame Traumreise war es aber wirklich an der Zeit, das nachzuholen, und so wurde die nächste „Liegenidee“ geboren.

Wir flogen alle nach New York und weiter nach Aruba, und genau hier, mitten in der Karibik der niederländischen Antillen, auf einer Liege am weißen Sandstrand mit dem Blick über das weite Meer hinüber nach Venezuela kam mir die Idee, meine gastronomischen Erlebnisse niederzuschreiben.

Ich danke allen in diesem Werk genannten Personen für die Zustimmung, Dinge zu veröffentlichen, die manchmal sehr privat und nicht immer gesellschaftsfähig sind.

Natürlich wurden auch so manche Identitäten verändert, um niemanden zu brüskieren.

Die im Buch verwendeten gastronomischen Fachausdrücke und Speisenbezeichnungen werden im Fachwörterverzeichnis im hinteren Teil dieses Buches erklärt.

Kapitel 1: Das Gastrogen

Ich glaube fest daran, dass es einen Zusammenhang zwischen der Kindheit, den Umständen, wie man aufwächst, dem Ort, wo man einen Großteil seiner Kindheit verbringt, und der Berufswahl gibt. Verantwortlich dafür ist etwas, das ich Gen nennen möchte, in meinem Fall also das Gastrogen.

Meine Mutter, wie könnte es anders sein, ist eine Wirtstochter und in einem kleinen Landgasthaus in St. Veit im Mühlkreis aufgewachsen. Sie führte den gastronomischen Weg der Familie zwar nicht weiter, dafür aber ihre Schwester, die mit nunmehr knapp 70 Jahren noch immer den verkleinerten vorderen Teil des Wirtshauses führt. Eigentlich ist dieser Teil der Stube kein Gasthaus mehr, sondern eine Bar und der Arbeitstag, besser gesagt, die Arbeitsnacht meiner Tante dauert an den Wochenenden meist bis weit in die Morgenstunden. Das Publikum ist zwischen 18 und 35 Jahre alt und die jung gebliebene vierfache Großmutter steht hinter der Theke, lauscht Technotönen, und sollte der eine oder andere Gast noch spätnachts hungrig werden, verwöhnt sie ihre Gäste auch kochend.

Der ursprüngliche Heurige mit À-la-carte-Betrieb im hinteren Teil des Hauses wurde bereits vor Jahren wegen Pensionierung geschlossen, weil sich kein Übernahmekandidat finden ließ. Der Betrieb war durch die nationale und auch internationale Erfahrung meines Onkels in der Spitzengastronomie weit über die Dorfgrenzen hinaus bekannt. Zurück in Sankt Veit, verfolgte er aber eine zwar sehr bodenständige, aber auch sehr klare Linie. Er leitete das Service, war der innovative Geist und seine Frau war der Küchengeist. Die Qualität der angebotenen regionalen Schmankerln war erstklassig. Dies brachte über Jahre volle Reservierungsbücher und die Gäste nahmen es durchaus in Kauf, aus einer Entfernung von 50 Kilometern und mehr anzureisen, um bei meiner Tante und bei meinem Onkel zu tafeln.

Eines Nachts fuhr ich mit einem Bekannten an Sankt Veit vorbei und schlug vor, kurz bei meiner Tante in der „Bar" vorbeizuschauen. Wir betraten also unangemeldet die Gaststube und beim Anblick, der sich uns bot, kamen wir aus dem Staunen nicht mehr heraus. Was wir zu Gesicht bekamen, ließ uns den Mund offen stehen: etwa 15 leicht und zwei stark angeheiterte Gäste, meine Tante hinter der Theke auf der Arbeitsplatte sitzend, die Füße auf einer umgedrehten Getränkekiste, Musik in einer Lautstärke, die es uns unmöglich machte, die Worte meiner überraschten Tante auch nur annähernd zu verstehen. Wir wurden von den Gästen sehr nett mit einem „Servas" begrüßt und Tante Otti bereitete für uns eine herrliche Brettljause zu. Wir verspeisten also inmitten der gut gelaunten Youngster unser verspätetes Abendessen und tranken zwei Halbe Bier. Mein Bekannter, wohlbehütet aufgewachsen, aus guter Familie und mit mehreren akademischen Titeln versehen, sagte zwar nichts, aber ich konnte seinen Schock an seinem verdutzten Gesichtsausdruck ablesen. Er wird wohl alles daransetzen, dass seine Kinder keine gastronomische Laufbahn einschlagen. Für einen Menschen, der nicht aus unseren Reihen kommt und vielleicht außer seinen vier Bürowänden noch nicht viel gesehen hat, mag das durchaus sehr befremdlich sein. Meine Tante hingegen lebt für ihre Gäste, bei ihr geht es schon lange nicht mehr nur um das Geschäft. Es ist ihre Berufung und sie ist mit Herz und Seele Gastwirtin. Und ihre Gäste, sie bezeichnet sie als „die Jungen", lieben sie auch.

Auch meine Großmutter, die das Wirtshaus vor ihr führte, stand bis zu ihrem Tod in der Küche. Sie verstarb kurz vor ihrem 79. Geburtstag. In meiner Kindheit verbrachte ich viele Tage in diesem Wirtshaus, während meine Mutter und gelegentlich auch mein Vater im Gasthaus mithalfen, um den Ansturm der vorwiegend Linzer Gäste an den Wochenenden zu bewältigen. Beim jährlich stattfindenden Seefest waren wir jedenfalls alle mit dabei. Hier wurde mir erlaubt, beim Getränkeausschank mitzuhelfen und die Gläser zu spülen. Das Schöne daran war, dass ich das Trinkgeld behalten durfte und so mein erstes Geld in der Gastronomie verdiente. An guten Tagen waren das einige Hundert Schilling. Ich durfte so lange mithelfen, bis der Alkoholspiegel der Gäste so hoch war, dass die Festzeltstimmung ausgelassener wurde und die ersten Gäste mit dem Bierkrug in der Hand ins Wasser fielen. Da das bereits am späten Nachmittag der Fall war, wurde ich also gegen 17 Uhr zurück zu meiner Großmutter ins Gasthaus geschickt. Ich ging nach getaner Arbeit mit vollen Taschen mit Fünf- und Zehn-Schilling-Münzen zurück, zählte zu Hause mein Geld und war stolz darauf, es selbst verdient zu haben.

Mein Vater spielte zu dieser Zeit Vereinsfußball, also verbrachten wir den Großteil unserer Wochenenden auf ständig wechselnden Sportplätzen in Oberösterreich. Mit Schulfreunden am Wochenende etwas zu unternehmen, war also kaum möglich, obwohl mir das bei Weitem lieber gewesen wäre!

Bereits im Kindergarten der Raiffeisenzentralbank am Linzer Südbahnhof war ich als nicht besonders kontaktfreudiges, eigenwilliges und, was das Essen betraf, heikles Kind bekannt. Gleich in den ersten Tagen im Kindergarten teilte ich meiner Mutter mit, dass ich hier nicht bleiben wollte und konnte, weil mir das Essen nicht schmeckte! Waren das vielleicht schon die ersten Anzeichen des „Gastrogens“? Da meine Eltern aber beide berufstätig waren, blieb mir nichts anderes übrig, als mich mit der Situation zu arrangieren.

Als ich die Volksschule besuchte, übernahm den kulinarischen Teil meine Tagesmutter Marianne, sie war unsere Nachbarin. Hätte sie gewusst, auf welch verwöhntes Einzelkind sie sich da einließ, hätte sie ihre Dienste höchstwahrscheinlich niemals angeboten. Sie kochte nicht nur für mich, sie lernte auch mit mir und sorgte dafür, dass ich meine Hausaufgaben machte. Marianne war streng, aber gerecht und bestand darauf, dass ich immer alles aufaß. Ich hatte Glück, Marianne war eine sehr gute Köchin. Bei manchen Gerichten hatte ich trotzdem keine Lust, davon so viel zu essen, bis der Teller leer war. Dieser Umstand bewog mich gleich in den ersten Tagen, meinem Vater nach der Arbeit aufzulauern, um ihm mein Leid zu klagen. Statt einer Begrüßung empfing ich ihn mit der Aufforderung: „Sag der Nachbarin, sie braucht gar nicht zu glauben, dass ich immer alles esse, was sie kocht, und schon gar nicht werde ich immer alles aufessen!" Kulinarische Abwechslung hatte ich dann erst gegen Ende der Volksschule. Zu dieser Zeit kochte an manchen Tagen meine Linzer Großmutter für mich und sie war wirklich eine gute Köchin. Ich konnte mir wünschen, was ich wollte, und sie bereitete die Speisen mit viel Liebe und Geschick zu, um mich nach der Schule damit zu verwöhnen.

Auch meine St. Veiter Großmutter war, alleine schon durch ihre Gastronomieerfahrung, eine ausgezeichnete Köchin, die es liebte, in ihrer spärlichen Freizeit gemeinsam mit uns gute Restaurants zu besuchen, und bereit war, viel Geld dafür auszugeben. Ich erinnere mich an das Gasthaus Schafelner in Stadt Haag oder Häupl in Seewalchen, die wir gelegentlich gemeinsam besuchten. Beides waren preisgekrönte

Restaurants, die mich als Kind schon stark beeindruckten. Ihre Speisekreationen, ihr Service, das Ambiente und die für mich noch völlig fremden Geschmacksempfindungen begeisterten mich. In Erinnerung geblieben ist mir auch das Allegro, das erste Linzer Restaurant für Gourmets am Südbahnhofmarkt, das es heute nicht mehr gibt. Günter Hager wurde damals für seine Kochkünste mit zwei Hauben ausgezeichnet und das Lokal zählte sicherlich zu den besten seiner Art in Österreich. Ich weiß nicht mehr genau, zu welchem Anlass mein Vater uns hierher eingeladen hatte, aber für mich war es wie eine Reise in eine andere Welt. Den Wunsch, in der Gastronomie tätig zu werden, hatte ich in meiner Kindheit trotzdem noch nicht. Ich beschäftigte mich viel lieber mit Haifischzähnen, die ich in der Pleschinger Sandgrube gefunden hatte, sammelte Versteinerungen und interessierte mich für viele Themen aus der Antike. Wie fast jedes Kind faszinierten mich Dinosaurier, Pyramiden und mystische Orte dieser Welt. Mein Berufswunsch stand also fest: Ich wollte Archäologe werden! Meine Eltern ließen mir den Traum und sagten mir erst viel später, dass man, um Archäologe werden zu können, studieren muss. Für einen mittelmäßigen Schüler wie mich, der die Schule als notwendiges Übel ansah, brach augenblicklich eine Welt zusammen! Denn es war sonnenklar, dass ich dieses Übel auf jeden Fall auf die vorgeschriebenen Pflichtschuljahre beschränken und keinesfalls länger die Schule besuchen wollte. Ein Studium in Erwägung zu ziehen, war für mich daher vollkommen ausgeschlossen.

Ehe ich mich versah, setzte ich auch schon meine Schullaufbahn in der Hauptschule fort. Meine Linzer Großmutter kochte nun öfter als zuvor für mich und auch die kulinarischen Ausflüge gemeinsam mit meiner St. Veiter Großmutter gingen weiter. Die Erinnerungen an diese gemeinsamen Essen wecken in mir ein wohliges Gefühl der Wärme und Freude und waren eine sehr willkommene Abwechslung zu unseren noch immer anhaltenden sportbezogenen Wochenendausflügen quer durch die Provinz.

Bis zum Halbjahreszeugnis der vierten Klasse war ich ein schlechter Schüler. In Mathematik stand ich auf einem glatten Nichtgenügend und auch in den restlichen Fächern sah es nicht viel besser aus. Meine Eltern hielten mir eine Standpauke nach der anderen und in einem lichten Moment sah ich ein, dass das Schlusszeugnis eine enorme Wichtigkeit für meinen weiteren Berufsweg haben könnte. Ich bekam also Nachhilfe in Mathematik von einer jungen Studentin, deren hübscher Anblick mich öfter, als mir lieb war, zu pubertären Gedanken ablenkte. Trotzdem gelang es ihr, mir Mathematik so zu vermitteln, dass ich zum ersten Mal in meinem Leben die Grundzüge dieser Wissenschaft verstand. Mit Freude pilgerte ich zwei- bis dreimal jede Woche ins WIST-Heim, um – nennen wir es so – zu lernen. Für die anderen Unterrichtsgegenstände tat ich von nun an, soviel ich konnte! Ich erkannte, dass ich nicht dumm, sondern lediglich faul gewesen war, und meine Noten verbesserten sich rapide. Just in dieser euphorischen Aufbruchsstimmung beschloss ich: Ich wollte Konditor werden! Dieser Plan hatte einen Haken: Da war noch dieses verflixte neunte Pflichtschuljahr zu absolvieren. Auswählen konnte ich damals zwischen dem polytechnischen Lehrgang und dem Besuch einer weiterführenden höheren Schule. Das „Poly“ hatte damals unter uns Jugendlichen den Ruf, eine Schule für Verlierer zu sein. Viele, auch Erwachsene, sprachen vom Polytechnikum als von einem verlorenen Jahr. Dort wollte ich jedenfalls nicht hin!

Meine Eltern und ich suchten also eine Alternative und fanden sie auch: die Hotelfachschule in Bad Leonfelden! Ich tat mich mit meinem Freund Christian zusammen, wir lernten gemeinsam, verbesserten unsere Noten weiter und bestanden beide die Aufnahmeprüfung an der Hotelfachschule Bad Leonfelden. Wir waren sehr stolz auf uns. Ich entwickelte mich zum Streber. Vor Schularbeiten und Prüfungen war ich so nervös, dass ich heiße Milch mit Honig und Baldrian zu mir nehmen musste, um mit dem selbst auferlegten Leistungsdruck einigermaßen fertig zu werden. Ich plante, statt des einjährigen Polytechnikums die Hotelfachschule zu besuchen und dann eine dreijährige Konditorlehre zu beginnen.

Chefpatissier auf einem Luxusliner – das war mein Traumberuf und wahrscheinlich stammte dieser Wunsch aus einer der damals beliebten Fernsehserien. Aus der katastrophalen Schulnachricht zum Halbjahr wurde beinahe ein Vorzug im Jahresabschlusszeugnis. Auch meine Eltern waren sehr erleichtert.

Kapitel 2: Die Hotelfachschule

Nach der verlängerten Sommerpause ging es im Spätherbst 1986 an der Hotelfachschule in Bad Leonfelden los und ich tauchte in eine völlig andere, teilweise beängstigende neue Welt ein. Die Lehrer sprachen mich mit Herr Schedl an, was mich mit meinen 15 Jahren anfangs ein wenig verwunderte, um nicht zu sagen verstörte. Manche Professoren erzählten gleich beim ersten Kennenlernen von Durchfallquoten. Die Haare mussten kurz geschnitten sein, die Sauberkeit der Fingernägel wurde kontrolliert, wir hatten im Praxisunterricht eigenartige Schuluniformen zu tragen. Besonderer Wert wurde auch auf das Tragen unseres Schulwappens in Form einer eisernen Anstecknadel, die über dem Brusttaschenbereich angebracht werden musste, gelegt, was mir anfangs eigentlich kein Anliegen war.

Auch mit einem Internat konnte die neue Schule aufwarten. Für mich war ab dem ersten Tag völlig klar, dass ich lieber täglich zwei Stunden mit dem Bus fahren wollte, statt in einem Internat zu wohnen. So wurde ich zum „Täglichfahrer". Mein Vater brachte Christian und mich täglich schon um sechs Uhr früh zur Bushaltestelle. Aber das nahm ich gerne in Kauf, um mir einen letzten kleinen Rest an Freiheit außerhalb der Unterrichtszeit zu bewahren. All diese Regeln, das elitäre Gehabe mancher Lehrer und vor allem der Unterricht an Samstagen trugen ihren Teil dazu bei, dass ich mich an den ersten Tagen in der Hotelfachschule völlig fehl am Platz fühlte. Ich hatte Panikattacken, die ich mit Wechselbädern und heißer Milch mit Honig und Baldrian bekämpfte. Vom hartgesottenen Schüler war ich zur Memme geworden. Nur die Gewissheit, daß dieser Zustand nur ein Jahr dauern würde, verschaffte mir Erleichterung.

Unsere Klasse hatte anfangs 32 Schülern, die aus allen Teilen des Landes bunt zusammengewürfelt waren. Einige kamen direkt aus dem Gymnasium, manche hatten die Aussicht, sehr erfolgreiche Gastronomie- oder Hotelbetriebe der Familie zu übernehmen, und dann waren da noch wir, die sich noch nicht ganz sicher waren, ob sie die richtige Wahl getroffen hatten. In der Vorstellungsrunde mussten wir der Klasse berichten, wer wir waren und was unsere Eltern beruflich machten. Danach war mir relativ schnell klar, dass dieses Jahr eigentlich, rein theoretisch, ein lustiges werden müsste. Dies wurde mir bewusst, als sich ein Klassenkamerad mit folgenden Worten vorstellte: „Hallo, mein Name ist Hans und meine Eltern betreiben ein Bordell im Mühlviertel." Darauf sein Sitznachbar: „Hallo, mein Name ist Konrad und mein Vater betreibt drei Bordelle in Linz." Das Gesicht unseres Buchhaltungslehrers habe ich bis heute in Erinnerung. Die „Täglichfahrer" saßen in der ersten Reihe und es entwickelte sich rasch eine Freundschaft unter den vorwiegend aus Linz stammenden Pendlern. Christian, Michael und ich bildeten die Dreierkette in der ersten Reihe. Man könnte es auch so ausdrücken, dass die größten Flaschen nebeneinandersaßen. Das erste unvergessliche Erlebnis mit unserem Klassenvorstand hatte ich, als sie uns das Ergebnis der ersten Schularbeit aus Betriebswirtschaftslehre präsentierte: Der Notenspiegel war desaströs. Abgelenkt von all diesen neuen Einflüssen, wie konnte es anders sein, lieferte ich die schlechteste Arbeit der ganzen Klasse ab. Ich erreichte null von fünfzig Punkten und unser Klassenvorstand kommentierte diese spezielle Arbeit vor der ganzen Klasse mit folgenden Worten: „Sehen Sie, Herr Schedl, bei uns ist das so, dass wir in der ersten Klasse ganz einfach selektieren: Sie werden diese Schule sowieso nicht beenden." Ich entgegnete ihr selbstbewusst, dass ich ihren Ausführungen nicht ganz folgen könne, da ich ja bei der nächsten Schularbeit alle Punkte erreichen würde. In Summe wäre dies dann ja immerhin ein Befriedigend. Sie lächelte nur süffisant und schüttelte ungläubig den Kopf.

Als kleiner Tipp für Neueinsteiger in solchen und auch anderen höheren Schulen sei angemerkt, dass derartige Ankündigungen Widerstände des Lehrkörpers provozieren können, die bis zur Abschlussklasse anhalten können. Kurz gesagt, es geht auch einfacher. So nötigten mich mein großspuriges Auftreten und mein Stolz dazu, das Gesagte auch in die Tat umzusetzen. Ich vernachlässigte ab nun alle anderen Fächer und lernte vorwiegend den BWL-Stoff von vorne bis hinten und von hinten bis vorne auswendig. Ich überließ nichts mehr dem Zufall, um nur ein einziges Ziel zu erreichen, dieser Lehrerin zu zeigen, wie der Hase läuft. Ich freute mich wie wahnsinnig auf den Tag, an dem sie die korrigierte zweite Schularbeit austeilen würde. Ich wusste, dass ich ein Sehrgut bekommen musste. So saß ich mit einem breiten, überlegenen Grinsen direkt vor ihr in der ersten Reihe. Wie immer teilte sie die Arbeiten absteigend von der besten bis zur schlechtesten aus. Nur an diesem Tag machte die Frau Fachlehrerin eine kleine, boshafte Ausnahme speziell für mich: Sie mischte meine Arbeit unter die mit Nichtgenügend beurteilten Schularbeiten. Obwohl sie meinen Namen nicht beim Austeilen der mit Sehrgut benoteten Arbeiten nannte, grinste ich sie aber weiter selbstbewusst und sicherlich mit einem furchtbar arroganten Gesichtsausdruck an, während sie die Arbeiten meiner 31 Mitschüler austeilte. Als Allerletztem gab sie mir dann spät, aber doch mit einem kurz angebundenen „Schedl, eins“ meine Arbeit. Ich erwiderte ebenso kurz angebunden: „Na, hab ich doch gesagt, oder?“

Als Warnung für alle Schüler möchte ich an dieser Stelle festhalten, dass man sich Lehrer so nicht zu Freunden macht. Aber dieses Gefühl war es allemal wert! Da unser Klassenvorstand vor ihrer Tätigkeit an der Hotelfachschule in Bad Leonfelden in der elitären Hotelfachschule Klessheim in Salzburg unterrichtet hatte, wurden wir ständig mit der dortigen Konkurrenz verglichen. Von befreundeten Klessheim-Schülern wusste ich aber, dass wir eigentlich in vielen Fächern die Nase vorne hatten und ihnen um Wochen voraus waren. Ein guter Name ist nicht alles! Nach den Schilderungen meiner Klessheimer Freunde – es war dort sogar Pflicht, die ganze Woche über Schuluniformen zu tragen – war ich mehr als froh, dass das Schulleben in Bad Leonfelden nicht ganz so altmodisch und strukturiert gestaltet war. Über mein späteres Arbeiten mit Schülern aus dieser Eliteschule wird noch das ein oder andere zu lesen sein. Auch meine Frau, ihr Bruder und ihre Schwester sind Absolventen dieser Privatschule.

Ich lernte also nur das Notwendigste in den Theoriefächern und freute mich auf jede Praxisstunde. Besonders die Kochstunden hatten es mir angetan. Wir kochten pro Praxisblock ein drei- oder viergängiges Menü und verspeisten es im Anschluss, nur die dazupassende Weinbegleitung fehlte damals noch! Davon konnten wir uns nur die theoretischen Grundlagen aneignen. Schon bald war es an der Zeit, eine Praxisstelle in einem Gastronomie- oder Hotelbetrieb zu suchen. Zweieinhalb Monate sollte dieser Praxiseinsatz dauern, und je luxuriöser der Lehrbetrieb war, umso mehr Ansehen hatte man in der Klasse und auch bei so manchem Lehrer. Da ich zu diesem Zeitpunkt noch immer Konditor und in weiterer Folge Patissier werden wollte, fiel meine Wahl auf eine damals erst vor wenigen Jahren neu eröffnete Konditorei in Linz. Ich heuerte also im Juni 1987 in der Konditorei Preining in Linz an. Mein Freund Christian versuchte sich im Linzer Restaurant Barbados als Koch und Michael verrichtete im Hotel Neue Post in St. Anton am Arlberg im Service seinen Dienst. An meinen ersten Tag in der Arbeitswelt erinnere ich mich noch bis heute. Ich bekam die Aufgabe, Eier abzuklären. Dies funktionierte mit einer kleinen Rutsche aus Edelstahl: Man schlug oben das Ei auf und über eine schiefe Ebene rutschte der Dotter nach unten weg. Das Eiklar floss durch kleine Schlitze in der Schiene nach unten. Riss ein Dotter ein, musste man ihn mit einer schnellen Handbewegung in den passenden Behälter schubsen, ohne dass Dotterreste ins Eiklar gelangten. Passierte dies, musste man sie herausfischen. Es müssen Hunderte Eier gewesen sein, die ich an meinem ersten Arbeitstag dieser Prozedur unterzog. Wirklich eine sehr spannende, um nicht zu sagen spektakuläre Tätigkeit, die kaum an Eintönigkeit und Langeweile überboten werden konnte! Ich dachte noch, wenn das so weitergeht, dann werde ich mich von dieser Arbeit bald verabschieden müssen. Es kam aber anders als befürchtet und ich erhielt die Möglichkeit, von Tag zu Tag mehr und unterschiedliche Tätigkeiten auszuprobieren. Kurz vor Ablauf meines Praktikantendaseins holte mich einer der Konditorgesellen zu sich, um ihm beim Marzipanmodellieren zu helfen. Wir färbten Rohmarzipan mit Lebensmittelfarben, machten Blätter, Rosen, Löwen, Elefanten und anderes Getier! Besonders stolz war ich darauf, dass ein von mir modellierter Elefant zum Verkauf in der Vitrine der Konditorei angeboten wurde.

Nichtsdestotrotz war der frühe Arbeitsbeginn um 4.30 Uhr morgens für mich die Hölle und auch die Entlohnung der Konditoren sprach nicht dafür, diese Lehre zu beginnen. Ein weiterer Besuch der Hotelfachschule hatte außerdem den

Vorteil, dass ich nach drei Jahren mehrere Lehrabschlüsse vorweisen würde können. Nach einigen Wochen reiflicher Überlegung entschied ich mich für die Schule. Die Schule startete wieder im Herbst und nach den vielen Erlebnissen im ersten Praktikum hatten wir uns einiges zu erzählen. Ich genoss auch im zweiten Jahr die Freiheit des „Täglichfahrers“ und wir, im Speziellen die Linzer, sahen in der Schule wenig mehr als als eine zu erduldende Nebensache. Wir kannten jetzt den Unterschied zwischen Arbeit und Schulbesuch – das dachten wir zumindest. Wir bekamen einen neuen Klassenkameraden: Mario aus Linz, auch „Täglichfahrer“. Klar, dass er sofort in die Linzer Clique aufgenommen wurde.

Anstatt die ersten Unterrichtseinheiten am Morgen zu besuchen, gingen wir in die Konditorei Kastner zum Frühstück, wir spielten Karten, würfelten, rauchten und die Konditorei wurde schnell zu unserem Stammlokal. Das im Praktikum verdiente Geld wurde sehr schnell wieder kosumiert. An Tagen mit einem absolut untragbaren Stundenplan blieben wir nun immer öfter ganztägig der Schule fern, um Ausflüge zu machen oder uns in Linz herumzutreiben. Mein Vater brachte uns an diesen Tagen wie gewohnt zur Bushaltestelle, wir stiegen auch meistens ein und machten während der Fahrt nach Bad Leonfelden unseren Tagesplan, aber an Tagen mit Praxisunterricht fehlte ich nie! In Bad Leonfelden angekommen, stiegen wir in den nächsten Bus zurück nach Linz und verbrachten unseren Tag in verschiedenen Wirtshäusern und Beiseln. Wir spielten Billard, kannten jeden Glücksspielautomaten, redeten über Mädchen und alles, was dazugehört. Wir wurden zu den „gesetzlosen“ Schülern der Klasse. Dumm war nur, dass wir alle in der ersten Reihe der Klasse saßen und diese oft leer war.

Eines Tages, es muss in der dritten Unterrichtseinheit gewesen sein und wir feierten einen Geburtstag mit alkoholischen Getränken in unserem Leonfeldner Stammlokal, stand plötzlich einer unserer Lehrer vor uns und stellte uns zur Rede. „Was macht ihr hier? Habt ihr nicht Schule?" – „Nein", antworteten wir unverfroren frech, „die dritte und vierte Einheit ist heute ausgefallen." Das war eine glatte Lüge, noch dazu bei einem Lehrer, den ich sehr schätzte! Sei's drum, es ist komischerweise nichts dabei herausgekommen. Die einzige Gefahr, die mir damals drohte, war, die gesetzlich vorgeschriebenen Anwesenheitszeiten nicht zu erreichen, was zur Folge gehabt hätte, dass ich das Schuljahr nicht abschließen hätte können. Mit 168 unentschuldigten Fehlstunden lag ich auf Platz zwei der Klasse. Die eine oder andere gefälschte Unterschrift bewahrte mich aber vor Schlimmerem. Mit exakt dosierten Lernschüben war ein Versagen zu vermeiden. Ich spekulierte, errechnete und ermittelte also genau das Lernpensum, das ich benötigte, um das Schuljahr positiv abzuschließen.

Aber nicht nur wir aus der ersten Reihe verhielten uns zu dieser Zeit wie von einem anderen Stern, auch einige der anderen Klassenkameraden standen uns in nichts nach. Gerald zum Beispiel, der im Internat wohnte, bevor man ihn rausschmiss. Er kam auf die glorreiche Idee, Klimmzüge an den an den Fensterbänken des Internats außen montierten Blumenkästen zu machen – und das im ersten Stock. Eine Nachbarin alarmierte die Polizei, weil sie dachte, einer der Schüler wollte sich erhängen. Seine Streiche, die Tafel im Klassenzimmer mit Knoblauch aus der Lehrküche einzureiben oder am hinteren Teil der Tafel Feuerwerkskörper zu montieren, die beim Bewegen der Tafel zündeten, waren im Vergleich dazu noch harmlos.

Im Internat war der Zugang vom Mädchentrakt zum Bubentrakt mit Lichtschranken gesichert. Natürlich war der hormonelle Drang, den anderen Trakt zu erreichen, auf beiden Seiten sehr groß und so wurde man erfinderisch. Man bewaffnete sich also mit Tennisbällen, die ausschließlich den Zweck hatten, durch gezielte Schüsse mitten in der Nacht die an die Lichtschranken angeschlossene Alarmanlage auszulösen. Die Nachtaufsicht, meist ein freiwilliger Lehrer, hatte dann die Pflicht, nach dem Rechten zu sehen, und konnte natürlich die Ursache des Alarms nicht finden. Nach 15 bis 20 Fehlalarmen wurde die Anlage dann wegen einer technischen Störung abgeschaltet. Der Weg zum anderen Geschlecht war somit frei. Das war aber auch das Einzige, worum wir die Internatsschüler beneideten.

Damals war das Rauchen im Schulhof und in den Toiletten nur mit einem Raucherpass gestattet. Dieser musste von den Eltern unterschrieben werden, auch wenn man schon 16 Jahre alt war! Die Gang- bzw. Pausenraucheraufsicht übernahmen Lehrkräfte, die sich abwechselten. Sie stürmten in die Toiletten, um rauchende Schüler zu kontrollieren. Hatte man keinen Pass dabei, gab es eine Eintragung ins Klassenbuch und auch eine schlechtere Beurteilung des Verhaltens in der Schule wurde uns in Aussicht gestellt. Eltern dazu zu bringen, folgenden Text zu unterschreiben, war nicht einfach: „Ich wünsche, dass mein Sohn/meine Tochter raucht! Hochachtungsvoll Vater/Mutter.“ Da ich aber bereits mit 15 Jahren zu rauchen begonnen hatte und meine Eltern dies mittlerweile duldeten, konnte ich nach tagelangem Jammern diese Unterschrift von meinen Eltern erbetteln. Ein Lehrer, der mich bereits zweimal ohne diese Bescheinigung erwischt hatte, freute sich, als er mich wieder beim vermeintlich illegalen Rauchen aus der Ferne erblickte. Ich schloss mich zum Spaß in eine Toilettenkabine ein und rauchte gemütlich weiter. Mit den Worten „So, Schedl, ich habe Sie genau gesehen, jetzt reicht es!“ befahl er mir, die Toilettentür zu entriegeln. Grinsend präsentierte ich ihm das neu erworbene Dokument. Wortlos wandte sich der „Jäger“ ab und ließ mich meine Zigarette zu Ende rauchen. Genau in dieser Zeit wurden auch die Mädchen für uns immer interessanter. Unser Machogehabe prägte sich weiter aus.

Der eine oder andere Rausch war vorprogrammiert und ich erinnere mich an meinen ersten richtigen Rausch, den wir, wie konnte es anders sein, wieder im „Linzer Kollektiv“ hatten. Am Faschingsdienstag gab es in Bad Leonfelden in fast jedem Geschäft und jeder Bankfiliale für jeden Besucher Schnaps zu trinken, was wir natürlich gerne und öfter als zuträglich in Anspruch genommen hatten. Volltrunken wanderten wir zur Bushaltestelle, um die Heimreise anzutreten. Dann schleppten wir uns in den Postbus und nahmen im hinteren Teil Platz. Lachend, singend und auch mit einem flauen Magen traten wir unsere Reise an. Schon nach zwanzig Minuten Fahrt wurde es stiller, denn uns war wirklich allen speiübel. Es war die ganze Fahrt über still im Bus, bis man Mario an der ersten Linzer Ampel hörte, wie er exakt in der Mitte der letzten Bankreihe sitzend seinen Magen erleichterte. Der zu Recht verärgerte Busfahrer fuhr zur nächsten Haltestelle, kam zu uns nach hinten, beschimpfte uns wüst, knöpfte uns 200 Schilling für die Reinigung des Busses ab und warf uns dann auf der Stelle hinaus. Wir saßen sicher noch eine Stunde an dieser Haltestelle, kauften uns Wasser und Coca-Cola, um auszunüchtern und um unseren Eltern nicht volltrunken zu begegnen. Angesichts der Alkoholmenge, die wir zu uns genommen hatten, war dies natürlich ein vollkommen sinnloses Unterfangen, und als mir meine Mutter die Türe öffnete, wusste sie augenblicklich, was mit mir los war. Ich bekam sofort eine Ohrfeige von ihr und mein Vater hielt mir eine kurze Standpauke, an deren Inhalt ich mich, wie soll es in diesem Zustand auch anders sein, nicht mehr erinnern kann. Wir litten jedenfalls körperlich noch tagelang an dieser Aktion, das war wohl Strafe genug. Am zweiten Tag nach diesem Exzess hatten einige von uns einen Praxiseinsatz im Linzer Tourotel, das damals eines der besten Hotels in Linz war. Selbst hier waren die Faschingsnachwehen noch zu spüren.

Diese Praxiseinsätze waren eine tolle Sache und man konnte abwechselnd in der Küche, im Restaurant und auf der Etage Erfahrungen sammeln. Hier wurde es den Praktikanten auch ermöglicht, richtig mitzuarbeiten, und man erhielt dadurch einen guten Überblick über die einzelnen Stationen einer Küche. Mein erster Tag in der Küche begann mit den typischen Hilfsarbeiten wie Kräuterhacken für den Gardemanger, der Suppe beim Kochen zuzusehen und sie in regelmäßigen Abständen zu degraissieren sowie den Poissonnier beim Entschuppen der Fische zu unterstützen. Rechtzeitig zum Mittagsgeschäft wurde ich dem Rôtisseur zugewiesen und durfte sogar beim Anrichten der Fleischgerichte helfen. Die Speisekarte war international ausgerichtet und der Weinkeller war für damalige Linzer Verhältnisse gut bestückt. Auch das Publikum war sehr gediegen.

Eines Tages suchte die Hotelfachschule freiwillige Servierkräfte für einen Cateringeinsatz in der Wiener Hofburg. Natürlich meldete ich mich, nur leider wurde ich kurz davor krank und konnte nicht mitkommen. Hier blamierte sich unsere Schule bis auf die Knochen. Einige Mitschüler betranken sich mit den Resten des Aperitifs und so mancher Weinflasche im Backoffice und dies bekamen auch die geladenen Gäste zu spüren. Der Direktor sprach damals von einem noch nie da gewesenen Fauxpas und versicherte uns, dass wir niemals mehr an solchen Events würden teilnehmen dürfen. Es tat mir sehr leid, dass ich nicht dabei gewesen war.

Dies war auch die Zeit, in der mein kulinarischer Entdeckergeist erwachte und ich einen nicht unerheblichen Teil meines ersparten Geldes in gutes Essen investierte. Sollte Kochen etwa meine Berufung sein? Wenn ich mit meinen Freunden unterwegs war, fiel ich immer öfter auf, denn während sie Cola Rot, Wodka Lemon, Gin Tonic oder Bier bestellten, orderte ich ein Glas Rotwein.

Ein Großereignis war der jährlich stattfindende Tourismusball im Schulgebäude. Im ersten Jahr durften wir nur Hilfsarbeiten für das wirklich wunderschöne Buffet verrichten. Da die meisten unserer Klasse so wie ich auch noch unter 16 Jahre alt waren, durften wir bei diesem gesellschaftlichen Höhepunkt nicht dabei sein. Nun waren wir aber bereits in der zweiten Klasse und der erste Tourismusball stand vor der Tür. Erwartet wurden 800 Gäste und die Buffets waren grandios. Es gab Cocktailbars und verschiedene Themenstände. Strenge Kleidungsvorschriften und Benimmregeln wurden uns bereits Wochen davor eingetrichtert, was nicht wirklich Wirkung zeitigte.

Angeblich hatten bei diesem Ball der Bälle viele ihre Unschuld verloren – das machte ihn natürlich noch viel interessanter für uns. In der Ballnacht mischten sich die Schüler der verschiedenen Ausbildungszweige – die Chance lebte also. Für viele von uns blieb es leider ein unerfüllter Traum. Christian jedoch hatte Erfolg. Er bedachte aber in seinem alkoholisierten Zustand nicht, dass man sein sexuelles Verlangen nicht unbedingt in einem beleuchteten, für jeden einsehbaren Stiegenhaus der Schule stillen sollte. So etwas ist einfach unschicklich. Von unserem Serviersaal aus hatten wir und hundert andere Festgäste also freien Blick auf die Szene im Stiegenhaus, was Christian aber keineswegs störte. Er fühlte sich ja unbeobachtet. Für uns blieben nur harmlose Flirts und die Hoffnung auf mehr Glück beim nächsten Ball. Im darauffolgenden Jahr war das Stiegenhaus unbeleuchtet und versperrt!

Das Ende der zweiten Klasse näherte sich und es war an der Zeit, sich nunmehr die zweite Praxisstelle zu suchen. Da der Beruf des Konditors nun nicht mehr in Frage kam, wollte ich mich als Koch versuchen. Auch aus Oberösterreich wollte ich einmal heraus, und so bewarb ich mich im Schlosshotel St. Rupert in Salzburg, das mir auch sofort einen Praktikumsplatz zusagte. In diesem Hotel wurde noch die alte Schule zelebriert. Es wurde am Tisch mariniert, flambiert, tranchiert, dekantiert, filetiert, es gab also das volle in der Schule erlernte Programm. Damals war es noch ein Fünfsternehotel an der Hellbrunner Allee mit vielen Prominenten unter den Gästen. Es machte einen starken Eindruck auf mich, als ein Rolls-Royce nach dem anderen vorgefahren kam und sich die Festspielgäste zu einem Tête-à-Tête trafen.

Die Küchenmannschaft wurde von einem Küchenchef geführt, der bereits am Vormittag zehn Spritzer Weißwein benötigte, um auf Touren zu kommen. Bis zum Abend zählte ich einmal 26 Gläser davon. Trotzdem war es aber meist ganz angenehm, mit ihm zu arbeiten. Man kennt ja die Geschichten von Küchen mit fliegenden Töpfen und fliegenden Messern. Auch ich musste eines Nachts während der größten Festspielhektik einem fliegenden Messer ausweichen, das dann in der hölzernen Kühlhaustüre stecken blieb. Welcher Kollege der Schütze war, kann ich nicht mehr sagen, es ging einfach zu schnell.

Wir arbeiteten manchmal 17 Stunden täglich, sieben Tage die Woche und die Hauptdienstzeit war natürlich nachts. Unsere Augustgäste waren zu 80 Prozent Festspielgäste und die Vorführungen endeten oft erst nach 22 Uhr. In der Küche war ich als Anfänger großteils damit betraut, die Mise en Place für das À-la-carte-Geschäft vorzubereiten. Ich schnitt also Gemüse brunoise oder julienne, tournierte Kartoffeln, und wenn's hoch herkam, durfte ich kleine Rinderfiletstücke bardieren. Was mir aber von der kurzen Zeit in der Küche bis heute in Erinnerung geblieben ist, ist, dass man hier alles vom einfachen Jus bis zur perfekten Sauce Demi-Glace und viele andere klassische Basics der Küche erlernen konnte. Die Beherrschung der Fachausdrücke wurde hier jedenfalls bereits vorausgesetzt und ich war eine Weile damit beschäftigt, sie in der „Zimmerstunde" nachzulernen. Mein Interesse galt jedoch nach wie vor der Patisserie und daher durfte ich gegen Ende der Saison als einfacher Praktikant bereits vollständige Desserts selbstständig zubereiten.

Eines Nachts brüllte der Hoteldirektor „Achtung, Arbeitsinspektorat" durch die Schwingtüre der Küche. Wie bei einem Homerun schoss der Küchenchef auf mich zu, packte mich und beförderte mich in die letzte Ecke der Patisserie. Mit den Worten „Versteck dich" wandte er sich wieder seinem Herd zu und kochte seelenruhig weiter. Was er übersehen hatte, war, dass die Inspektoren bereits das Hotel umstellt hatten und diesen Vorgang durch die Fenster beobachteten. Nicht nur mich, sondern auch ein Stubenmädchen und eine Kellnerin erwischten sie an diesem Abend. Als ich befragt wurde, erklärte ich dem Kontrollorgan, dass ich freiwillig in der Nacht arbeite, weil man so die Möglichkeit habe, etwas zu lernen. Er erzählte etwas von Jugendschutz und schickte mich auf mein Zimmer. Wie hoch das Bußgeld ausfiel, konnte ich nie in Erfahrung bringen. Trotz der harten Arbeitsbedingungen hatten wir Praktikanten viel Spaß. Das Praktikantenteam Elke, Henry, Ilse, Birgit und ich genossen jedenfalls die Freiheit fernab von zu Hause. Henry – ein für sein Alter untypisch – leicht philosophisch angehauchter Typ, sprach, als man ihn bei einer Reportage über Saisonarbeit fragte, warum er als Wiener in Salzburg tätig sei, sogar vom Flair des Westens. Das von einem 16-Jährigen klang sogar für mich etwas eigenartig. Unser Team war auf alle Stationen des Hotels aufgeteilt: ich in der Küche, Elke, ein bildhübsches Mädel, ebenfalls aus Oberösterreich, im Service, Henry, der typische Wiener aus dem Modul (Hotelfachschule), auch im Service und Ilse mit Birgit auf der Etage.

Richtig glücklich wurde ich in der Küche jedoch nicht. Die Praktikanten im Service hatten immer Unsummen von Trinkgeld zur Verfügung und sogar das Trinkgeld der Etage lag über dem Küchenniveau. Bei den wenigen nächtlichen, besser gesagt, schon fast morgendlichen Streifzügen durch die Salzburger Nachtlokale kam ich mir immer wie ein Bettler vor, denn ich musste mein Geld im Gegensatz zu den Kollegen einteilen. Henry und ich waren in dieser Saison nach einer Zechtour nur ein einziges Mal um einige wenige Minuten zu spät zur Arbeit erschienen. Ich durfte zur Strafe den ganzen nächsten Tag Eierschwammerln putzen und mein lieber Kollege ging straffrei aus. Das Schlüsselerlebnis für mich war dann, als Henry von einem Schweizer Stammgast 1 000 Schilling Trinkgeld bekam, den seine Frau mit den Worten „Geh, gib dem Buben a Kleinigkeit, der hat sich so bemüht“ dazu motiviert hatte. Henry war so überrascht, dass er den 1 000-Schilling-Schein anstarrte und sich mit den Worten „Oh, tausend Dank“ bedankte.

Auch Elke ging nicht leer aus. Sie bekam eine Festspielkarte für eine Aufführung von Don Giovanni als Trinkgeld. Die Besitzerin der Karte fühlte sich nicht wohl und dachte sofort daran, dem „kleinen Mädl“ im Service eine Freude zu machen. Die sexy Sechzehnjährige interessierte das natürlich wenig und so kam unser Mâitre d'Hôtel auf die Idee, diese wertvolle Logenkarte am Salzburger Schwarzmarkt zu verkaufen. Er beauftragte Henry, einige noble Hotels in der Innenstadt abzuklappern, um die Karte über die bekannten Dealer zu verkaufen. Der Verkauf gestaltete sich gar nicht so einfach, da die Vorstellung bereits am selben Abend im Großen Festspielhaus stattfand. Am Nachmittag hatte sich dann ein Concierge gefunden, der Henry das Ticket ablöste. Diese Karte war eine Premiumkarte für die ersten Reihen im Festspielhaus und Elke erhielt dafür 2 600 Schilling. Natürlich musste nun eine kurze Zusammenfassung des Stücks gelernt werden, um Fragen der Kartenspenderin über die Vorführung beantworten zu können. Unsere gute Seele der Rezeption, Miss Miller von Aichholz, eine Adelige, die ihr ganzes Leben ein Wohnrecht im Schloss hatte, sehr belesen war und viele Vorführungen in- und auswendig kannte, wurde also mit der Aufgabe betraut, Elke zu instruieren. Des Weiteren musste auch daran gedacht werden, Elke für diesen Abend frei zu geben, sie war ja offiziell im Großen Festspielhaus. Am nächsten Abend fragte die Schweizerin natürlich, wie ihr das Stück gefallen habe, und Elke beschrieb mit Begeisterung verschiedene markante Szenen. Sie hatte auf jeden Fall Talent zum großen Schauspiel.

Alexander Schedl, Elke Zahrer, Henry Woynar, Ilse Marscheck

Als dann noch das Festspielgehalt unseres Maître d'Hôtel publik wurde, war für mich klar, dass die Küche nicht das Richtige für mich war. Dafür war ich damals viel zu materialistisch eingestellt! Das Augusttrinkgeld des Servicechefs belief sich auf unglaubliche 70 000 Schilling. Das wollte ich bis zu dem Tag nicht glauben, als ich sah, dass ihm ein schwerreicher Stammgast 17 000 Schilling Trinkgeld zusteckte.

Nach diesem abenteuerlichen Sommer in Salzburg begann das Finale in Bad Leonfelden, die dritte Klasse der Hotelfachschule. Meine Kochkünste wurden von unserem Kochlehrer sehr geschätzt und meine Leistungen wurden von Beginn an mit „sehr gut" beurteilt. Im Servieren gestaltete sich die Sache nicht ganz so einfach, denn dort hatte ich den von mir selbst zum Feind gemachten Klassenvorstand als Lehrerin. Dennoch bemühte ich mich und hoffte auf einen anderen Lehrer bei der Abschlussprüfung.

In dieser Zeit erwachte mein Interesse für Wein und ich las sehr viel über dieses Thema. Natürlich verkostete ich auch die eine oder andere Flasche hochwertigen Weins. Die dritte Klasse verging ohne spektakuläre Ereignisse sehr schnell und wir standen kurz vor den Abschlussprüfungen. Christian, Mario, Michael und ich wurden zum zusammengeschweißten Viererteam. Wie immer war das Abschlussprüfungsszenario von mir sorgfältig kalkuliert: In Gegenständen, bei denen man im Jahreszeugnis bereits mit „sehr gut" oder „gut" beurteilt worden war, hatte man bei der Abschlussprüfung nichts mehr zu befürchten. Alle anderen Noten signalisierten Vorsicht oder Gefahr. Gelernt wurde also lediglich in den gefährlichen Fächern. Kochen wurde problemlos mit „sehr gut" gemeistert. In Servieren hatte ich einen Zweitprüfer, der als streng einzustufen war. Das Prüferduo war also nicht unbedingt die Idealbesetzung in meinen Augen. Ich flambierte Crêpes Suzette und vergaß in der Aufregung eine Zutat. Ich musste ein Krebsgedeck eindecken. Hier vertauschte ich die Seiten des Bestecks, was der Erstprüfer natürlich sofort bemerkte, und abschließend stand noch ein Brandy-Eggnog beim Zweitprüfer auf dem Programm. Die Zubereitung dieses Cocktails aus Brandy, Portwein, Eigelb, Läuterzucker, Milch und Sahne hatte ich leider nur überflogen und so kam es, dass ich anstatt des Eigelbs das ganze Ei verwendete. Das Endergebnis in meiner zukünftigen Berufssparte war ein Genügend.

Mit nur 17 Jahren konnten wir Absolventen nun fünf Berufstitel vorweisen und uns als Koch, Kellner, Bürokaufmann, Hotel- und Gastgewerbeassistent und Gastgewerbekaufmann bezeichnen. Von all diesen Berufen hatten wir uns aber nur oberflächliches Wissen angeeignet und jeder Lehrling, der eine Lehre abgeschlossen hatte, war uns haushoch überlegen. Diese Schule als Basis zu sehen und bereit zu sein, danach erst so richtig mit dem Lernen zu beginnen, ist auf jeden Fall die richtige Einstellung. Im Nachhinein betrachtet, kann man diese Schule auf jeden Fall empfehlen! Uns, die wir dachten, die größten Gastronomiegenies zu sein, konnte nun nichts mehr halten. Wir waren bereit, die gastronomische Welt zu erobern.

Kapitel 3: Leben im Schloss

Am Beginn der Sommersaison 1989 zog es uns alle in die Stadt Salzburg. Christian und ich heuerten im Schlosshotel St. Rupert an, Mario ging ins Kobenzl und Michael arbeitete im Rosenhotel – Michael und ich im Service, Mario und Christian in der Küche. Salzburg sollte also unsicher gemacht werden! Als Commis de Rang sollte ich mich ab nun um unsere prominenten Gäste kümmern. Die Crew bestand aus meinem direkten Vorgesetzten und Lehrherrn, Deepak Sabherwal, einem gebürtigen Inder mit umfassendem Wissen über die alte Schule des Silver Service und einem Lebemenschen, wie er im Buche stand, als Mâitre d'Hôtel, einem Demichef de Rang, einem Chef de Rang und während der Festspielzeit ein paar Praktikanten.

Das Fünfsternehotel war ein Mitgliedsbetrieb des Gotha-Führers „Schlosshotels und Herrenhäuser in Österreich und Südtirol“ und wurde als absoluter Geheimtipp gehandelt. Der ehemalige Rupertihof, der vermutlich 1677 erbaut wurde, zählte in dieser Zeit zu den „ertragreichen Meierhöfen“. 1931 gelangte das Anwesen in den Besitz der wohlhabenden Baumeisterfamilie Steinbacher aus Wels. Im Zweiten Weltkrieg erlitt das ehemalige Prachtgebäude des Salzburger Hochadels beträchtliche Schäden. Erst in den Fünfzigerjahren wurde der Rupertihof renoviert und zu einem Luxushotel umgebaut. Man fühlte sich beim Betreten des altehrwürdigen Gebäudes sofort zurückversetzt in das 17. Jahrhundert, in dem sich über die gesamte Wegstrecke vom Stadtzentrum bis zum Lustschloss Hellbrunn ein Prunkgebäude an das andere gereiht hatte. Mir gefiel es von Anfang an und ich fühlte mich in diesen alten Gemäuern sehr wohl. Es hatte etwas Aristokratisches.

Die Küche hatte mit Richard Birgel einen neuen Chef de Cuisine, der hervorragend auch auf sehr ausgefallene Gästewünsche einging und im Vergleich zu seinem Vorgänger ein wirklich sympathischer Küchenchef war. So war es nicht ungewöhnlich, dass der Generaldirektor eines internationalen Mineralölkonzerns und Stammgast des Hauses durch den Personaleingang die Küche betrat, zielsicher das Kühlhaus ansteuerte und sich aus der frisch gelieferten Ware sein Festspielmenü für den Abend zusammenstellte. Sein Leibgericht war eigentlich ein sehr schlichtes österreichisches Gericht. Wie er seinen Essenswunsch bei unserem Chef äußerte, war wirklich filmreif. In einem Befehlston, den man ihm wegen seines hohen Alters aber verzieh, bestellte er mit folgenden Worten: „Junger Freund (damit meinte er den Küchenchef), heute Abend möchte ich ein Stück von diesem Tafelspitz, dazu die klassischen Beilagen, kennen Sie die, einige Stücke Vichykarotten, aber wirklich in Mineralwasser gekocht, kein normales Wasser nehmen, ich sage Ihnen, ich kenne das sofort. Kein anderer Gourmet der Welt kennt den Unterschied zwischen in Vichy-Mineralwasser und in Leitungswasser gekochten Karotten! Was wir vorher und nachher essen, entscheide ich dieses Mal erst am Abend." Der Preis für diesen Sonderwunsch betrug 395 Schilling, was bei einer Gesamtrechnung von 168 000 Schilling für eine Woche aber nicht ins Gewicht fiel. Mit den Worten „Wo ist mein indischer Freund, ich möchte ihm noch mitteilen, welchen Wein er bereitstellen soll" verließ er die Küche in Richtung Restaurant.

Unser Maître erfuhr, dass der Generaldirektor süchtig nach Vanillekipferln war, daher beschlossen wir, im August diese Weihnachtsbäckerei für ihn zu backen. Beim letzten Abendessen vor der Abreise, also zum trinkgeldtechnisch besten

Zeitpunkt, wurde der süße Gruß aus der Küche vom Maître persönlich serviert. Hier lernte ich, dass man mit kleinen Aufmerksamkeiten durchaus die Höhe des Trinkgeldes beeinflussen konnte.

Er war aber nur einer von vielen extravaganten Gästen, die dachten, durch ihr jährliches Erscheinen hätten sie im Hotel mehr Sonderrechte als jeder andere Gast. Wie wohlhabend manche unserer Gäste waren, konnte ich in einem besonderen Fall sehr deutlich erkennen. Zwei Herren nutzten einen sonnigen Tag für eine Runde Golf. Wieder zurück im Hotel, drückte einer der beiden unserem Zimmermädchen seine schmutzige Golfhose in die Hand und bat sie, sie so schnell wie möglich zu reinigen. Sie brachte die Hose in die Wäscherei und warf sie in den Wäschekorb zu den anderen Teilen. Als die Wäscherin etwas später die Hose aus dem Korb holte, fiel ein fettes Bündel 1 000-Mark-Scheine aus der Gesäßtasche. Es waren 20 000 DM!!! Die ehrliche Finderin brachte das Geld zum Hoteldirektor. Er beschloss zu warten, bis sich der Gast meldete, um vielleicht einen kleinen Finderlohn für seine brave Mitarbeiterin zu erwirken. Erst am Abend kam der Herr seelenruhig zur Rezeption und bat um die schmutzige Hose, er habe da eine Kleinigkeit in der Hose vergessen. Herr Steinbacher erklärte dem Gast, dass sich seine Kleinigkeit bereits im Hotelsafe befinde, da das Geld von einer ehrlichen Mitarbeiterin abgegeben worden sei. Der Gast bedankte sich und reichte dem Direktor 1 000 Schilling Finderlohn. An der Bar konnte ich hören, wie das Geld in die Gesäßtasche gekommen war: Es ging um eine Wette, wer die Runde gewinnen würde.

So gut wie alle Sonderwünsche wurden erfüllt, sei es eine kleine Champagner-Beluga-Party vor dem Beginn der Festspielvorstellung – Kostenpunkt 16 000 Schilling für zwölf

Personen –, die Zubereitung von Stubenküken mit Apfelmus für unsere Schweizer Stammgäste, Flambieren vor dem noch im Bett liegenden Pärchen am Zimmer oder etwas anderes Ausgefallenes. Das hatte natürlich seinen Preis. Unser Preisniveau bewegte sich weit über allen nationalen und internationalen Restaurants, deren Speisekarten ich damals kannte.

Bevor Richard Birgel die Küche übernommen hatte, war das Angebot mehr als antiquiert gewesen. Hier ein kleiner Auszug aus unserer Festspielkarte aus der Zeit vor Richard Birgel:

Hors-d'œuvre froids

Beluga-Malossol-Kaviar, gehacktes Eiweiß, Eidotter, Zwiebel, Zitrone und Blini	*S 1 450,–*
Flußkrebsenterrine an Blattsalaten	*S 725,–*
Straßburger Gänsleberparfait, Senffrüchte und Sauce Cumberland	*S 650,–*

Potages

Klare Ochsenschwanzsuppe mit Gemüse brunoise und altem Sherry	*S 95,–*
Echte Schildkrötensuppe „Lacroix"	*S 105,–*
Elsässer Schneckensuppe	*S 105,–*

Hors-d'œuvre chauds

Froschschenkel „Müllerin" mit Petersilkartoffeln	*S 175,–*
Coquilles „St-Jacques", Ragout aus Jakobsmuscheln, Champignons, mit Sauce hollandaise überbacken	*S 165,–*
Vol-au-Vent „Mozart", Ragout aus Kalbsleber, Äpfeln, Zwiebel, Champignons in Blätterteigpastetchen	*S 145,–*

Die Hauptspeisen wurden klassisch unterteilt in Poissons, Specialités autrichiens, Plat au gril, Plat sauté, Plate de gibier und natürlich Specialités pour 2 gourmets. Auch dafür waren die Preise während der Festspielzeit exorbitant hoch.

Chateaubriand „Jardinière", Champignons, verschiedene frische Gemüse, Kartoffeln	*S 950,–*
Entrecôte double „Café de Paris" auf Markknochen, Pariser Butter, Pommes maximes, Gemüsegarnitur	*S 780,–*
Frische Fische aus unserem Bachgehege per 10 g	*S 10,–*
Tafelspitz mit klassischen Beilagen	*S 375,–*

Und als Desserts die Klassiker:

Crêpes Suchard	*S 95,–*
Salzburger Nockerln	*S 135,–*
Crème Caramel	*S 75,–*

Bezeichnungen wie „Café de Paris", „Mozart", „Lacroix" waren auch vor einem Vierteljahrhundert schon altmodisch. In einem verträumten Märchenschloss mit großer Vergangenheit passte das aber zum Konzept. Mit dem neuen Chef sollte die Küche aber frischen Wind bekommen und die Speisen sollten auf eine modernere Art und Weise präsentiert werden. Zum Vergleich ein Auszug aus Birgels Karte:

Vorspeisen

Steinpilzsauté mit jungen Garten- und Wiesenkräutern, dazu Erdäpfel	*S 420,–*
Salat von Beluga-Stör und Garnelen	*S 275,–*
Lachsforellenfilet „cravad gebeizt" mit Dillsenfsauce und Salatbouquet	*S 225,–*
Schwammerlterrine mit Kräuterrahm	*S 175,–*

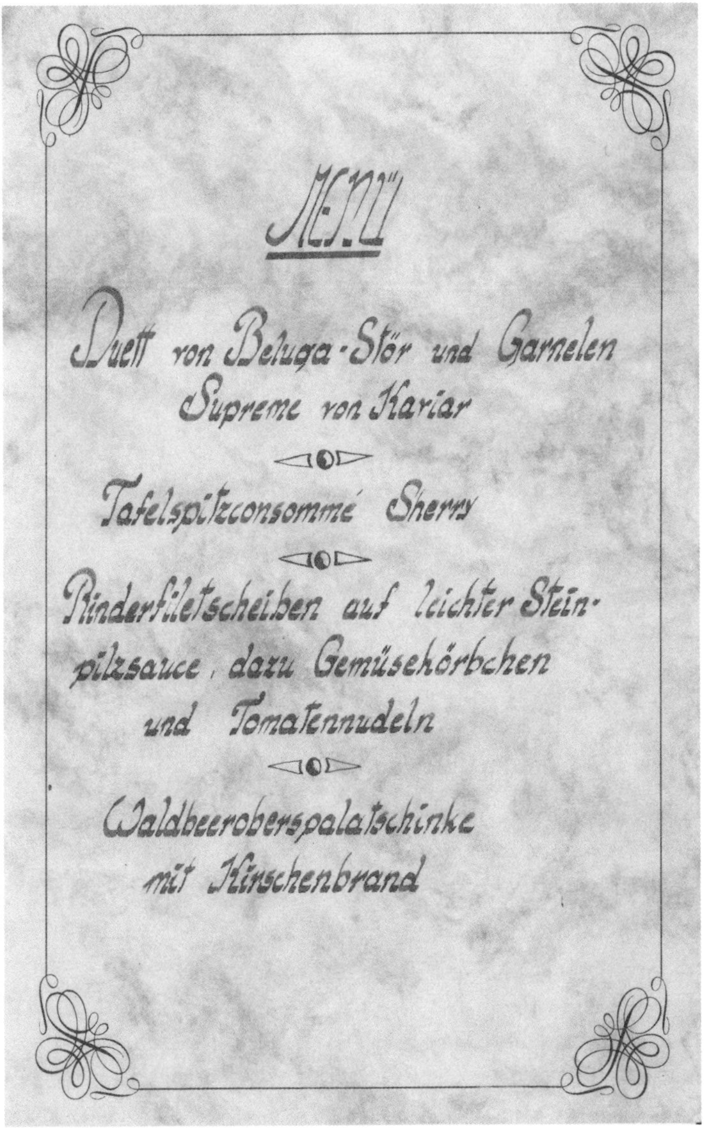

Handgeschriebene Menükarte

Roulade vom Rindercarpaccio, mariniert mit Aceto und frischem Pfeffer	*S 175,–*

Suppen

Rahmsüppchen von Zucchetti mit Forellenstreifen	*S 110,–*
Crème von grünem Spargel	*S 95,–*
Tafelspitzconsommé mit Kaiserschöberln oder Frittaten	*S 68,–*

Hauptspeisen

Beluga-Sevruga-Stör, in Butter und mit Kräutern sorgsam gebraten, als Beilage zartes Gemüse	*S 590,–*
Schnitte vom Lachs auf Gemüsestreifensockel, dazu Dillkartoffeln und Spinatflan	*S 460,–*
Rinderfilet in einer Sauce von Shiitakepilzen, junger Zwiebel, dazu Nockerln und Gemüse	*S 480,–*
Kalbsfilet im Thymiansaftl mit Gemüsereistimbale und marinierten sommerlichen Blattsalaten	*S 450,–*
Sautierte Steinpilze mit frischen Gartenkräutern, dazu Rösti und grüner Salat	*S 420,–*
Kressepalatschinken mit Eierschwammerlsauté	*S 250,–*

Desserts

Beerengratin	*S 145,–*
Apfelschmarren, mit Calvados flambiert	*S 140,–*
Amarettoparfait auf Kaffeeschaum	*S 130,–*
Topfenknöderln auf Himbeermark	*S 125,–*
Sacherwürfel auf Marzipansauce	*S 120,–*

Zusätzlich zur Karte wurde täglich ein Menü angeboten. Der Küchenchef schrieb jede Karte mit der Hand mit einer Tuschefeder. Natürlich hatten wir auch die klassische Damenkarte, also eine Speisekarte ohne Preise, die dem weiblichen Gast gereicht wurde. Hin und wieder kam es mir vor, als ob der Gentleman am Tisch heimlich darum betete, dass seine Begleitung nicht unabsichtlich die teuersten Gerichte wählte. Das Ganze hatte schon Stil und „Knicker“ hatten hier sowieso nichts verloren. Hier wurde die alte Schule noch gelebt!

Rechnet man diese Preise heute in Euro um, so relativiert sich das Ganze ein bisschen, aber Ende der Achtziger war das extrem hoch. Während sich Gäste wie Conny Froboess, Josef Meinrad, Herbert von Karajan, Marcel Prawy, Vorstände der deutschen Autoindustrie, Bosse von internationalen Mineralölkonzernen und diverse Großindustrielle ein Stelldichein gaben, arbeiteten wir sieben Tage die Woche bis spät in die Nacht. Unsere Souschefin Sabine wollte für ihre Nichte unbedingt ein Autogramm von Conny Froboess. Als Vorlage für die Unterschrift sollte ihre Kochmütze dienen. Völlig überarbeitet bat sie um ein Autogramm mit den Worten: „Es ist eh nicht für mich, sondern für meine Nichte“, und bemerkte nicht, dass das eigentlich eine Beleidigung für Frau Froboess war. Von der Hotelführung wurde von einem Fauxpas gesprochen und Sabine wurde zurechtgestutzt. Sie tat mir damals echt leid!

An den wenigen Tagen, an denen unser Dienst vor 24 Uhr endete, gingen wir natürlich in die Stadt. Wir hatten ein paar Stunden bis zum Frühdienst und diese galt es zu nutzen. Die Balkontüre im ersten Stock des Schlosses wurde so präpariert, dass wir sie gegen Morgen problemlos von außen öffnen konnten. In unserer Gruppe waren noch nicht alle 17 Jahre alt, daher war es besser, nicht vom Hoteldirektor erwischt zu werden. Um diese Tür zu erreichen, mussten wir an einer dicken Steinsäule hochklettern. Eines Nachts, als wir ziemlich betrunken nach unserer Discotour wieder ins Hotel einstiegen, hatten wir die wahnwitzige Idee, die

Figur des heiligen Rupert zu modifizieren, indem wir dieser über eine Million teuren Antiquität die Bischofsmütze und den Bischofsstab abnahmen, ihr eine Zigarette zwischen die Finger steckten, sie mit einem Walkman inklusive Kopfhörern ausstatteten, das Tabakpäckchen in die andere Hand und zu guter Letzt noch eine Champagnerflasche in den Schoß legten. Dann holten wir einen Fotoapparat, um unser Kunstwerk für die Nachwelt zu erhalten. Leider vergaßen wir, den ursprünglichen Zustand wiederherzustellen, und so konnte unser Kunstwerk von den ersten Frühstücksgästen und im Anschluss daran vom Hoteleigentümer bewundert werden. Wir mussten uns in der Küche versammeln, wo wir ein mindestens zwanzigminütiges Schreikonzert über unsere brummenden Köpfe ergehen lassen mussten. Wörter wie Denkmalschändung, Blasphemie, Anzeige, fristlose Entlassung fielen dabei. Da aber alle dichthielten, konnte er keinem von uns etwas anhaben oder uns in der stressigsten Zeit entlassen. Später erfuhr ich, dass die ersten Frühstücksgäste ein gutes Wort für uns eingelegt hatten und sich über unsere Aktion amüsiert hatten. Ich dachte mir: Was will er? Wir arbeiten wie die Tiere, und auch wenn wir unterwegs sind, kommen wir immer pünktlich zum Dienst. Wir arbeiten fast acht Wochen durch, und das ohne Schlaf, er soll doch froh sein, dass er uns hat! Es musste auch einmal Dampf abgelassen werden.

Der entstellte St. Rupert

Unsere älteren Kollegen lebten uns das ja auch vor. Ich erinnere mich an einen Frühdienst im August, als plötzlich eine erfahrene Servierkraft nicht mehr vom Zimmerservice zurückkam, um einem nymphomanisch veranlagten Gast ein „Full Service“ zu bieten. Die Terrasse füllte sich und ich hatte ordentlich zu tun. Das Zimmer der besagten Dame hatte das Fenster Richtung Hellbrunn, also Richtung Frühstücksterrasse, und wenn man wie ich wusste, wo sich dieses Fenster befand, konnte man unschwer erkennen, dass sich der Kopf der Dame immer wieder ruckartig aus dem halb geöffneten Fenster bewegte. Nach einer guten Stunde war der Kellner wieder im Dienst und verhielt sich so, als sei dies die normalste Aktion der Welt gewesen.

Als wir einmal von einer Salzburger Nachtklubrunde nach Hause kamen, stiegen wir wie gewohnt vom ersten Stock des Hotels die Stiegen leise herunter, damit uns der Nachtportier nicht hörte, und gingen durch das bereits für das

Frühstück gedeckte Restaurant zur Stiege zum Personalstock, als wir im zweiten Teil des Restaurants Geräusche hörten. Durch den wie immer zu hohen Alkoholkonsum ermutigt, schlichen wir uns langsam an und überraschten einen Servicemitarbeiter dabei, wir er einer unserer Kellnerinnen erweiterten Praxisunterricht zum Thema Liebe direkt auf dem Gästetisch gab. Noch beim Frühstück waren die Falten im Tischtuch zu sehen, was uns an den nächsten Tagen immer zum Lachen brachte, wenn sich unsere Gäste dort zu kulinarischen Genüssen niederließen. Es kursierte der Witz: „Auf dem Couvertteller wurde ein kurzes Haar vom Gast beanstandet."

Das nächste Mal war es, wie konnte es anders sein, wieder beim Nachhausekommen von einem Streifzug durch die Nacht, als wir im Stiegenaufgang des Hotels ein Stubenmädchen und einen Servicemitarbeiter überraschten. Mit dem Befehl „Verschwindet!" wurden wir schnell verjagt. Wir stiegen vorsichtig über die Liebenden und verschwanden in unserem Personalzimmer unter dem Dach.

Ich bin mir nicht sicher, ob der Hoteldirektor nicht die eine oder andere Geschichte erfahren hat. Vielleicht war er toleranter, weil er selbst einer damals noch als Randgruppe bezeichneten Gruppierung angehörte. Der alte Besitzer des Hotels war ein zum Teil gelähmter, stolzer Mann, der wegen seiner Krankheit das Hotel an seinen „Sohn" übergeben hatte. Alle hatten ihn mit „Herr Ingenieur" zu grüßen und es war nicht immer leicht, den Patron zu bedienen. Es zählte nicht zu meinen liebsten Aufgaben. Der „Sohn" war ein sehr erfolgreicher Chihuahua-Züchter und die Weltmeisterhündin Cecina speiste selbstverständlich am Tisch mit. Sie wurde vom Tisch weg gefüttert, was mir gegen den Strich ging, zumal ihre Speisen an manchen Tagen über dem Niveau des

Personalessens lagen. Die Gerichte, die am „Patrontisch“ serviert wurden, zählten eindeutig zu den österreichischen, bodenständigen Speisen. Die kreative Küche wurde speziell vom alten Herrn Ingenieur abgelehnt. Er nörgelte gern und viel, obwohl unser Küchenchef Richard auch die einfache Küche aus dem Effeff beherrschte.

In dieser Zeit wurde McDonald's in Österreich groß und in der Alpenstraße, ganz in der Nähe unseres Hotels, gab es eine relativ neue Filiale. Herr Steinbacher senior, der Ingenieur, schimpfte ständig über die gastronomische Entwicklung in unserem Lande und dass man diesen Fraß sowieso nicht essen könne. Als der Herr Ingenieur wieder seinen „Nörgeltag“ hatte und sich nach dem Frühstück gebackenes Hühnchen zum Abendmahl wünschte, kam uns die Idee, ein paar Chicken-Nuggets mit einer billigen Fertigsauce bei McDonald's zu organisieren, nett anzurichten und unter einer schweren Silbercloche zu servieren. Eigentlich konnten wir nichts falsch machen, denn was immer auch serviert wurde,

Schlosshotel St. Rupert

er würde sicher etwas daran auszusetzen haben. Wir kündigten die kulinarische Neuheit bereits beim Mittagstisch an und lobten die besondere Zartheit dieses Hühnchens in Knusperpanade. Als wir gegen 18 Uhr dieses „Highlight" aus unserem Fünfsterneprogramm servierten, standen alle eingeweihten Mitarbeiter bei der leicht geöffneten Schwingtür zum Restaurant, um die Reaktion aus nächster Nähe mitzuerleben. Wir drückten einige Päckchen Fertigsauce in eine Sauciere, stellten sie auf eine mit Spitzen umrandete Stoffserviette und fügten einen kleinen Silberlöffel hinzu. Mit der Sauciere in der Hand begab ich mich nun zum Cheftisch und fragte, ob ich noch etwas Sauce über das Hühnerfilet nappieren dürfe. Der Herr Ingenieur nickte stumm, da er gerade den Mund voll hatte. Nach einem kleinen Moment der Stille, die nur durch ein leises Kichern aus dem hinteren Teil des Restaurants unterbrochen wurde, fragte ich, ob er mit dem heutigen Dîner zufrieden gewesen sei. Er antwortete: „Ja, nicht schlecht, vielleicht ein bisschen trocken, aber sonst ganz delikat." Wir hatten die Bestätigung, dass er wirklich nichts vom Essen verstand, und von diesem Zeitpunkt an konnte er uns bzw. die Küche auch nicht mehr beleidigen.

Wir hätten eigentlich schon früher auf das geschmackliche Defizit unserer Chefs aufmerksam werden müssen, denn ein Lieblingsdessert der beiden war eine giftgrüne Götterspeise. Richard musste diese ekelige Masse mit Minzgeschmack aus Fertigpulver zubereiten und mit Schlagobers servieren. So viel zum feinen Gaumen! Unser Maître und unser Chef de Cuisine standen gerade in der Küche und speisten eine soeben frisch zubereitete Fischplatte, auf der die besten, frischesten heimischen und internationalen Fischspezialitäten liebevoll angerichtet waren, dazu ein schönes Glas Chablis in der Hand, eine Stoffserviette um den Hals gebunden. Nicht unbedingt das, was man unter Personalessen verstand. Die Schwingtüre öffnete sich und der Patron kam in die Küche. Er sah die beiden Schmausenden und fragte, was es heute für ihn und seinen Vater zu essen gäbe. Ich stand im Office und trank gerade, als ihm der Maître, der sich offensichtlich beim Essen gestört fühlte, antwortete: „Chef, für Sie gibt es heute Leberkäse", sich sofort wieder zur herrlich duftenden Fischplatte umdrehte und genüsslich einen der prächtigen Scampi zum Mund führte. Diese Antwort hätte wohl keiner erwartet und ich spuckte vor Lachen in einem weiten Sprühregen den soeben getrunkenen Saft in Richtung Spüle. Auch unser Chef war so überrascht, dass er mit einem „Aha" die Küche gleich wieder verließ, ohne sich weiter zu äußern. Als uns die Situationskomik klar wurde, lachten wirklich alle Anwesenden und die Geschichte machte schnell die Runde in der Hotelcrew. Das nenne ich Mitarbeitermotivation, die Angestellten essen Scampi, der Hotelier bekommt Leberkäse!

Man muss sich den Hoteldirektor als 170 kg schweren, homosexuellen Menschen vorstellen, einen Chihuahua-Hund auf dem linken Arm und einen auf dem rechten. Dazu eine Aussage wie: „Ach, Cäsar (so hieß einer der Hunde), hast du süße kleine Hoden." Er war ein guter Mensch, meist fair, und hatte immer ein offenes Ohr, wenn sich einer seiner Mitarbeiter in einer Notlage befand. Ich mochte ihn und seine Geschichten waren schräg und lustig. Er glaubte tatsächlich, dass keiner seiner Mitarbeitern von seiner Homosexualität wusste. Da waren aber unser Herr Josef, die männliche Etagengouvernante aus Jugoslawien, der für ihn die Burschen für besondere nächtliche Dienste organisierte, und das ominöse Zimmer Nummer 6, das von der Rezeption niemals vergeben wurde, sowie ab und zu eindeutige Versprecher von ihm. Der Direktor und Herr Josef standen im

Stiegenhaus auf der Hinterseite des Schlosses mit Blick auf unsere Köchin Sabine und Richard. Beide nutzten die Mittagspause, um sich in der Sonne zu aalen. Josef fiel natürlich sofort auf, dass Sabine das Sonnenbad oben ohne genoss, und sagte zum Direktor: „Haben Sie gesehen, was für tolle Brüste unsere Köchin hat?“ Der Chef entgegnete: „Ja, aber der Küchenchef hat auch einen ziemlich geilen Hintern!“ Man sah ihm an, dass er nicht vorgehabt hatte, sich so eindeutig zu äußern, es war ihm nur so herausgerutscht.

Christian und ich malten uns die wildesten Geschichten über die Vorgänge im Zimmer No. 6 aus. In unserer Fantasie sahen wir Handschellen, schwarze Kapuzen mit einer Reißverschlussöffnung im Bereich des Mundes, Lederpeitschen, einschlägiges Filmmaterial und vieles mehr! Eines Abends, es war bereits in der Nachsaison, der Direktor war auf einer Hundeschau in Deutschland, das Hotel war wie meist in der Nachsaison schlecht gebucht und die Rezeptionistin hatte das Telefon bereits umgeleitet, beschlossen wir, dem Ganzen auf den Grund zu gehen. Wir schlichen in die Rezeption, organisierten uns den Schlüssel von Zimmer 6 und öffneten aufgeregt, vorsichtig und leise die große, schwere Tür. Mit einer Taschenlampe in der Hand drangen wir in den Sündenpfuhl vor. Als Christian direkt vor dem Doppelbett stand, gab ich ihm einen Schubs und er landete mitten im Liebesnest. Schreiend vor Ekel, sprang er heraus und beschimpfte mich mit den Worten „Du Schwein!“. Wir drehten das Licht auf und mussten enttäuscht feststellen, dass dieses Zimmer ein Zimmer wie jedes andere war und nichts auf die von Herrn Josef beschriebene Liebeskammer hindeutete.

Josef war der Vermittler zwischen dem Chef und der Salzburger Stricherszene. Der Direktor nannte ihn oft liebevoll

„Kurva“, was auf Serbisch Hure bedeutete. Auch mir bot Josef seine Dienste im Heterobereich an und stellte mir eines Tages hinter dem Hotel eine sehr schlanke, hübsche Serbin vor: „Du musst nicht zahlen, du bist mein Freund.“ Man wusste aber nie genau, was er ernst meinte und was nur Spaß war! Im Grunde war er auf jeden Fall ein netter Kerl, von dem man alles haben konnte – verstehen Sie das jetzt bitte nicht falsch!

Kapitel 4:
Arbeiten für den Urenkel von Kaiser Franz Joseph

Da es im Schlosshotel St. Rupert nur während der Osterfestspiele und den Sommer über Hotel- und Restaurantbetrieb gab, war es nun an der Zeit, eine passende Stelle für die bevorstehende Wintersaison zu suchen. Herr Direktor Steinbacher, der mit unseren Leistungen sehr zufrieden war, nahm mit Karl Graf zu Stolberg-Stolberg, dem Eigentümer des Jagdschlosses Kühtai in Tirol, Kontakt auf und gab seine Empfehlung für Christian und mich ab. Wir haben uns beworben und wurden prompt eingestellt: Christian als Commis Entremetier und ich als Commis de Rang. Mario musste zum Heer und Michael zog es nach St. Anton am Arlberg.

Das Hotel Jagdschloss Kühtai war das erste Hotel am Platz und auch ein Mitgliedsbetrieb von „Gotha" – heute „Schlosshotels & Herrenhäuser". Der Besitzer war kein Geringerer als der Urenkel von Kaiser Franz Joseph I. Nicht nur sein imposant klingender Name Karl Graf zu Stolberg-Stolberg, sondern auch der Mensch dahinter begeisterte mich von Anfang an.

Kühtai liegt auf 2020 Meter Seehöhe südlich von Innsbruck zwischen dem Sellraintal und dem Ötztal und gleicht im Sommer einem Geisterort mit gerade einmal zwölf Einwohnern. Dem standen im Winter 1200 Gästebetten gegenüber, aufgeteilt auf zwei Dutzend Hotels und Pensionen links und rechts der Passstraße. Kühtai ist der höchstgelegene Skiort Österreichs!

Jagdschloss Kühtai

Wer die Empfangshalle betrat, fühlte sich sofort in die Zeit der k. u. k Monarchie zurückversetzt, wozu auch Marschmusik ihren Beitrag leistete. An den Zirbelholzwänden hingen zwischen den Geweihen gewaltiger Zwölfender und veritabler Böcke historische Wappen der Habsburger sowie eine riesengroße Landkarte Großtirols aus dem Jahre 1780. 1893 kaufte Kaiser Franz Joseph I. das Urbar in Kühtai und vererbte es seiner Tochter Marie-Valerie. Diese schenkte es 1917 als Hochzeitsgeschenk ihrer Tochter Hedwig, die den Grafen Bernhard zu Stolberg-Stolberg heiratete. 1952 revitalisierte Karl Graf zu Stolberg-Stolberg die fürstliche Jagdresidenz und gestaltete sie zum heutigen Jagdschloss Kühtai um.

Einen geradlinigeren, prinzipientreueren und ehrlicheren Chef, der voll hinter seinen Mitarbeitern stand und für den ein Handschlag oder auch das bloße Wort wie ein Gesetz galt, habe ich nie kennengelernt. Der damals 64-jährige

Graf trug meist eine grüne Jagdjacke, Fellstiefel sowie eine Pelzkappe mit einem roten Stern und fuhr einen alten, grünen Militärjeep ohne Türen. Ich habe heute noch das Bild vor mir, als sich der Rauhaardackel von Ursula Gräfin zu Plettenberg an seinem Fellstiefel verging und ihn der Graf mit den Worten „Hau ab, du dummes Vieh" abschüttelte, was den kleinen Vierbeiner aber nicht davon abhielt, sein Glück in der Liebe immer und immer wieder neu zu versuchen – ein Bild für Götter!

Mir fiel sofort auf, dass sich das Publikum in diesem Hotel anders als in Salzburg verhielt. Viele kannten den Grafen persönlich und der Großteil unserer deutschen Gäste war ebenfalls von Adel. Wenn ich an unsere Gästeliste mit den vielen Freiherren, Gräfinnen oder Grafen von und zu denke, so war das damals eigentlich schon sehr aufregend. Auch Gräfin Gloria von Thurn und Taxis war mit von der Partie: Sie reservierte zwar nicht unter ihrem eigenen Namen, sondern verwendete immer den Namen einer ihrer Angestellten. Trotzdem erkannte sie natürlich jeder. Sie ist übrigens eine sehr nette und höfliche Dame und auch ihre Kinder waren sehr gut erzogen.

Eines Abends sah ich den Grafen von Auto zu Auto gehen und beobachtete, wie er mit der einen Hand die Windschutzscheiben vom Schnee befreite und mit der anderen Hand etwas aufklebte. Von Neugier getrieben, ging ich nach draußen und sah, dass es grün-goldene Aufkleber mit dem Familienwappen und dem Schriftzug des Hotels waren, die er auf die Autos unserer Gäste geklebt hatte. Als ich ihn fragte, ob er nicht Angst hätte, dass das den Besitzern der Nobelkarossen nicht gefallen könnte, antwortete er mir: „Da wird nicht lange gefragt. Die sollen stolz darauf sein, diesen

Aufkleber auf ihren Autos zu haben.“ Tatsächlich fanden die meisten Gäste diese Aktion wirklich toll.

Alle mochten den Grafen und Geschichten über ihn würden wahrscheinlich ein ganzes Buch füllen. Hier eine meiner Lieblingsgeschichten: Nachdem er und seine Freunde eines Abends fleißig dem Alkohol zugesprochen und einen über den Durst getrunken hatten, sang, tanzte und grölte am nächsten Morgen die Meute auf ungebührliche Weise in der Hotelhalle unweit des Büros des Grafen. Er öffnete plötzlich die Tür und herrschte seine Freunde an, dass sie leiser sein sollten, denn es gehe ihm heute nicht so gut. Trotzdem ging die Party in der Halle weiter und die Freunde provozierten ihn mit Sprüchen wie „Hältst du etwa gar nichts mehr aus? Sehr schwache Leistung“ und so weiter und so fort. Es folgte eine letzte Verwarnung durch den Grafen. Als auch das nichts fruchtete, öffnete er seine Schreibtischlade, holte eine Tränengasgranate hervor, entsicherte sie, öffnete die Bürotür eine Hand breit, mit den Worten „Ihr wolltet es ja nicht anders“ rollte er das Corpus Delicti in die Hotelhalle und schloss rasch seine Bürotür. Er war dafür bekannt, dass allein seine Erscheinung rasch für Ruhe zu sorgen pflegte. Diese Variante kannte aber bisher noch niemand. Heulend und fluchend verließ das Partyvolk die Halle und die gewünschte Ruhe kehrte ein.

Eines Tages reisten holländische Gäste an und der Lohndiener eskortierte sie ins direkt angrenzende Gebäude, den sogenannten Kühtaier Hof. Wenn ich mich richtig erinnere, wollten die Gäste aber lieber ein Zimmer im bereits ausgebuchten Haupthaus. Sie mokierten sich über die alten Wandmalereien im Kühtaier Hof, und als sie zur Haupthalle kamen, den Militärjeep vor der Türe sahen, die Marschmusik hörten und ihnen dann auch noch der hochgewachsene

Besitzer des Anwesens mit grauen Augenbrauen, grünem Jägerpullover, Mütze und Stiefeln gegenüberstand, zogen sie die falschen Schlüsse und machten den Fehler, ihn einen „Ewiggestrigen“ zu nennen.

Der Graf löste diese Situation auf seine Weise: Er bat den Lohndiener höflich und ruhig, das Gepäck der Herrschaften zu holen. Er ging nicht weiter auf die aufgeregten Holländer ein, die immer noch vor der Rezeption standen. Als der Lohndiener mit den Koffern wieder zurück in der Halle war, ging ihm der Graf seelenruhig entgegen, nahm die zwei Koffer in die Hand, bat den Hausmeister, die Türe zu öffnen, und beförderte eigenhändig die Koffer mit dem Wort „Abreise“ in den Schnee. Im Jagdschloss war es Tradition, eine große Bronzeglocke, die direkt neben dem Haupteingang hing, zu läuten, um sich von den abreisenden Gästen zu verabschieden. Selbstverständlich wurde auch bei dieser sicher ein wenig ungewöhnlichen Abreise die Glocke vom Chef persönlich geläutet. Wortlos und vor Ehrfurcht erstarrt, verließen die Gäste das Hotel. Dass sich der Urenkel von Kaiser Franz Joseph I. nicht von Gästen ohne Anstand und Manieren in seinen eigenen vier Wänden beleidigen ließ, lag wohl auf der Hand.

Aber nicht nur für das Amüsement war gesorgt in diesem Hotel, auch kulinarisch wurden unsere Gäste verwöhnt und der Weinkeller ließ ebenfalls keine Wünsche offen. Mein direkter Vorgesetzter Tassilo war ein junger, lockerer Oberkellner, der über ein sehr gutes Fachwissen verfügte. Jeden Tag ließ er uns sämtliche Gerichte und Menüs auswendig lernen und prüfte uns. Er argumentierte so: „Was tut ihr, wenn ein Gast fragt? – Dann müsst ihr es auch wissen.“ Damals befasste ich mich bereits intensiver mit der Weinkarte und löcherte unseren Sommelier mit Tausenden Fragen.

Ich nutzte jede Gelegenheit, die angebotenen Weine mit ihm zu degustieren. Natürlich klassisch mittels Tastevin und direkt vor dem Gast. Mir machte das Ganze wirklich Spaß und ich entwickelte Routine dabei. Was mir besonders gefiel, war die hohe Tischkultur. Wir deckten die Tische täglich für fünf Gänge mit schwerem Tafelsilber sowie einem großen Platzteller aus Zinn, silbernen Messerbänken, schönen Stoffservietten und schönen Gläsern ein – natürlich alles mit Familienwappen. Zum Schluss der Saison hatte ich exakt denselben Aufgabenbereich wie unsere Chefs de Rang, betreute eine eigene Station und auch hin und wieder den Grafentisch.

Es gab in dieser Saison nur ein negatives Erlebnis, an das ich mich erinnere: Nach dem Mittagsgeschäft ging ich auf mein Zimmer und ruhte mich vor dem bevorstehenden Abenddienst etwas aus. Ich deponierte meine Kellnergeldtasche unter meiner Unterwäsche im Schrank und trat nach der Nachmittagspause den Abenddienst an. Als ich in der Nacht wieder in mein Zimmer kam, war die Geldtasche samt Wechselgeld und der Tageslosung aus dem À-la-carte-Geschäft verschwunden. Der Schaden betrug mehr als 12 000 Schilling und die Enttäuschung und vor allem der Gedanke, einen Dieb in unseren Reihen zu haben, machten mich ziemlich zornig. Wir waren wirklich ein gutes Team, das, wie sich zeigen sollte, in jeder Situation zusammenhielt. Ohne dass ich etwas davon wusste, wurde aus unserer gemeinsamen Trinkgeldkasse mit der Zustimmung aller Mitarbeiter ein Betrag aufgebracht, der zur Deckung meiner durch den Diebstahl entstandenen Schulden beim Grafen dienen sollte, damit ich sie nicht aus meinen (ohnehin nicht vorhandenen) Privatrücklagen begleichen musste. Es handelte sich ja um die Losung und somit um Geld des Hotels. Als mir ein Großteil der gestohlenen Summe in einem Kuvert überreicht wurde, gab ich es sofort mit den Worten „Kommt überhaupt nicht in Frage“ zurück. Ich muss schon sagen, diese Aktion hat mich sehr gerührt, aber ich war zu stolz, den Betrag anzunehmen. Als der Graf von dieser Mitarbeiteraktion erfuhr, holte er mich zu sich ins Büro, überzeugte mich davon, das Geld anzunehmen, und fügte noch hinzu, wenn seine Mitarbeiter so etwas organisierten, dann dürfe der Chef auch „kein Arsch sein“ (seine Worte), und legte 2000 Schilling aus seiner eigenen Geldtasche dazu. Wie schon erwähnt, er war ein Chef wie aus dem Bilderbuch! Mit solchen Kollegen als Rückhalt konnte man auch die stressigsten Tage um einiges leichter bewältigen. Es galt natürlich weiterhin nicht auf die Uhr zu schauen und eine gute Leistung abzuliefern. Weil die Arbeit aber Spaß machte, war das halb so schlimm.

Christian konnte diesen Enthusiasmus nicht so richtig entwickeln, er kochte eben, weil es das war, was er gelernt hatte. Privat war er natürlich bei jedem Blödsinn dabei und wir teilten uns sogar manches Mädel – das werden sich die Mädels wahrscheinlich auch im umgekehrten Sinn gedacht haben. Die Winter waren extrem hart und die Möglichkeiten, richtig zu feiern und jemanden kennenzulernen, waren wegen der Größe des Orts sehr begrenzt. Da kam es vor, dass man seine Liebschaften nicht alleine für sich hatte. Es gab ein nettes Stubenmädchen, das uns beide mochte. Auch Michael kam im Wäschelager auf seine Kosten, als er uns besuchte.

Der Winter war einsam und kalt auf den Bergen. Tassilo führte das Restaurant auf Rechnung und Mike führte die Bar. Sie waren immer gut drauf, arbeiteten viel und hatten im Gegensatz zu mir keine Berührungsängste mit dem teilweise hochrangigen Publikum. Im Laufe dieser Saison legte aber auch ich diese Scheu ab und wurde professioneller und sicherer.

Alex war einer der Chefs de Rang. Er kam aus Wien, war ein sympathischer Kollege, der auf einem Ohr so wenig hörte, dass er bei jeder Bestellung den Kopf in Richtung des Gasts drehen musste, um sie zu hören, war ein starker Raucher und prahlte mit seinen Dupont-Feuerzeugen. Er besaß zum Spaß ein Auto, das sprechen konnte. Als begeisterter Bastler hatte er zwei Lautsprecher unter die Stoßstange montiert und über Funk konnte er auch weit von seinem Fahrzeug entfernt Botschaften an vorbeigehende Wintersportgäste im Ort durchsagen. Das mussten wir natürlich gleich in der „Zimmerstunde“ testen. Wir platzierten das Auto also am Straßenrand, und als sich Touristen auf Höhe des Fahrzeugs befanden, sorgten wir dafür, dass das Auto sie grüßte und ansprach. Die Verwunderung der erschrockenen Passanten war aus der Ferne lustig zu beobachten. Man könnte das als kindisch bezeichnen – war es auch!!! Es ist schon was dran, dass die verrücktesten Menschen in der Gastronomie zu finden sind. Ich möchte mich da nicht ausnehmen! Die durch die Schneesicherheit auf dieser Höhe lange Wintersaison neigte sich dem Ende zu und wir freuten uns auf ein paar ruhige Wochen, bevor es auf zur nächsten Sommersaison ging.

Kapitel 5: Zurück in Salzburg

Christian und ich beschlossen, wieder nach Salzburg zu gehen. In der gastronomischen Hierarchie wieder ein Stückchen weiter nach oben gerutscht, wurde Christian als Entremetier und ich als Demichef de Rang im Schlosshotel eingestellt. Die Erfahrungen und Erlebnisse bestärkten uns, weiterzumachen, uns auf diese verrückte Welt einzulassen und jede freie Minute umso intensiver zu genießen. Wer bei der Arbeit Stunden oder gar Minuten zählt, am Wochenende gerne frei hat und Weihnachten und Silvester gerne mit seiner Familie feiert, hat in dieser Branche nichts verloren! Die Arbeit ging vor, die Restaurants und Hotels waren unsere Arena – und wir die Gladiatoren.

Nein, nicht alle teilten diese Meinung. Ich erinnere mich an Max, einen Praktikanten der Hotelfachschule Klessheim und aus gutem Hause. Ich fragte mich damals schon, was er in der Gastronomie verloren hatte. Max hatte eine private Verpflichtung, und das mitten in der Festspielzeit, als absolute Urlaubssperre für jeden herrschte. Er ging also zu unserem Mâitre d'Hôtel und teilte ihm mit, dass er an diesem Abend nicht arbeiten könne, weil er anderweitige Verpflichtungen habe! Uns allen war klar, so geht das nicht!

Ich habe mir die Mühe gemacht, folgende zwei Schreiben aus dem Archiv zu organisieren, um Ihnen ein Bild der Geschehnisse zu vermitteln. Sollten Sie sich beim Lesen dieser Schriftstücke denken, ach ja, dieser arme Bub musste so viel arbeiten und hatte eigentlich recht, dann verschwenden Sie bitte keinen weiteren Gedanken daran, in die Gastronomie zu wechseln oder auf Saison zu gehen! Suchen Sie sich lieber etwas Geregeltes!

Schreiben des Vaters an den Hoteldirektor

Lieber Herr Direktor Steinbacher,

die jahrzehntelange freundschaftliche Verbundenheit unserer Häuser gebietet es mir, diese Zeilen an Sie zu richten. Als es durch Ihr freundliches Entgegenkommen meinem Sohn Max, welcher die Gymnasialoberstufe der Hotelfachschule in Salzburg-Klessheim besucht, möglich wurde, das vorgeschriebene zweimonatige Betriebspraktikum in Ihrem Hotel absolvieren zu dürfen, war ich sehr froh und dankbar.

Ich bin es noch immer. Hatte Max doch dadurch die einmalige Gelegenheit erhalten, das Hotelfach von der Pike auf zu erlernen, noch dazu in einem der ersten und renommiertesten Häuser Salzburgs. Als Sie mir dann auch immer wieder hocherfreut bestätigten, wie zufrieden Sie mit Max wären, haben Sie mich mit Stolz erfüllt, und Ihr persönliches Lob hat ihn wirklich sehr gefreut und motiviert, hat er doch 95 % seiner praktischen Kenntnisse bei Ihnen erlernen dürfen. Und als Sie ihm dann noch die Möglichkeit gegeben haben, über das vorgeschriebene Sommerpraktikum hinaus während der Osterfestspielwoche als auch bei Hochzeiten und anderen Festlichkeiten sein Wissen erweitern zu können, hat er dies immer sehr gerne angenommen. Als Sohn einer Unternehmerfamilie war und ist es für Max immer selbstverständlich, nicht auf die Uhr zu sehen, wenn im Hotel sehr viel zu tun war (gerade in der Festspielzeit). Auch das Arbeiten bis Mitternacht oder länger (er ist schließlich im Service tätig) war für ihn nie ein Problem, und selbstverständlich hat er sich nie um die gesetzliche Ruhezeit von zwölf Stunden oder gar um Sonn- und Feiertagsbeschäftigung gekümmert, er war in den letzten beiden Saisonen immer für Sie da, wenn Sie ihn brauchten, denn das Hotel hat bei ihm stets Vorrang vor Freizeit oder Ausschlafen.

Ich weiß nicht, was unser Musterknabe seinem Vater zu Hause erzählt hat, aber ich muss heute noch über diese Zeilen herzhaft lachen!

Auch die gesetzlich vorgeschriebene ununterbrochene wöchentliche Freizeit von 43 Stunden, in die der Sonntag zu fallen hat, war für ihn nie ein Thema. Im Gegenteil, wenn die Küche am frühen Nachmittag bereits geschlossen war und der Koch bereits abgetreten war und es kamen unerwartet Stammgäste, hat er mit dem Jungkoch gemeinsam einen raschen Lunch improvisiert, und die späten Gäste konnten auch um drei Uhr nachmittags zufriedengestellt werden. Dies alles hat er von Ihnen, lieber Herr Direktor Steinbacher, gelernt, denn Sie sind für ihn das Vorbild. Um medias in res zu gehen. Vergangenen Samstag fielen Max und ich aus allen Wolken.

Zur Vorgeschichte: Max hatte am Freitag bis Mitternacht gearbeitet und bereits am Samstag um acht Uhr früh den Tagdienst angetreten, welcher bis gegen Mittag dauerte. Am frühen Abend desselben Tages hat er dann den Nachtdienst angetreten. Es war an diesem Tag und auch in der Nacht sehr viel zu tun, da viele Gäste zu bedienen waren. Gegen 23:45 Uhr kam Ihr Oberkellner Deepak in die Küche und gab Max den Auftrag, zusätzliche Gläser zu polieren. Er sprach sehr leise, und da zum selben Zeitpunkt die anderen Angestellten gerade eine sehr lautstarke Unterhaltung führten und Max auch schon sehr müde war (es ging auf Mitternacht zu und auch ein höchst engagierter 16-Jähriger hat ein begrenztes Aufnahme- und Konzentrationsvermögen), hat er den Auftrag des Obers schlichtweg nicht gehört. Wen wundert's? Daraufhin begann Ihr Oberkellner Deepak, Max auf das Gröblichste und sehr lautstark zu beschimpfen: Er sei faul, tue nie was, man müsse ihn zu jeder Arbeit bitten, er brauche keinen Faulenzer im Hotel, sondern Arbeiter usw., und er wolle ihn nie wieder sehen!

Während Deepak dies mit überkippender Stimme schrie, stürzte er auf Max zu, zitterte am ganzen Leibe und vollführte mit den Armen unartikulierte Gesten.

Lieber Herr Direktor Steinbacher, ich kann Ihnen garantieren, wenn ich in meiner Firma mit den Mitarbeitern so umginge, wie Herr Deepak in Ihrer Firma es tut, dann hätte ich bald keine Leute mehr. Abgesehen davon ist Faulheit nun wirklich das dümmste Argument, welches Ihr Oberkellner Deepak gegen Max vorbringen konnte, denn dies wissen Sie und ich am allerbesten. Ich habe eher das Gefühl, er mag ihn nicht, hat ihn nie gemocht. Davon abgesehen, ist Deepak meiner Meinung nach falsch, hinterhältig und verschlagen. Jedes Mal, wenn ich ihn traf, erklärte er mit süßlicher Stimme, wie brav und fleißig Max denn sei, und hintenrum hat er ihn nach Kräften schikaniert, wenn Sie gerade nicht zugegen waren. In der Armee (ich weiß nicht, ob ich Ihnen erzählt habe, daß ich seit über 20 Jahren Offizier in einem Milizbataillon bin) nennen wir so etwas das „Unteroffizierssyndrom“. Diese Bezeichnung rührt daher, daß manche Unteroffiziere und auch andere niedrige Chargen den frisch vom Gymnasium kommenden Maturanten und Offiziersanwärter nach Herzenslust schikanieren und zu demütigen versuchen, solange es während der Ausbildung zum Offizier noch möglich ist, denn später, nach erfolgter Ausbildung und Ernennung zum Offizier, sind es ja dann oft dieselben Chargen, die von ihm dann die Befehle empfangen und (unerfreulicherweise) auch ausführen müssen. Gottlob sind es hier nur wenige schwarze Schafe. Der Vergleich drängt sich auf!

Zur Sache. Nach Studium des entsprechenden Kollektivvertrages und nach Rücksprache mit meinen Rechtsanwälten steht fest, daß der Rausschmiß meines Sohnes durch Ihren Oberkellner Deepak durch nichts zu rechtfertigen ist. Andererseits, solange dieser Herr in Ihrem Hause tätig ist, kann ich einer weiteren Tätigkeit meines

Sohnes in Ihrem geschätzten Hause nicht mehr zustimmen, Sie, lieber Herr Direktor Steinbacher, werden das sicherlich verstehen. Da ich jedoch unser beider, wirklich als herzlich zu bezeichnendes Verhältnis durch keinerlei Schritte meinerseits trüben möchte, schlage ich Ihnen ein Gentlemen-Agreement vor.
Sollten Sie, lieber Herr Direktor, daran das gleich hohe Interesse wie ich haben, ersuche ich Sie höflich um Rückruf.

Einstweilen verbleibe ich mit
freundlichen Grüßen Ihr
Direktor Dr. Maximilian Lessing

Dieses Schreiben wurde noch mit allen erdenklichen Zusatztiteln diverser Serviceklubs unterschrieben und per Postkurier zugestellt. Wäre mein Vater auf diese Weise vorgegangen, hätte ich mich höchstwahrscheinlich vor Scham wochenlang in einer Ecke verkrochen!

Antwort des Hotels drei Tage später

Lieber Herr Direktor Dr. Lessing!
In Beantwortung Ihres Briefes – leider komme ich erst heute dazu – der Festspielstress!! – kann ich nur sagen, daß es im Hinblick auf das – wie Sie ganz richtig sagen – so gute Verhältnis zwischen unseren Häusern – wirklich bedauerlich ist, daß so eine Situation entstanden ist. Ich kann Ihre Reaktion gut verstehen – kennen Sie den Lauf der Dinge ja ausschließlich aus Max' Sicht; doch es gibt – wie immer im Leben – stets zwei Seiten und beide müssen berücksichtigt werden. Deepak Sabherwal ist seit weit über zwanzig Jahren in unserem Haus und wir kennen ihn gut. Er ist stets bestrebt, den Gästen ein Optimum an Service zu bieten. Dem Vorwurf der Falschheit und Hinterhältigkeit muß ich entschieden widersprechen; wir hätten wohl kaum Personal, das mit ihm zusammenarbeitet und immer wieder zu uns zurückkommt,

wenn Deepak diese Eigenschaften hätte. Militärische Allüren hat er ganz sicher keine! Deepak hat auch nie einen Praktikanten aus dem Haus gewiesen. Auch er stand an diesem Abend unter Stress – es waren ganz besonders wichtige Gäste im Restaurant, die gut versorgt werden sollten. Wenn er in der Küche so geschrien hätte, wie Max dies offenbar beschrieben hat, so hätte ich es ganz bestimmt gehört und hätte dies raschestens beendet. Meiner Ansicht nach hatte diese Entwicklung eine ganz andere Ursache. Max hatte ganz offensichtlich für diesen Abend eine Verabredung, die ihm sehr wichtig erschien. Schon am Nachmittag hatte er gefragt, ob er den Abenddienst nicht mit jemandem tauschen könnte. Da Deepak dies im Hinblick auf die bevorstehende abendliche Arbeitssituation im Restaurant ablehnte, war Max sehr enttäuscht und verärgert und war ganz offensichtlich nicht im Stande, diesen Ärger zu verkraften. So war er natürlich innerlich „geladen" und segelte sozusagen auf Kollisionskurs. Der allgemeine Stress kam dazu. Als Deepak ihn dann mehrmals aufforderte, die Gläser zu polieren (und er hat es gehört, da er die Antwort gab: „Man wird ja wohl noch etwas essen dürfen" – weil er gerade ein Stück Brot aß), da entlud sich die Anspannung eben. Genaugenommen hat Max selbst die Tür hinter sich zugeschlagen, denn sowohl zu Deepak als etwas später auch zu mir sagte er: „Das ist mir egal, ich gehe!" Wenn Sie sich selbst ein ausgewogenes Bild machen wollen, was genau sich an diesem Abend in der Küche abgespielt hat, würde ich vorschlagen, daß Sie mit jemandem aus unserer Küche selbst sprechen; die Küche war voll und alle haben die Auseinandersetzung mitangehört.

Deepak hatte nie eine Abneigung Max gegenüber. Er war im Gegenteil sehr froh und erleichtert, als feststand, daß er wieder für die Festspielzeit im Team sein würde, da er das Haus schon kenne und somit eine echte Hilfe ist. Auch ich selbst stehe nach wir vor zu den guten Beurteilungen, die ich Max gab.

Ich bin etwas ratlos, wie Max weiter beschäftigt werden könnte, ohne mit Deepak zusammenzuarbeiten; es wäre unfair den anderen Serviceleuten gegenüber, Max ausschließlich Frühdienst machen zu lassen und den anderen dadurch jegliche Möglichkeit für wenigstens einmal auch einen freien Abend zu nehmen.

Vielleicht kann Max diese Probleme am besten selbst lösen. Wenn er in Ruhe und mit der nötigen Selbstkritik den Abend nochmals durchdenkt, wird er wahrscheinlich zu einer anderen Einschätzung des Vorfalls kommen.

Jetzt habe ich Ihre Zeit lange in Anspruch genommen; ich würde mich freuen, zu einer Lösung beigetragen zu haben.

Herzliche Grüße

Direktor Marto Steinbacher

Maître d'Hôtel Deepak Sabherwal

Einige Schulkollegen aus der Hotelfachschule haben bereits nach den ersten Saisonen das Handtuch geworfen und sind aus der Gastronomie ausgestiegen. Es ist sicher nicht jeder für dieses verrückte Leben geeignet. Man sollte auf jeden Fall mit zwei Füßen im Leben stehen, sonst ruiniert man sich über kurz oder lang bei dieser Art von Job. Auch Christian begann sich zu verändern, seine Ansichten wurden immer extremer und in den Zwischensaisonen baute er sich einen eigenartigen Freundeskreis in Linz auf. Diese Typen waren mir nicht geheuer, sie gehörten zur Hooliganszene von Linz. Da er in der Küche natürlich immer früher als ich frei hatte, zog er manchmal alleine los. Er borgte sich immer öfter Geld von mir und ich dachte mir, so viel versaufen kann man doch gar nicht. Eines Tages rückte er mit der Wahrheit heraus. Da war Tina, eine „Studentin", die wir vor Wochen auf einem gemeinsam mit Mario durchgeführten Streifzug durch die Diskotheken und Klubs von Salzburg kennengelernt hatten und die sich ihr Studium im horizontalen Gewerbe finanzierte. Er hatte sich doch tatsächlich in Tina, die in einem schönen Etablissement in der Innenstadt arbeitete, verliebt. Weder Richard, unser Küchenchef, noch ich konnten ihn davon überzeugen, dass es nicht Liebe war und sie ihn nur systematisch ausnahm. Das Maison de Plaisier, besser gesagt Tina, hatte es ihm angetan. Als sich seine finanziellen Mittel dem Ende zuneigten, war alles bald vorbei. Wir zogen wieder gemeinsam durch die Nacht und verprassten das Geld auf andere Weise. Ab und zu kam mir der Gedanke, dass wir von einer Investition in Tina mehr gehabt hätten.

Nach einer ziemlich heftigen Tour mussten wir den Frühdienst antreten. Mein Motto war: Wer fortgehen kann, der kann auch arbeiten. Daher stand ich ohne eine Minute Schlaf nach einer kalten Dusche im Restaurant und musste feststellen, dass es der Abenddienst verabsäumt hatte, die

Frühstückscouverts einzudecken. Nichts geschlafen und jetzt auch noch der Stress, mit allem fertig zu werden, bevor der erste Gast kam, das konnte ich nun wirklich nicht gebrauchen. Das Telefon klingelte zum ersten Zimmerservice und auch der Patron räusperte sich schon in der Lobby, nun wurde es richtig eng, denn weder der Praktikant noch der zweite Frühstückskellner waren aufgetaucht. Der Frühstückskellner hatte es nach der Partynacht nicht geschafft, sich zu reanimieren. Doch wo war der Praktikant, wir waren doch gemeinsam mit dem Taxi zum Hotel gefahren? Anna, unsere Frühstücksköchin, suchte ihn in seinem Zimmer, im Schlosspark, im Aufenthaltsraum – er war verschwunden! Ich weiß nicht mehr, wie ich es geschafft habe, aber an diesem Tag habe ich gelernt, dass es immer irgendwie geht! Das Frühstücksservice war vorüber und ich brachte die Schmutzwäsche in die Wäscherei. Ich beförderte die schmutzigen Deckservietten mit Schwung in die Rollcontainer, als mir plötzlich eine leblose Hand inmitten des Wäschehaufens entgegenragte. Ich erschrak so, dass ich rückwärts über einen Wäschekorb stolperte und erst außerhalb der Wäscherei im Stiegenhaus zu liegen kam. Anna, die nach meinem lauten Schrei herbeigelaufen kam, fragte mich, der ich noch immer auf dem Boden lag, was denn los sei, und ich berichtete ihr von der Hand und zeigte in Richtung des Wäschecontainers, wo nun auch ein Kopf zum Vorschein kam, der uns verdutzt ansah. Der vermisste Praktikant war gefunden und ich beglückte ihn sofort mit mehreren Litern eiskaltem Wasser aus dem neben ihm liegenden Wasserschlauch. Dabei benutzte ich alle von Josef erlernten serbischen Schimpfwörter, die mir in meiner Wut einfielen.

In dieser Zeit machten Christian und ich den Führerschein in der Stadt Salzburg. Unsere Zeit war so begrenzt, dass wir mit dem Fahrschulauto immer direkt bis zum Hotel fuhren und der Fahrlehrer die verbleibende Viertelstunde nutzte, um das Auto zurück zur Fahrschule zu bringen.

Für die nächste Saison wurde mir der Posten als Chef de Rang und rechte Hand des Maître angeboten. Doch davor musste ich noch das richtige Zubereiten von Cocktails erlernen und alles, was man in der Bar beherrschen muss. Inspiriert vom Spielfilm „Cocktail" mit Tom Cruise in der Hauptrolle, suchte ich nach einer geeigneten Cocktailbar, um mir diese Fähigkeiten anzueignen. Dieses Mal wollten wir Bad Leonfeldner Freunde alle gemeinsam auf Saison gehen! In der Zwischensaison studierten wir aufmerksam den Stellenmarkt in der Rolling Pin und jede Samstagsausgabe der Salzburger Nachrichten. Ein renommiertes Kitzbühler Nobelhotel bot mehrere Stellen für Jungköche und Entremetiers sowie eine Stelle für einen Commis de Bar an.

Kapitel 6: Kitzbühel und die Blender

Christian, Mario und ich fuhren also gemeinsam zum Vorstellungsgespräch nach Kitzbühel und wurden alle prompt in einem schönen Hotel am Fuße des Hahnenkamms eingestellt. Michael entschied sich für eine weitere Saison in St. Anton am Arlberg. Die Bar war sehr exklusiv eingerichtet und wir hatten sogar einen eigenen Pianisten, der auf einem Bösendorferflügel sein Können zum Besten gab. Für einen kleinen Obolus in sein überdimensioniertes Trinkgeldglas erfüllte er so ziemlich jeden Musikwunsch unserer Gäste. Dunkles, edles Wurzelholz an allen Wänden und Tischen rundete das Ganze noch ab. Es war eindeutig für die „Schönen und Reichen" bestimmt, denn mit einer gewissen optischen Hemmschwelle und seinem hohen Preisniveau wurde eine bestimmte Gästeschicht von vornherein ausgeschlossen. Auch das angrenzende Restaurant und Hotel hatte einen sehr guten Ruf und wurde nach Tenne und Co auch von einigen Promis frequentiert. Wir Mitarbeiter hingegen waren in einem sehr alten Personalhaus untergebracht. Christian und Mario erhielten ein Doppelzimmer. Da ich in der Bar arbeitete und mein Dienst immer erst um vier Uhr früh endete, bekam ich ein Einzelzimmer.

Chef de Bar war Mario, der beim damals amtierenden Barmix-Weltmeister gelernt hatte. Er war also genau der Richtige, um mein Barwissen zu erweitern. Die Standardkarte enthielt über 70 Drinks, deren Zutaten ich teilweise nicht einmal kannte. Es galt Unmengen von Spirituosen kennenzulernen und ihre Eigenschaften zum Mixen der Cocktails zu verstehen. Die Flaschen waren in einem mittig angelegten Rondeau der Bar aufgebaut. Die unzähligen verschiedenen Gläser und Garniturvarianten machten die Sache nicht unbedingt leichter. Während des Tages lernte ich die Zutatenlisten, Mengen, Garnituren, Unterschiede zwischen einer Bloody Mary und der alkoholfreien Virgin Mary, einem klassischen Martini dry, der mit einer Olive mit Kern, und einem Gibson, der lediglich mit einer Silberzwiebel anstatt einer Olive dekoriert wurde, sowie Hunderte Rezepte auswendig! Ich platzierte Schummelzettel zwischen den Spirituosen, hinter den Barbrettern und überall dort, wo sie der Gast nicht sehen konnte, um ja nicht in die Verlegenheit zu kommen, einen georderten Cocktail nicht zubereiten zu können. Mario war auf jeden Fall ein sehr guter Lehrmeister! So dauerte es nicht lange und ich shakte selbstständig Magarita, Sidecar, Planters' Punch, Piña Colada und viele andere. Ich lernte, wie man mit einfachen Tricks den Umsatz hob, indem man z. B. bei einem georderten 18 Jahre alten irischen Mc Callan mit der einfachen Frage „Für Kinder oder für Erwachsene?“ – damit meinten wir 2 cl oder 4 cl, also genau genommen 205 oder 410 Schilling – an unsere bereits angeheiterten Gäste für volle Kassen sorgte. Man kann leicht berechnen, dass sich das bei einer Runde von acht Personen mit 3 280 Schilling zu Buche schlägt. Hier wurde richtig Umsatz gemacht. Es machte unheimlich Spaß, diese extravagante Kundschaft so zu bedienen, wie sie es schätzte, um ihren Status darstellen zu können.

In der Zeit des Hahnenkammrennens hatten wir täglich ein volles Haus und das Lokal platzte aus allen Nähten. Im vorderen Bereich der Bar befand sich die Garderobe, die so mit schweren Pelzmäntel überfüllt war, dass wir zusätzliche Kleiderständer aufstellen mussten, um der Pelzflut Herr zu werden. Als einer unserer stilvollen Plexiglasständer dann unter der Last der Mäntel in der Mitte auseinanderbrach und sich Nerz und Co wie Türmatten im Eingangsbereich ausbreiteten, brach unter unseren weiblichen Gästen die „Pelzpanik" aus. Sie stürzten alle zugleich zum Eingang, um ihren Mantel zu retten bzw. um nachzusehen ob ihr Pelz dazugehörte. Mario versuchte anfangs noch helfend einzugreifen, musste sich aber schnell aus dem Gefahrenbereich der teilweise hysterischen weiblichen Gäste begeben, um nicht überrannt zu werden. Die „Damen", so schien uns, hatten alles um sich herum vergessen und mutierten zu aggressiven, unberechenbaren Wesen. Auch unser zu Hilfe eilender australischer Nachtportier konnte nicht mehr schlichtend eingreifen. Nachdem wir uns zurückgezogen hatten, dauerte es sicher noch eine Viertelstunde, bis sich das Chaos wieder langsam auflöste.

Im Gedächtnis haften geblieben ist mir auch eine Begebenheit mit drei jungen Pärchen aus der Münchner Schickeria, die um zwei Uhr früh in unsere Bar kamen und in präpotentem Ton noch eine Runde Warsteiner vor dem Zu-Bett-Gehen bestellen wollten. Trainiert auf solche Gäste, reagierten weder Mario noch ich und überhörten ihre Bestellversuche einfach. Mit einem schon viel freundlicher klingenden „Ah hallo, dürfen wir noch etwas bestellen" versuchten sie die für eine solche Uhrzeit lächerliche Bestellung zu wiederholen. Mario antwortete nun mit einer ähnlich präpotent-herablassenden Stimme: „Meine Damen, meine Herren, Bier gibt es um diese Zeit nicht mehr, es ist Champagner-Time." Mit einem kurzen „ Naja, warum eigentlich nicht" bestellte die Gruppe noch sechs Glas Champagner als „Nightcap". Es war ein Leichtes für uns, diese Bestellung in eine Flasche Champagner umzuwandeln. Auch auf die Frage, welchen Champagner wir denn anbieten konnten, hatte Mario die passende Antwort. Mit den Worten „Wir führen Moët & Chandon, Veuve Clicquot, Dom Pérignon und Roederer Cristal, wobei wir die letzten zwei ausnahmslos mit weißen Handschuhen und Zylinder servieren“ versuchte er geschickt, die Gäste in Richtung der teureren Variante zu manipulieren. In diesem Fall funktionierte es wieder hervorragend! Zügig schenkte ich die erste Flasche Roederer Cristal zu 3 500 Schilling aus und versorgte die Gäste mit ausreichend salzigen Knabbereien, um den Durst zu erhöhen und eventuell noch eine zweite Flasche zu verkaufen. Als eine Dame, die ihr Glas ziemlich schnell geleert hatte, ein letztes Glas Champagner für sich bestellen wollte und wir diese Qualität nicht im Offenausschank angeboten hatten, war die zweite Flasche bereits geordert. Als die Gäste zunehmend betrunkener, aber auch immer sympathischer wurden, setzte Mario gegen Ende der zweiten Flasche erneut seine ganze Verkaufskunst ein und fragte die Feiernden, ob sie denn nicht wüssten, dass man diesen Champagner eigentlich aus dem Schuh einer schönen Frau trinken musste. Die Herren waren von diesem Vorschlag begeistert, entledigten eine der Damen blitzschnell ihres Schuhs und warfen ihn zu mir über die Bar. Leider war die zweite Flasche bereits geleert und so köpften wir nach einem zustimmenden Nicken eines Herrn die dritte. Ich hatte in der linken Hand den nicht wirklich wintertauglichen Designerschuh und in der rechten die Flasche Champagner. Die Dame brüllte mich mit einem glühenden, vor Aufregung roten Gesicht an: „Wagen Sie es ja nicht einzuschenken. Das ist ein 1 000 DM teurer Guccischuh, den Sie dann zahlen müssen.“ Wild gestikulierend versuchte sie mich von diesem Vorhaben abzubringen. Alle anderen sangen im Takt „Einschenken, einschenken, einschenken“ und auch der Herr, der die Flasche bestellt hatte, gab mir mit dem Daumen nach oben das Okay. Ich füllte also den Schuh mit Roederer Cristal und alle, auch Mario und ich, tranken daraus. Für die Münchner Schickimickis war die Party nun perfekt und die vierte Flasche wurde kurz darauf geordert. Mitarbeiter wie Mario kann sich ein Hotel- bzw. Barbetreiber nur wünschen, denn wer aus einer „Nightcap-Runde", bestehend aus sechs Glas Warsteiner Pils, mit einer Rechnungssumme von 210 Schilling eine Endrechnung von knapp 15000 Schilling schafft, hat sein Handwerk wohl gelernt.

Es gab schon sehr viele finanziell gut situierte Gäste in Kitz, aber speziell während der Zeit des Hahnenkammrennens mischten sich auch viele „Möchtegernadabeis" unters Partyvolk. Ich hatte noch nie so viele Blender auf einem Haufen gesehen wie in Kitzbühel! Anfangs erkannte ich den Unterschied zwischen einem reichen und einem Gast, der sich nur so gibt, nicht immer, aber ich hatte ja in Mario einen perfekten Lehrmeister. Man sah Nerzmäntel, bei denen man, wenn man wusste, wo man nachsehen musste, die Leihhausplaketten finden konnte, Mercedes-SL-Cabrios der diversen Autoverleiher bis hin zur unechten Centurion Card von American Express. Die konnte es in einer deutschen oder österreichischen Geldbörse eigentlich noch nicht geben, da diese Karte damals nur für den amerikanischen Markt aufgelegt wurde. Auch nicht bei jeder Rolex handelte es sich um eine echte. Dennoch war das Geschäft während des Hahnenkammrennens sehr gut und wir hatten ja auch kein Problem damit, Geld von den Blendern anzunehmen.

Eines Nachts kam ein Gast mit oberösterreichischem Akzent zu uns in die Bar und wollte kurz vor der Sperrstunde noch ein Bier trinken. Er hätte heute bereits so viel Champagner getrunken, dass ihm dieser bereits aus dem Hals heraushänge. Wie immer um diese Zeit überhörten wir diese Bestellung absichtlich und teilten ihm mit, dass er sich an die „Champagnerregel" zu halten habe und die einsame Dame an der Bar, eine Kellnerin, die wir kannten, sicher auch ein Glas mittrinken würde. Wir sprachen den Herrn auf seinen oberösterreichischen Dialekt an und stellten uns auch als Oberösterreicher vor. Mit dem Hinweis, dass wir darauf eigentlich anstoßen sollten, war die erste Flasche Veuve-Clicquot-Champagner schon im Eis. Er prahlte damit, was er nicht alles hätte, welch tolles Auto er fahre und knallte den 911er-Schlüssel auf die Bar. In diesem Fall musste mir Mario nicht sagen, dass wir wieder einen Blender an der Angel hatten. Unter dem Motto „Dummheit muss bluten" fuhren wir alle erdenklichen Verkaufsgeschütze auf, um diesen „Armen" finanziell ausbluten zu lassen. Seine Geschichten wurden mit zunehmendem Alkoholkonsum immer haarsträubender, was uns dazu bewog, den Angeber zu strafen. Am Schluss schmiss er noch eine Lokalrunde und so wurde wie so oft aus einer 35-Schilling-Rechnung eine 8 000-Schilling-Rechnung, die er mit Tränen in den Augen gegen fünf Uhr früh beglich. Einer der anwesenden Gäste erzählte uns am nächsten Tag, dass er den Burschen kannte. Es handelte sich bei diesem Herrn um einen Arbeiter einer Tischlerei in Oberösterreich, der das ganze Jahr sparte, um sich eine Woche lang wie ein Millionär durch Kitzbühel zu bewegen und seinen Leihporsche zu präsentieren. Von uns Profis hatte er an diesem Abend die von ihm eingeforderte „Spa-Bar-Behandlung" mit der Hot-Stones-Therapie, Massagen und der abschließenden Schröpftherapie erhalten. Ich bin auch heute noch der Meinung, dass er sie verdient hat!

Eine Vierergruppe aus Wien konnte eine Rechnung von mehreren Tausend Schilling nicht begleichen und Mario war absolut nicht bereit, die Schuld auf sein Risiko bis zum nächsten Tag zu stunden. Es handelte sich nicht um Hotelgäste, also hatte er keine Sicherheit, dass der offene Betrag auch wirklich am nächsten Tag bezahlt werden würde. An diesem Abend waren die Wiener die letzten Gäste im Lokal. Mario ging zuerst zum Haupteingang, schloss ihn von innen ab und tat dann dasselbe mit dem Nebeneingang, um eine Flucht der Schuldner zu verhindern. Mit ruhigen Worten erklärte er, dass er den Betrag aus eigener Tasche dem Hotelier vorstrecken müsse. Wir nahmen einem der Herren also höflich seine gelbgoldene Rolex Day Date ab und baten ihn, sie am nächsten Tag wieder auszulösen. Die Uhr war natürlich ein Vielfaches des Rechnungsbetrags wert und wir hofften, dass der Gast sie niemals mehr auslösen würde. Am nächsten Tag blieb der Kunde aus und unsere Hoffnung stieg von Stunde zu Stunde. Leider kam er am übernächsten Tag und beglich seine Schulden. Auf die Frage, warum er erst jetzt komme, antwortete er, er habe erst seine Wege rekonstruieren müssen, da er zu betrunken gewesen sei, um sich daran zu erinnern, wo er die Uhr eingesetzt hatte. Er gab uns 500 Schilling Trinkgeld, entschuldigte sich für die Unannehmlichkeiten, trank noch einen Chivas Regal Royal und verließ uns mit den Worten: „Bis zum nächsten Mal."

Aber nicht nur Luxustouristen und solche, die sich dafür hielten, kamen nach Kitz, sondern auch unzählige junge Schweden und Norweger, für die unsere Alkoholpreise normal wirkten, da sie in ihren Ländern ein Vielfaches für alkoholische Getränke berappen mussten. Als ich während der Hahnenkammzeit mit meinem Auto zum Personalhaus fuhr, musste ich zweimal anhalten, um auf der Fahrbahn liegende Menschen auf den sicheren Gehweg zu ziehen. Hier handelte es sich jedes Mal um völlig betrunkene und bekiffte Norweger, die auf der Fahrbahn schlafen wollten. Auch solche Szenen gab es in Kitzbühel!

Kaviar war ein sehr begehrtes Gut in Kitz. Von einem Russen, der in Kitz arbeitete, kauften wir über den Vertriebsweg Wien–Salzburg–Kitzbühel, sooft wir konnten, Belugakaviar und teilten ihn und auch andere Genussmittel mit unseren Stammgästen. Eine Champagnerschale Dom Pérignon mit einem Löffel Kaviar im Glas wurde als Aphrodisiakum offeriert. Wir übergaben, um an unseren freien Tagen die besten Sonnenplätze auf einer der Promialmen zu reservieren, dem Besitzer Gratiskaviar. Als Gegenleistung saßen wir in der ersten Reihe und für den Champagner als korrespondierendes Getränk musste vom Wirt gesorgt werden. Für wenige Stunden lebten wir also das Leben unserer Gäste und auch Mario und Christian wurden Nutznießer unseres Deals.

In dieser Zeit funktionierte mich Mario zur umsatzfixierten Verkaufsmaschine um und ich entwickelte mein unternehmerisches Denken. Mario betrieb die Bar auf eigene Rechnung, und je genauer man arbeitete, desto mehr Umsatz machte man und umso mehr blieb zu Saisonschluss übrig. Die große Gefahr für viele in der Gastronomie Tätige ist es, dass sie anfangen, das Leben der Gäste zu leben. Auch ich hatte eine Zeit, in der ich alles, was ich verdiente, in Designerkleidung, gutes Essen, sinnlose Luxusartikel, Partys und Glücksspiel steckte. Hardliner wie wir gingen nicht auf Saison, um Geld zu sparen, sondern um etwas zu erleben und zu lernen! Dass das in Orten wie Kitzbühel ein kostspieliges Vergnügen war, versteht sich von selbst. Obwohl wir mit den Trinkgeldern sehr gut verdienten, gaben wir immer mehr Geld aus, als wir zur Verfügung hatten. Es gab eine kleine Bar, in der sich Gäste und Personal oft mischten und die täglich bis in die frühen Morgenstunden und oft auch bis in den Vormittag hinein geöffnet hatte. Es war ideal für uns, dort auch nach vier Uhr früh noch Partys zu feiern und unseren Stress mit Alkohol wieder abzubauen. Hier war es üblich, Getränkerunden auszuwürfeln. Wie man sich vorstellen kann, ging es nicht um Bier, sondern um Cocktails und Champagner. Das beliebteste Spiel war das „Paschen". Man musste sich nur der Gruppe anschließen, die mit dem Becherrand am geschicktesten die Würfel so manipulieren konnte, dass man nur in den seltensten Fällen verlor. Das Paschen ist ein weit verbreitetes Hasardspiel und wird mit einem Würfelbecher, einem Bierdeckel und normalerweise drei Würfeln gespielt. Von diesem Spiel gibt es sehr viele verschiedene Varianten! Wir spielten damals mit nur zwei Würfeln. Es zählten zuerst nur die „Augen", dann die sogenannten Paschs, zwei Mal die Eins war z. B. der niedrigste Pasch und zwei Mal die Sechs der höchste. Ein Einser und ein Zweier wurde als „Max" bezeichnet und war der höchste erreichbare Spielzug.

Ein Barmann aus Kitzbühel wurde beim Schummeln von einem Kellner einer Luxusherberge beobachtet und mit den Worten „Achtung, der betrügt euch, der dreht die Würfel mit dem Becherrand" lautstark angeprangert. Der Barmann drehte sich kurz um und verwarnte den Burschen, er solle den Mund halten, er spiele ja nicht einmal mit und es gehe ihn einen Dreck an! Der hörte aber nicht auf zu sticheln. Als er etwas später das Lokal verließ, folgte ihm der Barmann in Richtung Stadtkern. Er packte ihn am Genick, bog ihm eine Hand auf den Rücken und drückte ihn mit dem Gesicht gegen ein beleuchtetes Schaufenster. Er bat ihn mit ruhiger Stimme, sich etwas von den ausgestellten Waren auszusuchen, weil er in wenigen Sekunden die Möglichkeit hätte, das auserwählte Gut in Händen zu halten, denn er werde ihn durch das Glas der Auslage befördern. Ein paar Ohrfeigen später hatte der Kellner seine Lektion, sich nicht in

Dinge einzumischen, die ihn nichts angingen, wohl gelernt. Legendär waren auch die Pokernächte und -tage, die wir mit dem Kitzbühler Personal verbrachten. Einmal pokerten wir 28 Stunden lang durchgehend und ich ging mit einem Verlust von 16 000 Schilling nach Hause. Ohne jeden Bezug zu Geld tat ich den Verlust als Lehrgeld ab und ärgerte mich nicht weiter darüber. Als ich ohne einen Schilling in der Tasche völlig abgezockt am Nachhauseweg an einem Fremdgeldwechsler vorbeiging, hing ein 100 000-Lire-Schein aus dem Automaten, als hätte da oben jemand Mitleid mit mir.

Es waren einige schräge Gestalten in der Kitzbühler Gastrocrew zu finden. Mario, der Koch, Christian und ich lernten einen Wiener Kellner namens Tom kennen, der einen leichten Anflug von Wahnsinn hatte. Tom war vor mehr als 20 Jahren schon an Körperstellen gepierct, über die man normalerweise nicht in der Öffentlichkeit spricht. Er hatte bei den Girls aber immer viel Erfolg, denn einen gepiercten Penis gab es damals selten zu sehen. Er arbeitete als Oberkellner in einem sehr noblen Hotel. Auf die Frage, warum er sich ausgerechnet im Genitalbereich piercen hatte lassen, antwortete er, dass diese Stelle der ideale Platz für das Piercing war, weil es der Gast dort nicht sehen konnte und er mit dieser Position in der „Damenwelt" punkten konnte.

Es gibt noch eine absonderliche Geschichte von ihm zu erzählen. Es ging um eine Wette: Schaffte er es, ein Longdrinkglas bis zum Bodensockel zu verspeisen oder nicht. Mario war einmal Zeuge und war gleichermaßen fasziniert wie schockiert. Tom zermalmte das Glas, ohne sich dabei zu verletzen, und schluckte das „Glasmehl" hinunter. Wie viel Bargeld bei diesen Wetten geflossen ist, haben wir leider nie erfahren. Es kam aber noch dicker: Tom lud uns zu einem Abschiedsdrink in seine für einen Kellner eher große

Wohnung in Kitzbühel ein. Wir saßen also in seiner Bauernstube, tranken ein paar Glas sehr guten Rotwein und hörten uns seine „Piercingerfolgsgeschichten“ an. Wenig später bot er uns einen Joint an, den wir uns jedoch erst gemeinsam basteln sollten. Er bat mich, kurz von der Eckbank aufzustehen, da er darunter sein Gras gelagert hatte. Ich erhob mich, öffnete die Bank und traute meinen Augen nicht, als ich vier wirklich große Säcke, prall gefüllt mit Marihuana, erblickte. Wir rebelten den frischen Stoff ab, formten übergroße Trichter aus immer wieder verlängertem Zigarettenpapier, vermischten den Stoff mit „schwarzem Vanelle“, bohrten ein Loch in eine leere Toilettenpapierrolle und steckten das vollendete Kunstwerk hinein. Tom entzündete den Turbokamin und jeder, der wollte, konnte sich nach Herzenslust bedienen. In dieser Runde war ich der Einzige, der an der Herstellung dieses „Turboofens“ beteiligt war und selber nicht mitrauchte! Ich hatte Angst vor dem Unbekannten. Vor Kurzem habe ich diese Geschichte im Kreise meiner Familie erzählt. Der Gesichtsausdruck meiner Mutter ließ pures Entsetzen erkennen! Jedoch rückte nach dieser Erzählung auch ein Teil unserer Verwandtschaft mit wirklich erstaunlichen Geschichten heraus.

Mario, der Koch, Christian und ich wanderten nach dieser Aktion in Richtung unseres baufälligen Personalhauses. Es war circa sechs Uhr morgens, als wir die Türe öffneten und plötzlich mitten in einer „Gangparty“ standen. Wie schon der Name sagt, fanden diese Partys auf den Gängen und Stiegen vor den Personalzimmern statt. Stühle und Sessel aus den Zimmern wurden auf den Gang gestellt. Dies hatte den Vorteil, dass es im eigenen Zimmer nicht nach Marihuana und Alkohol roch und man in weiterer Folge seine eigenen vier Wände sauber hielt. Der Australier, unser Portier, hatte Joints und Wodka besorgt und die Party war in vollem

Gange. Unser Personal war sehr international: Wir hatten Australier, Norweger, Schweden, Deutsche und Holländer in der Crew. In unserem Personalhaus war fast immer Party und geschlafen wurde nicht viel.

Wenn ich Damenbesuch hatte, konnte ich mich in mein Einzelzimmer zurückziehen. Hatten aber Christian oder Mario Besuch, gab es immer einen Zuseher! Es waren wirklich wilde Zeiten damals! Christian hatte ein Mädchen, das als sehr freizügig galt und in Kitz bereits einen entsprechenden Ruf hatte. Als er mit ihr Schluss machte, hetzte sie die halbe Tiroler Eishockeymannschaft – sie hatte dort natürlich auch einige mehr oder weniger gute Bekannte – auf ihn und er hatte Angst davor, nach Dienstschluss alleine nach Hause zu gehen. Es war, als ob ich zwei Leben führte: Einerseits bediente ich die Promis, lernte interessante Leute kennen, andererseits wohnte ich in einem baufälligen Loch und hatte Kontakt zu dubiosen Gestalten. Zweimal fiel dann auch noch die gesamte Heizung im Personalhaus aus. Natürlich an Tagen mit mehr als minus 20 Grad Außentemperatur. Mario und Christian erwärmten sich mit ihrem Haarföhn, den sie bis zur völligen Überhitzung in einer Kaffeetasse stehend als Heizstrahler missbrauchten.

Auch die Mitarbeiterverpflegung war alles andere als gut! In der Bar hatten wir da noch Glück: Wir bekamen hin und wieder ein Gästegericht aus der Überproduktion der Hotelküche, das wir uns in der Mikrowelle wärmen durften. Dem Küchenchef, einem „Grantler" der alten Schule, war diese Sonderbehandlung ein Dorn im Auge. Wenn die Speisen wieder ungenießbar wurden, bestachen wir ihn mit Weizenbier und einige Tage lang besserte sich das Essen tatsächlich. Wie er seine Küche organisierte, kann ich leider nicht sagen, da mir damals die Küche und alles, was mit ihr zu tun hatte, völlig egal war! Ich sah den Chefkoch eigentlich immer nur schlecht gelaunt annoncierend am Küchenpass stehen und die Teller mit irgendwelchen Kräutern finishen. Mario und Christian bestätigten mir das auch!

Nach der Hahnenkammzeit wurde es etwas ruhiger und wir konnten erstmals durchatmen. Da auch unsere Umsätze danach rapid zurückgingen, wurde die Laune des Hoteliers immer schlechter und die Stimmung war angespannt. Ich dachte nur noch daran, dass die Wintersaison in zwei Monaten Geschichte sein würde. In der verbleibenden Zeit wollte ich alles über die Bar noch detaillierter lernen.

Mein Chef nahm mich mit einer Sondergenehmigung mit ins Hotel Goldener Greif, wo sich das Spielcasino von Kitzbühel befand. Ich war natürlich nur Zuseher, da man damals erst ab 21 Jahren ein Casino besuchen durfte. Ich bekam nur am Rande mit, dass er in sehr kurzer Zeit eine ziemlich hohe Summe verlor. Beim „Last Bet“ setzte er fünf 500-Schilling-Jetons und der rettende „Plain“ verschaffte ihm einen Gewinn von 17 500 Schilling. Im Anschluss besuchten wir die „Kleine Bar“, wo wir diesen Teilerfolg mit Veuve Clicquot feierten.

An manchen Tagen sperrten wir die Bar nun früher zu und ich hatte sogar hin und wieder die Möglichkeit, nach Hause zu fahren und meine Eltern zu besuchen. Als mich meine Mutter wiedersah, war sie entsetzt. Ich hatte bei meiner Körpergröße von 182 cm nur noch 58 kg, war blass und sah wohl ziemlich unterernährt aus. Das Kettenrauchen ließ sich angesichts der durch Nikotin gelb gefärbten Finger auch nicht wirklich verbergen. Hätten meine Eltern damals nur den leisesten Verdacht gehabt, was in dieser Saison alles passierte, so hätten sie wohl alles darangesetzt, mich nach Hause zu holen.

Ich habe ja bereits erwähnt, dass dieses Gewerbe, zumindest damals, nichts für labile Menschen war und man schon mit zwei Füßen im Leben stehen musste, um nicht unter die Räder zu kommen. Man musste wohl auch ein bisschen verrückt sein und eine leichte Neigung zum Masochismus haben, denn jeder normale Mensch, der ein geordnetes Leben sucht, wäre schnell geflohen. Meine Kollegen wissen hoffentlich, was ich meine. Obwohl die Zeit in Kitzbühel eindeutig nicht zu meinen schönsten Erinnerungen zählt, möchte ich sie nicht missen.

Was ich lernen musste, habe ich jedenfalls gelernt und ich freute mich, mein Wissen bei meinem neuen Job als Chef de Rang in Salzburg einzubringen. Mario war als Entremetier auch wieder mit dabei. Für Christian war es leider die letzte Saison mit uns, er hatte Heimweh und kehrte der sogenannten Nobelgastronomie für immer den Rücken. Er heuerte trotz seines Könnens in einer unterdurchschnittlichen Linzer Kaufhausküche an, genoss nun die geregelte Arbeitszeit und zog mit seinen dubiosen Freunden von einem Fußballspiel zum anderen. Es tat mir damals wirklich weh, meinen besten Freund zurückzulassen. Ich wollte aber damals noch nicht in Linz versumpfen. Anfangs sahen wir uns hin und wieder in den Zwischensaisonen und wir versuchten, Kontakt zu halten. Spätere Begegnungen machten mir aber Angst, denn er umgab sich mit Schlägertypen und die Drogen taten ihr Übriges. Mario, Michael und ich luden Christian Jahre später zum Essen in einen Linzer Gastgarten ein. Die Stimmung war eigenartig: Christian redete kaum, machte einen gelangweilten Eindruck, und als ihn einer seiner neuen „Freunde“ gemeinsam mit uns erblickte und ihn fragte, ob er nun mit Leuten wie uns einen auf seriös mache, hatten wir alle das Gefühl, er schämte sich für uns. Von da an sahen wir uns nur mehr zufällig und es sollte noch viel dramatischer kommen.

Kapitel 7: Getarnte Millionäre

Nun hatte ich erstmals die Möglichkeit, mein Wissen, in diesem Fall Barwissen, in unserer kleinen Hotelbar im Schlosshotel in Salzburg in die Praxis umzusetzen. Dem Hoteldirektor gefiel es, dass ich versuchte, den Barumsatz mit Cocktails zu steigern. Wir kauften also einige neue Barutensilien und Spirituosen und ich stellte eine kleine Barkarte zusammen. In den stärker frequentierten Zeiten funktionierte das ganz gut, in der Nachsaison weniger. Die Cocktailpreise bewegten sich zwischen 195 und 275 Schilling pro Drink. Das Publikum in Salzburg war ruhig und gediegen und, wie ich schnell erkennen musste, nicht unbedingt der Zielgruppe „Cocktailgast" zuzuordnen. Ganz anders als in Kitzbühel! Einem Großteil unserer Gäste im Schlosshotel kam es nicht unbedingt darauf an, zu zeigen, was sie hatten. Man hatte einfach Geld und hatte es schon immer gehabt. Hier waren selten neureiche Protzer zu finden. Man konnte hier viel über Menschen lernen und auch, dass man nicht nur nach dem Aussehen oder dem ersten Eindruck urteilen sollte. An der Hinterseite des Hotels befand sich ein kleiner Park mit herrlichem altem Baumbestand, hier waren auch der Parkplatz, unser Personaltisch (wir hatten die Möglichkeit, im Freien zu speisen), ein Tischtennistisch für die Mitarbeiter und unser direkt in den Bach eingesetztes Fischbassin, wo à la minute Saiblinge oder Forellen gefischt wurden, sobald sie bestellt waren. Hier saßen wir auch und warteten auf unsere Festspielgäste, die nach den Abendvorstellungen noch kulinarisch verwöhnt werden wollten. Es war immer eine Rückzugszone aus dem stressigen Alltag. Wir saßen unter den Bäumen, die Vögel zwitscherten, der Bach rauschte, wir spielten Tischtennis – Küche gegen Service natürlich – und träumten vom luxuriösen Leben unserer Gäste.

An einem Nachmittag konnte ich durch das Fenster in der Rezeption beobachten, wie ein VW Käfer direkt in Richtung Hotelparkplatz fuhr. Ich dachte, dass sich da jemand verfahren hatte oder neugierig war, denn ein Käferfahrer zählte wohl kaum zu unseren Kunden. Es stellte sich heraus, dass es sich um ein junges Ehepaar aus Deutschland handelte, das in die Flitterwochen unterwegs war und sich ein schönes Zimmer in unserem Romantikhotel gönnte. Ich dachte noch, wie nett, die haben etwas von mir, die leben auch über ihre Verhältnisse und leisten sich Dinge, die in keiner Relation zu ihrem Einkommen stehen. Kurz gesagt, die beiden waren mir auf Anhieb sympathisch. Ich teilte meine Beobachtungen unserem Hoteldirektor mit und machte ihm dem Vorschlag, den beiden eine halbe Flasche Champagner und Erdbeeren kostenlos aufs Zimmer zu stellen. Ich ergänzte noch: „Die haben sicher lange gespart, um sich so ein Hotel leisten zu können." Dem Direktor gefiel mein Vorschlag und ich brachte eine halbe Flasche Veuve Clicquot, frische Erdbeeren sowie eine Grußkarte aufs Zimmer 14. Gegen Abend, wir saßen an unserem Personaltisch unter den Bäumen, kamen die beiden Frischvermählten um die Ecke, grüßten uns freundlich winkend und setzten sich in ihr bescheidenes, zwischen einem Ferrari und einem Jaguar geparktes Vehikel. Ich sagte: „Schauts, die haben am letzten Ende des Parkplatzes geparkt, um mit diesem Ding nicht aufzufallen, und jetzt gehen sie auch noch woandershin essen, weil es ihnen bei uns zu teuer ist! Aber nett sind sie doch!" Ich wurde von einem ohrenbetäubenden Lärm unterbrochen. Alle blickten in Richtung des VW Käfers, was war das? Blätter flogen, eine kleine Staubwolke stieg auf und das Fahrzeug fuhr langsam an uns vorbei. Mit geschlossenen Augen hätten wir dieses Geräusch wohl einem Lamborghini zugeordnet. Wir lauschten noch völlig gebannt den Motorengeräuschen, die sicher von der Morzgerstraße bis nach Anif zu hören waren. Keiner wusste, was los war, nur eines war klar: Hier musste es sich um ein richtig schnelles Teil handeln. An diesem Abend wartete ich schon gespannt an der Hotelbar, um das Pärchen auszufragen. Gegen Mitternacht hörte ich bereits aus weiter Ferne das Motorengeräusch. Die beiden kamen an die Bar und bestellten zwei Piña Coladas. Nachdem ich die Drinks serviert hatte, fragte ich den Herrn, was unter dieser Motorhaube versteckt war. Er erzählte mir, dass er ein Fahrzeugingenieur und Entwickler mit eigener Firma war und dieses Spaßmobil nur dazu gebaut hatte, um drängelnde Porschefahrer und Co zu ärgern. Das Auto hatte nur einen Nachteil, er musste immer am Flughafen tanken. Ich verstand nicht sofort und er erklärte, dass er diesen Käfer völlig umgebaut, ja fast schon neu erbaut hatte und ihn mit einem Cessna-Flugzeugmotor mit 1 000 PS bestückt hatte. In Österreich hätte man so ein Fahrzeug nicht typisiert, aber er war ja ein Deutscher, da ging das offensichtlich leichter. Lachend erzählte er mir die lustigsten Begegnungen mit anderen Sportautos auf der Autobahn. Ein klassisches Beispiel: Er wartete mit ca. 130 km/h auf einen bereits aus der Ferne wild blinkenden Porschefahrer, spielte sich ein bisschen mit ihm und ließ ihn als psychisches Wrack und völlig verstört zurück. Die Gesichtsausdrücke der „Hobbyrennfahrer" seien sehenswert gewesen. Wir hatten also einen Millionär auf Champagner eingeladen! So viel zum ersten Eindruck und zur Menschenkenntnis.

Ein Gast aus Wien betrat das Hotel und steuerte direkt auf die Hotelbar zu und bestellte einen weißen Spritzer, den wir in Form einer Viertelliterflasche Weißwein und einer Flasche Sodawasser zum Preis von 105 Schilling servierten. Wir wollten keine „Spritzergäste" von der Straße! Dreitagebart, eine nicht wirklich saubere Jeans, das Hemd aus der Hose und die Zigarettenmarke Falk rauchend, stand er da und machte nicht den Eindruck, hierher zu passen. Er leerte ziemlich zügig die edle Spritzervariante und bewegte sich an der Rezeption vorbei in Richtung unserer Toiletten. Oje, dachte ich noch, ein Zechpreller! Ich wartete ab und beobachtete, wie er im Anschluss an der Rezeption hielt und fragte, ob sein Zimmer, eines der teureren, bereits bezugsfertig sei. Frau Miller bejahte das und überreichte ihm den Zimmerschlüssel. Leider war zu diesem Zeitpunkt kein Lohndiener und auch der Hausmeister nicht zugegen, um dem Herrn sein Gepäck aufs Zimmer zu bringen, und ich bot Frau Miller meine Hilfe an. Sie reichte mir den Autoschlüssel und ich machte mich auf den Weg zum Parkplatz, um das Auto zum Haupteingang zu fahren. Auf dem Weg zum Hotelparkplatz bemerkte ich die ins Leder der Schlüsseltasche gestickten Initialen „RR" und mir war sofort klar, dass es sich hier nicht um die Initialen des Fahrzeugbesitzers, sondern um das Logo der Marke Rolls-Royce handelte. Und so war es auch, vor mir stand ein der Kleidung des Gastes angepasster verschmutzter Rolls-Royce. Ich öffnete die Fahrertüre und konnte meinen Augen kaum trauen: schmutzige Ledersitze, zerdrückte Alubierdosen auf dem Beifahrersitz, ein Aschenbecher, der völlig überging, alte Zeitungen und Zeitschriften, kurz gesagt, Chaos pur. Ich stieg ein und fuhr die versiffte Luxuskarosse zum Haupteingang. Auch hier handelte es sich um einen exzentrischen Millionär, der, wie er mir an der Bar mitteilte, auf die sogenannte Etikette schiss! Der Herr zählte aber auch eindeutig zur Kategorie „sympathischer Gast", er lieh mir sogar seinen Wagen für eine kurze Spritztour und ich fuhr damit nach Hellbrunn. Natürlich fuhr ich bei unserem Stammwirt, der gerade im Gastgarten bediente, vorbei, hupte und fragte ihn, ob er mir ein Glas Wein zu meinem neuen Auto serviere. Er verneinte mit den Worten: „Bring ihn lieber zurück, bevor sie dich verhaften!“ Wieder ein Beispiel, dass man Menschen nicht nach dem ersten Eindruck beurteilen sollte.

Gegen Ende der Festspielzeit hatten wir an manchen Tagen sehr wenig oder gar keine Restaurantreservierungen. An einem dieser Abende nahm sich unser Restaurantleiter frei und Richard, der Küchenchef, und ich hielten die Stellung. Wir informierten Frau Miller von Aichholz, dass wir uns im Garten hinter dem Haus aufhielten. Wir nutzten die Zeit, um mit unserem frisch aus Jugoslawien rekrutierten Kollegen Tischtennis zu spielen. Wir nannten ihn Tschaptscho, weil wir seinen richtigen Namen nicht aussprechen konnten. Er spielte sehr gut und es war kaum möglich, gegen ihn zu gewinnen. Er war ein netter Kerl, den, wie ich später erfuhr, seine hirnverbrannte in Salzburg lebende Verwandtschaft dazu anstiftete, Österreich wieder zu verlassen, um im Jugoslawienkrieg für sein Land zu kämpfen. Leider zählte dieser junge Mann zu den Opfern des Krieges! Wir spielten also einige Partien Tischtennis und genossen unseren freien Abend, als plötzlich Frau Miller erschien und hektisch „Arrivez, arrivez!“ rief! Ein amerikanisches Ehepaar, das soeben angekommen war, wollte bei uns dinieren und war bereits auf dem Weg zum Restaurant.

Leicht verschwitzt nach unseren harten Tischtennisturnieren, begrüßte ich die Herrschaften und empfahl ihnen einen Aperitif aus meinem Kitzbühel-Repertoire. Ich reichte ihnen die Speisekarte und teilte ihnen die kurz zuvor ins Englische übersetzte Tagesempfehlung und den Inhalt unserer Couvertaufstriche des Tages mit. Für die Weinempfehlung hatte ich andere Pläne! Nach dem Amuse-Gueule und der für Rotwein prädestinierten Auswahl der Hauptspeisen brachte ich den Küchenchef dazu, die mit seinem kreierten Gericht korrespondierende Rotweinempfehlung persönlich zu unterbreiten. Mit den Worten „Die Amis stehen total darauf, wenn sich der Chef direkt ins Geschehen mit einbringt“ konnte ich Richard rasch davon überzeugen, sich der Aufgabe zu stellen. Ich drückte ihm eine Flasche Cahors 1986, einen relativ günstigen Rotwein aus dem Südwesten Frankreichs, in die Hand, gab ihm eine kurze Weinbeschreibung mit auf den Weg und kündigte den großen Chef de Cuisine bei den beiden an. Sie hatten angedeutet, dass sie nicht viel Geld für den Wein ausgeben wollten; deshalb wählte ich diesen Wein. Richard betrat anmutig das Lokal, begrüßte die Gäste, sagte seinen Empfehlungssatz auf und vergaß im selben Moment den Namen des Weins. Mit den Worten „My wine recommendation for this evening is, ähh this wonderful bottle of ähh Lagoar 1986“ beendete er seine Empfehlung. Wie er von Cahors auf Lagoar gekommen ist, wissen er und ich bis heute nicht! Ich musste das Restaurant in Richtung Küche verlassen und konnte mich minutenlang von meinen Lachanfällen nicht erholen. Bis auf dieses kleine Missgeschick, das unsere Gäste nicht wirklich bemerkt hatten, denn sie wiederholten die Aussage mit „Ah, Lagoar 1986, I know him, wonderful, we will take him“ wurde Großartiges gekocht und serviert. Mit Richard und Mario zusammenzuarbeiten, machte immer Spaß, denn beide waren für jeden Blödsinn zu haben.

Dass auch ein Maître d'Hôtel ins Fettnäpfchen treten kann, zeigt folgende Geschichte. Deepak, ein Profi der alten Schule, pries einem Gast die absolut frische Schwammerlvariation an, die am selben Tag in den Salzburger Wäldern gefunden worden sei. Er kenne sogar die Dame, die die Pilze gesammelt habe, und frischere könne es wohl auf der ganzen

Welt nicht geben. Die Pilze waren zwar relativ frisch, aber sicher nicht in der von Deepak beschriebenen Qualität. Der Gast nahm die Empfehlung an. Nach einigen Bissen winkte er mich zum Tisch und teilte mir mit, dass Pilze in der vom Maître beschriebenen Frische anders schmecken müssten. Deepak setzte seinen total geschockten Gesichtsausdruck auf, er konnte sehr theatralisch auftreten und war in 99 Prozent der Fälle auch sehr überzeugend. Er versicherte dem Gast, dass es sich bei seiner Aussage um die volle Wahrheit und nichts als die Wahrheit handle, er in den letzten 25 Jahren alle Haare in diesen Räumlichkeiten verloren habe (was das mit Schwammerln zu tun haben sollte, verstehe ich bis heute nicht) und er ein Garant für die Qualität in diesen Räumlichkeiten sei. Der Gast war von den Ausführungen des Maîtres amüsiert und teilte ihm mit, dass das Gericht hervorragend schmecke, aber lediglich seine Aussage über die Frische nicht stimmen könne. Deepak war es nicht gewöhnt, dass man ihm in seinen Räumen widersprach, aber er merkte, dass es besser war, das Schauspiel zu beenden. Nachdem der Gast die Rechnung bezahlt hatte, gab er Deepak seine Visitenkarte und dann war uns alles klar. Der Herr war ein international anerkannter Küchenleiter einer Fünfsternekette und für den Einkauf und die Frische im Food-and-Beverage-Bereich für diese Hotels im asiatischen Bereich verantwortlich. Außerdem betätigte er sich national und international als Restaurantkritiker und Hoteltester und veröffentlichte Artikel in renommierten Fachzeitschriften. Deepak gab es zwar nicht zu, aber im Grunde schämte er sich in Grund und Boden. Ja, es erwischt auch die Guten!

Da war dieser stressige Mittagsdienst und unsere Speisenauswahl wurde immer kleiner. Auf dem Bonbrett reihte sich ein Bon neben dem anderen und die Kunst der Empfehlung jener Gerichte, die wir noch zur Verfügung hatten, wurde bis zur Gänze ausgereizt. Unser jugoslawischer Hausmeister Zlatko bekam die Hektik in der Küche mit, als er durch diese den Weg zur Rezeption abkürzen wollte. Er warf einen kurzen Blick auf den Küchenchef und fragte mit leiser Stimme, ob er irgendetwas helfen könne. Richard, wie gesagt, für jeden Blödsinn zu haben, schrie ihm zu: „Wir brauchen Enten, Enten, frische Enten, alles ist aus, hol mir schnell eine aus dem Schlosspark, ich benötige sie sofort." Noch bevor er den Satz zu Ende gesprochen hatte, lief Zlatko mit einem unbeschreiblichen Tempo los, stürzte sich im Schlosspark auf die erste Ente, die er sah, riss ihr bei lebendigem Leibe den Kopf ab und rannte zurück in die Küche. Mit der toten Ente in der Hand stand Zlatko in der Küchentüre und hielt dem Küchenchef völlig außer Atem das tote Tier entgegen. Trotz des hektischen Treibens in der Küche wurde es augenblicklich still und alle starrten erschrocken auf Zlatko, den Entenmörder. Zlatko konnte unsere Verwunderung anfangs gar nicht verstehen, da dies offensichtlich in seinem Land eine durchaus übliche Methode der schnellen Jagd war. Wir sahen uns an und lachten, bis uns die Tränen kamen! Solche Geschichten kann man nicht erfinden, sie müssen passieren und das Gastgewerbe ist prädestiniert für skurrile Geschichten dieser Art.

Kapitel 8: Kulinarisches Erwachen

Soviel man in der Hauptsaison auch erlebte, umso ruhiger war die Nachsaison. An manchen Tagen hatten wir nur drei Hotelgäste. Es blieb uns also jede Menge Zeit für Blödsinn. Die negative Seite dabei war, dass wir wieder Zeit hatten, uns dem Glücksspiel zu widmen. Das Positive an dieser Situation war hingegen, dass wir, anstatt nächtelang herumzuziehen, uns immer öfter auch ganz bewusst kulinarischen Genüssen hingaben und ich mich zum Thema Wein weiterbilden konnte. Natürlich gab es einige Ausrutscher in Gestalt durchzechter Nächte, aber es waren spürbar weniger. Eines Nachts zog es Mario und mich wieder in das Salzburger Spielcasino, das damals noch auf dem Mönchsberg zu finden war. Das Ergebnis dieses Besuchs war, dass wir mit einem kräftigen Minus das Casino verließen. Uns war klar, so konnte der Abend nicht enden, und anstatt nach Hause zu fahren, um zu weinen, zogen wir wieder los, um zu verdrängen, dass wir wohl die nächsten zwei Monate umsonst arbeiten würden. Diese Nacht endete jedenfalls leicht berauscht mit netten Mädels.

Es folgten noch einige Casinobesuche und an meinem Rekordabend konnte ich sogar kurzfristig einen sechsstelligen „Gewinn" vorweisen. Schlussendlich hatten wir an diesem Abend aber nicht einmal Geld für das Taxi. Danach war das Spielcasino für mich viele Jahre tabu. Mario hatte ein schreckliches Erlebnis, bevor er der Casinowelt den Rücken kehrte. Nach einem erfolglosen Casinobesuch fuhr er nächtens im Lift den Mönchsberg hinunter. Unten angekommen, sah er einen reglosen Körper auf der Straße liegen. Seine Beine waren total verdreht und er hatte einen Sturzhelm auf. Der Junge war tot! Er hatte sich während der Talfahrt Marios vom Mönchsberg in selbstmörderischer Absicht in die Tiefe gestürzt. Aus den Zeitungen erfuhren wir, dass es sich um einen Schüler handelte, der die Matura nicht bestanden hatte. Mario beendete daraufhin ebenfalls die ohnehin nicht mehr finanzierbaren Casinobesuche.

Mir wurde erst jetzt bewusst, dass das Schlosshotel ernsthafte Geldprobleme hatte, denn meinen Lohn erhielt ich nur mehr, wenn ich hartnäckig beim Direktor urgierte. Ein Millionenumsatz während der Oster- und Sommerfestspiele allein reichte offensichtlich nicht aus. Es galt schließlich, ein altes Schloss zu erhalten! Wenn wir schon ewig auf unsere Löhne warten mussten, dann nahmen wir uns wenigstens das Recht heraus, anständig zu speisen, und daher organisierten Mario und ich einen traumhaften, kulinarisch perfekten Abend in unserem Personalzimmer. Der Hoteldirektor war wieder einmal auf einer internationalen Hundeausstellung, auch der Küchenchef war bereits nach Hause gefahren (sorry, Richard, dass du es so erfahren musst), und auch die Rezeption war wegen des Gästemangels nicht besetzt. Mario stellte ein Menü zusammen und ich sorgte für die dazupassende Weinfolge, was angesichts der nicht gerade bescheidenen Anzahl von 16 Gängen eine große Herausforderung war. Wir bereiteten immer gleichzeitig zwei bis drei Gänge zu, bevor wir sie in unserem Personalzimmer verschwinden ließen. Auch auf perfekte Tischkultur wurde Wert gelegt: Ich deckte nahezu alle Gänge mit schwerem Silberbesteck, Kristallgläsern, Dekantierkaraffen, Stoffservietten und allem, was dazugehörte, ein. Denn wie hat schon Johann Nestroy gesagt: „Die schönste Gegend ist ein gedeckter Tisch."

Wir probierten, degustierten, schlemmten wie die Fürsten und angesichts der genossenen Weinmengen wurde es speziell bei den letzten Gängen immer spannender, die Gerichte über drei Stockwerke nach oben zu befördern, ohne dass es andere Hotelbedienstete bemerkten. Normalerweise merke ich mir jahrelang, was ich wo gegessen habe, nur an diese Speisenfolge erinnern sich weder Mario noch ich. Gut möglich, dass dies an den unzähligen Flaschen guten Weins lag. Hier haben wir eines gelernt: Gutes Essen kann extrem spannend und lustig sein!

Wir waren auch bereit, Geld für gutes Essen auszugeben, und versuchten, uns bei den renommierten Restaurants der Stadt die Highlights abzuschauen: schnell mal eine kleine Pause auf der Terrasse des Schlosshotels Mönchstein, eine nette Käseplatte mit einem schönen Bordeaux, im Hotel Sacher ein opulentes Abendmahl oder zum Drüberstreuen ein Treffen mit anderen „Gastronomieverseuchten" auf ein Dutzend Weinbergschnecken im Hotel Pitter war nichts Außergewöhnliches. Der Trend war eindeutig da: Weg vom Nachtleben, hin zum Gourmetleben! Ab und zu kochte unser Maître für uns. Durch seine indische Herkunft geprägt, bereitete er ein wunderbares Lamm-Mahari, eine nordindische Spezialität, für uns zu. Wer nichts mit scharfem Essen anfangen konnte, war hier eindeutig fehl am Platz. In der Sauce spiegelte sich ein Film, der in allen Farben glänzte und etwas an die schimmernde Farbenpracht einer Benzinlache erinnerte. Er verwendete Unmengen verschiedener indischer Gewürze. Bei der Zubereitung ließ er sich nicht über die Schultern schauen – vielleicht war es besser so! Das Ergebnis bewegte sich auf jeden Fall im oberen Bereich der Scovilleskala. Das Lammfleisch war das zarteste, das ich je genossen hatte, und das Getränk, das Deepak dazu reichte, war eine wunderbare Lassi. Dieses indische Joghurtgetränk kannten damals noch die wenigsten.

Richard Birgel im Fischfachgeschäft

Mario, der sich als professioneller Schnitzer entpuppt hatte, entwickelte wirklich Talent im Garnieren mit den verschiedensten Gemüsesorten. Sogar in seiner Freizeit studierte er pausenlos die zum Thema passende Fachliteratur. Wir suchten Themen, mit denen wir unseren Gästen etwas bieten konnten, was sie sonst nirgendwo bekamen. So kam ich auf die Idee, die Geburtsdaten unserer Gäste in der Rezeption zu erfragen, daraus ihr Sternzeichen abzuleiten und Mario mit dem Gemüseschnitzen von Krebsen, Jungfrauen, Fischen, Steinböcken etc. zu beauftragen. Unsere Gäste staunten nicht schlecht, als ich mit den Worten „Gnädige Frau, Ihr Sternzeichen ist der Krebs" die Hauptspeise servierte und sie der kleine Gemüsekrebs nach dem Anheben der Cloche in Angriffspose angrinste. Er war so bis ins letzte Detail geschnitzt, dass sogar das Grinsen des Getiers erkennbar war. Dasselbe Spiel dann noch beim Ehegatten und wir hatten die Gäste auf unserer Seite. Speziell bei unseren amerikanischen Gästen kam diese Aktion sehr gut an und einige der Überraschten konnten sich absolut nicht erklären, wie wir auf das richtige Sternzeichen gekommen waren. Daran, dass sie sich bei der Ankunft in ein Gästeblatt eingetragen hatten, dachten die meisten nicht mehr. Für uns hieß das Trinkgeld ohne Ende und Mario wurde immer kreativer.

Ich machte mir auch den einen oder anderen Spaß mit den Gästen. Einmal fragte ich eine junge, hübsche Frau, während ich den Hauptspeisenteller hinter ihrem Rücken versteckte: „Ich denke, Sie sind Jungfrau?“ Ihrem empörten Ausdruck konnte ich entnehmen, dass ich offensichtlich nicht ins Schwarze getroffen hatte, und präsentierte ihr im selben Augenblick ihre Hauptspeise, von der ihr auf einem Karottensockel eine perfekt geschnitzte Jungfrau entgegenblickte. Mit einer kleinen Zeitverzögerung gelang uns die Überraschung auch bei dieser Dame und ich erinnere mich an ein überdimensionales Trinkgeld. Das gesammelte Trinkgeld wurde selbstverständlich umgehend in unsere eigenen kulinarischen Genüsse investiert. Dass ich nach dieser Saison mit einem riesigen Schuldenberg die Heimreise antrat, war angesichts des ausschweifenden Lebensstils nicht zu vermeiden. Ich hatte aber nicht damit gerechnet, dass meine Mutter ausgerechnet bei der Bank, bei der ich mein Konto hatte, arbeitete und meine Finanzen kurz vor Saisonschluss eingesehen hatte. Bei einem kurzen, aber heftigen Telefonat mit meiner Mutter hatte ich massiven Erklärungsbedarf, wie ich als „Schwerverdiener“ das Minus auf meinem Konto erklären könne, zumal ich das Bundesheer noch vor mir hätte! Ich folgte zu dieser Zeit wohl eher dem Leitspruch meines Vaters: „Lieber 50 Jahre richtig gscheit leben als 70 Jahre gar nicht!"

Ich lieh mir das neue Luxusfahrrad von unserem Koch und ließ mich damit abbilden, um mit dem Märchen von einem neu gekauften und kurz darauf gestohlenen Fahrrad meine finanzielle Lage zu erklären. Die klassische „verlorene Geldtasche" war natürlich auch mit dabei. Hätte ich meinen Eltern etwa erzählen sollen, dass ich in Nobelrestaurants essen ging, in Casinos Geld verzockte, mir teure Weine gönnte und mit „leichten Mädchen" um die Häuser zog? – Wohl kaum!

Unser Küchenchef Richard arbeitete noch eine weitere Saison im Schlosshotel, bevor er sich mit einem tollen Restaurant selbstständig machte. Danach verloren wir uns leider aus den Augen. Heute führt er sehr erfolgreich sein eigenes Fischfachgeschäft in Salzburg und bietet dort die von ihm gewohnte beste Qualität für Gourmets.

Kapitel 9: Konzession – Heer und Mee(h)r

Immer öfter spielte ich mit dem Gedanken, mich selbstständig zu machen. 1991 war das Gastgewerbe noch ein konzessioniertes Gewerbe. Also musste ich die Konzessionsprüfung schaffen, und das noch vor dem Bundesheer. Dass heute in einem Tourismusland wie Österreich jeder „Möchtegernwirt“ ohne einen blassen Schimmer von der Gastronomie ein Lokal eröffnen darf, war wohl die schlechteste Entscheidung, die für diese Branche je getroffen wurde. Mir fehlten zwar noch die nötigen Praxisjahre, um diese Prüfung absolvieren zu dürfen, ich war ja damals erst 19 Jahre alt, aber mithilfe einer Sonderbewilligung durfte ich dann doch den Kurs in Wels besuchen. Die Kursteilnehmer waren Töchter und Söhne bekannter Gastwirte und Hotelbesitzer, eine ehemalige Klassenkollegin aus Bad Leonfelden, die Tochter eines großen Linzer Schaustellers und Festzeltverleihers und Leute wie ich, die noch nicht genau wussten, ob sie lukrative Führungsaufgaben übernehmen oder sich doch lieber selbstständig machen wollten.

Wir waren ein bunt zusammengewürfelter Haufen mit einem gemeinsamen Ziel und die eine oder andere Geschichte verband uns. Es waren Ganztagskurse und wir bildeten Fahrgemeinschaften von Linz nach Wels. Die Tochter des Schaustellers fuhr mit ihrem neuen Luxusgeländewagen, den ihr der Vater geschenkt hatte, und ich fuhr mit meinem alten Mazda 323. Das soll jetzt nicht neidisch klingen. Denn wie ich mein Geld bis zu diesem Zeitpunkt „investierte“, war sicher lustiger als ein schöner Wagen. In den Mittagspausen gingen wir täglich in ein anderes Wirtshaus und ließen es uns gut gehen. Was passiert, wenn acht bis zwölf angehende Gastronomen dies praktizieren? Natürlich wurde der Nachmittagsunterricht einige Male geschwänzt, weil wir der Gemütlichkeit des Wirtshauses den Vorzug gaben. Konnten wir uns wider Erwarten nach dem opulenten Mittagstisch doch noch aufraffen, den Unterricht zu besuchen, war es gut möglich, dass dies in leicht angeheitertem Zustand passierte. Meist traf es unseren Buchhaltungslehrer, der wirklich einer der schwächsten Lehrer ohne jeden Praxisbezug war. Während er uns ein Beispiel erklärte, wurde ihm nicht nur einmal klar, dass der Rechengang falsch war, und dann benötigte er oft eine Viertelstunde, bis er uns sein „korrigiertes" Wissen vermitteln konnte. Klar, dass das nicht unbedingt Respekt und Vertrauen schaffte. Aussagen wie „Oje, da sehe ich heute aber viele rote Köpfe!" oder „Gestern waren von 20 Teilnehmern nur zwei anwesend!" wurden kommentarlos von uns entgegengenommen, denn die Achtung vor ihm hatte er längst verspielt.

Es war auch nicht immer leicht, nüchterne oder zumindest halbwegs nüchterne Fahrer für unseren abendlichen Heimweg zu finden. Was den Stoff betraf, halfen wir uns gegenseitig, indem wir Lerngruppen bildeten. Einmal fuhren wir zu Ingrid, deren Eltern einen Bauernhof hatten, um einige kniffelige Aufgaben gemeinsam zu lösen. Es begann mit einer rustikalen Jause, frei nach dem Motto „Ein voller Bauch studiert doch gerne", und nach einer wirklich umfangreichen Schnapsverkostung war es mit dem Lernen auch schon wieder vorbei. Trotz der doch eher feuchtfröhlichen vier Monate haben 16 von 20 Teilnehmern die Konzession erhalten.

Ich hatte noch fünf Wochen bis zum Bundesheer, als mich Karl Graf zu Stolberg-Stolberg fragte, ob ich bereit wäre, das Serviceteam, wenn auch nur für diese kurze Zeit, zu unterstützen. Ich sagte gerne zu und fuhr nochmals nach Tirol. Nach dieser „Teilsaison" freute ich mich, als er mir für die kurze Zeit sogar ein Dienstzeugnis ausstellte, in dem mich besonders der letzte Satz mit Stolz erfüllte:

„Herr Alexander Schedl verlässt unser Haus, um seinen Präsenzdienst abzuleisten, und wir würden uns sehr freuen, Alexander in der nächsten Wintersaison als zweiten Restaurantleiter in unserem Haus zu beschäftigen.“

Ich hatte also Karriereperspektiven, die mir die völlig sinnlosen Tage beim Heer erträglicher machten. Um mir das Leben beim Heer etwas zu erleichtern, versuchte ich mit allen möglichen ärztlichen Attesten eine „Teiltauglichkeit“ zu erreichen, um die körperlichen Schindereien zu beschränken. Ein Sportler war ich ja noch nie gewesen! Es gelang mir, wegen meiner Kyphose mit Ansatz zum Morbus Scheuermann und meinem Untergewicht Vorzüge wie die Marschbefreiung, Gepäcksbefreiung und auch die Befreiung von einer kampfmäßigen Fortbewegung im Gelände zu erreichen. Nach der relativ körperschonenden Grundausbildung im Panzerstabsbataillon 4 in Ebelsberg wurde ich zum Grenzschutz ins Burgenland abkommandiert. Ich hatte Glück. Wir wurden in einem Gasthof untergebracht und ich hatte oft die Möglichkeit, dem „Bundesheerfraß“ zu entkommen. Obwohl ich Mitglied in diversen Schützenvereinen war und auch beim Kombatschießen eine hohe Trefferquote vorweisen konnte, ging mir das Kriegspielen beim Heer ziemlich auf die Nerven. Zu dieser Zeit flüchteten sehr viele Menschen über die ungarische Grenze und unser Kommando nahm monatlich knapp 100 davon fest. Mir taten diese Menschen leid und ich war sehr froh und auch stolz darauf, dass ich noch keinen aufgegriffen hatte.

Normalerweise war immer ein Vorgesetzter mit zwei Grundwehrdienern auf Patrouille, nur in dieser einen

Nacht nicht. Mein Kamerad und ich stapften mit „reinen Schultern", einer scharf geladenen StG 77 und einem Nachtsichtgerät in einem kleinen Waldstück die österreichisch-ungarische Grenze entlang, als wir plötzlich vor einer Flüchtlingsfamilie standen. Wem von uns der größere Schrecken in die Glieder fuhr, kann ich bis heute nicht sagen. Eines war jedenfalls klar – sie hatten wirklich Angst! Mein Kamerad und ich warfen uns einen Blick zu und uns beiden war klar, dass wir diese Familie nicht verhaften würden. Wir drehten uns um und verließen unauffällig, als ob nichts geschehen wäre, das Waldstück.

Über einen anderen Zwischenfall kann ich sogar heute noch lachen. Es war wieder eine Nacht an der Grenze im Wald und auch dieses Mal ohne Vorgesetzten. Ich war mit einem anderen Kameraden unterwegs und plötzlich hörten wir seitlich von uns Schritte, die anfangs auf uns zukamen und sich, als wir uns bemerkbar machten, relativ rasch wieder von uns entfernten. Meinen Kameraden packte das Jagdfieber und ich musste wohl oder übel ihm hinterher. Wir näherten uns langsam und warteten immer wieder, bis wir ein Geräusch hörten. Das Nachtsichtgerät hatten wir leider nicht mit, aber dafür eine Taschenlampe. Wir kreisten den „Flüchtling" so weit ein, bis wir in circa zwölf Meter Entfernung die Silhouette eines im Gebüsch hockenden Mannes erkannten. Ich schaltete die Taschenlampe aus und tat so, als hätten wir niemanden gesehen. Gleichzeitig näherten wir uns der Zielperson noch einige Meter und ließen zuerst den Schein der Taschenlampe bewusst in eine falsche Richtung gleiten, um den „Flüchtling" in Sicherheit zu wiegen. Ruckartig leuchteten wir wieder auf die Stelle, wo wir die Person gesichtet hatten, und erkannten die rot-weiß-rote Schleife eines Kameraden. Er versteckte sich noch immer totenstill im Gebüsch und dachte, dass wir ihn noch nicht gesehen hatten. Natürlich machten wir uns den Spaß, mit dem klappbaren Haltegriff der StG 77 ein Durchladegeräusch eines Spannschiebers zu imitieren, und schrien: „Raus aus dem Gebüsch, wir schießen jetzt!" Da sprang er mit erhobenen Händen aus dem Gebüsch und brüllte: „Halt, halt, ich bin einer von euch!" Wir konnten uns vor Lachen kaum noch halten, bis wir an den Schulterstücken der Uniform erkannten, dass es sich um einen Vizeleutnant und Vorgesetzten handelte, der nach einem kleinen Ausflug zu seinen ungarischen Kollegen auf dem Rückweg von uns ertappt worden war. Er bat uns kleinlaut, diesen Vorfall für uns zu behalten, und wir gingen zurück zum Posten. Später erfuhren wir, dass diese Ausflüge bzw. dieser nachbarschaftliche Grenzaustausch zwischen österreichischen und ungarischen Soldaten der Konsumation von ungarischem Barack Pálinka und Salami diente.

Nach dem Assistenzeinsatz wurde ich als Koch in die Unteroffiziersmesse nach Ebelsberg abberufen. Mein Team bestand aus einem Schlosser, einem Kellner und einem Maturanten, also nicht gerade das ideale Team, um gute Küche bieten zu können. Die Arbeitszeit war sehr angenehm. Wir arbeiteten eine Woche durch und hatten dann eine Woche frei. Das ging fünf Monate so. In unserer Küche stellten wir sehr bald eigene Regeln auf. Wir kochten vier verschiedene Qualitätslinien:

1. Für uns = nur vom Feinsten.
2. Für Kameraden = wirklich gut.
3. Für nette Unteroffiziere, die uns nie gequält haben = gut.
4. Für Quäler und Arschlöcher = lebensmitteltechnisch ungefährlich, aber garantiert geschmacklos.

Wir arbeiteten auf Stand und mussten wöchentlich eine Inventur durchführen, bevor wir den vorhandenen Lebensmittelstand an die zweite Schicht übergaben. Nach ein paar Wochen fing die zweite Küchenbrigade an, uns zu betrügen. Sie füllten leere Getränkeflaschen mit Wasser auf, zählten Leergebinde als voll usw. Der Überstand wurde ausbezahlt und die „Kameraden" hatten Geld für die freie Woche. Natürlich ließen wir das nicht auf uns sitzen und füllten die Kartoffelsalatbehälter mit Alufolie auf und belegten den „Aluberg" hauchdünn mit Kartoffelsalat. Die Behälter wurden bei der Standübergabe als voll bewertet. Oder wir machten aus einem Schnitzel zwei usw. Es wurde ein richtiger Sport daraus und letztendlich hatten wir nur einen minimalen Vorsprung.

Wir wurden nicht mehr als Wehrmänner bezeichnet, sondern mit Ordonnanz angesprochen und konnten uns gegen die Beförderung zum Gefreiten leider nicht wehren. Zumindest bedeutete es etwas mehr Sold. Wir tauschten unsere grünen Hemden gegen graue, so dass uns von Offizieren nur mehr die auf den Schultern angebrachten Dienstgrade unterschieden. Andi entwendete aus der „Fetzenkammer" die Schulterschleifen eines Oberleutnants und wir machten uns mit den täglich zugeteilten Neulingen, die uns beim Putzen zu unterstützen hatten, einen Riesenspaß. Wir ließen sie putzen und einer von uns versteckte sich im Lager. Joe, ein Neuling, reinigte die Salaterie, als ich mich von hinten, bestückt mit den Rangabzeichen eines hohen Offiziers, näherte und ihn anbrüllte, was er hier mache. Ein kurzer Blick auf die goldbesetzten Schulterstücke und das graue Offiziershemd ließ den Jungspund zu einer Salzsäule erstarren. Er antwortete mit verhaltener Stimme, dass ihm aufgetragen worden sei, er solle die Salatbar gründlich reinigen. Ich brüllte ihn an: „Wer hat Ihnen diesen Schwachsinn befohlen?“ Er: „Eine der Ordonnanzen, ein Gefreiter, glaube ich.“ Ich, brüllend: „Glauben, glauben heißt nichts wissen, sind Sie denn fertig mit dem Putzen?“ Er, mit einem Frosch im Hals und kaum hörbar: „Ja.“ Ich: „Das nennen Sie fertig, das Einzige, was hier fertig ist, sind Sie, Wehrmann! Wie lange sind Sie bereits bei der Truppe?“ Er: „Sieben Wochen.“ Ich: „Aha, dann sagen wir mal, sie putzen die Salatbar die nächsten sieben Monate, damit bleibt selbst einem Idioten wie Ihnen genügend Zeit, das ordentlich zu lernen.“ Er, den Tränen nahe: „Aber …“ Ich: „Nichts aber, wir gehen jetzt ein Bier trinken.“ Er: „Wer?“ Ich: „Na, wir alle.“ Ich zog mir die Offiziers-Rangabzeichen von den Schulterstücken und die gesamte Küchencrew kam laut lachend aus ihren Verstecken. Hier ernst zu bleiben, war wirklich nicht einfach. Wir saßen noch lange beisammen und tranken einige verbotene Glas Bier mit dem „Opfer“, das immer wieder beteuerte, absolut nichts von dem Schwindel bemerkt zu haben, und uns bat, dieses Spiel mit der morgigen Putzhilfe, einem Großmaul aus seiner Einheit, zu wiederholen. Wir versicherten ihm, dem Großmaul selbiges zu stopfen, und verabschiedeten uns als Freunde.

Kulinarisch war es für uns eine Herausforderung, mit den verfügbaren Rohstoffen hochwertige Gerichte für uns zu kreieren, aber wir hatten Zeit und es gab wohl kaum einen Soldaten, der innerhalb der Kaserne besser aß als wir. In den freien Wochen fuhren wir regelmäßig nach Italien, um uns lukullischen Genüssen hinzugeben. Wir wanderten am Meer entlang, liehen uns Boote und taten so, als gehörte uns die Welt. Obwohl es einem Soldaten nicht gestattet war, das Land zu verlassen! Unser Wirtschaftsunteroffizier und Vizeleutnant wunderte sich, dass wir immer braun gebrannt nach der freien Woche zurück in die Kaserne kamen, und das selbst dann, wenn es nur geregnet hatte. Ob er uns die Ausrede „Wir lieben das Solarium!" tatsächlich abnahm oder ob er uns unsere Freiheit gönnte, erfuhren wir nie. Er zählte jedenfalls zu den Vorgesetzten, die schwer in Ordnung waren, und so wurde er nach der Qualitätslinie 2 bekocht. Zu dieser Zeit hatte ich Schulden wie ein „Stabsoffizier" und mir war klar, dass ich nach dem Bundesheer einen sehr guten Job brauchte, um sie begleichen zu können. Umso mehr freute ich mich, als mir Karl Graf zu Stolberg-Stolberg im Juli 1992 folgenden Brief schrieb:

Lieber Alexander,

gefällt Ihnen der Präsenzdienst? Oder haben Sie schon so Sehnsucht, daß Sie den Winter schon nicht mehr erwarten können? Wie Sie wissen, bin ich mit Ihren Leistungen außerordentlich zufrieden, und es würde mich sehr freuen, Sie zu meinen Mitarbeitern zählen zu dürfen. Ich mache es kurz, sonst halte ich Sie zu lange von Ihrer allzu spärlichen Freizeit auf. Es würde mich sehr freuen, Sie im Winter wieder zu meiner Brigade zählen zu dürfen, und ich hoffe somit auf ein Wiedersehen im Dezember.

Mit freundlichen Grüßen aus Kühtai

Karl Graf zu Stolberg-Stolberg

Für mich war klar, dass ich nach dem Präsenzdienst wieder ins Kühtai gehen würde, und das als zweiter Restaurantleiter. Nun galt es nur noch, die restlichen Monate zu überstehen, dann konnte es losgehen. Fast hätte ein Streich dieses Projekt in Gefahr gebracht! Eines Nachts, wenige Tage vor dem Abrüstungstermin, waren wir leicht angeheitert in die Kaserne zurückgewandert und einer der Kameraden hatte in seinem Rausch von einem benachbarten Wirt die Werbefahne eines Speiseeisproduzenten entwendet. Vor unserem

Kasernengebäude befanden sich Flaggenmasten, wo morgens die tägliche Flaggenparade zelebriert wurde. Wer auf die Idee kam, die „Eisfahne" zu hissen, weiß ich nicht mehr. Gut möglich, dass ich das war, jedenfalls brachten wir die kleine Fahne dort für jedermann sichtbar anstelle der Fahne der Republik an. Am Morgen tobten die verantwortlichen Offiziere und Unteroffiziere, sie hatten die ganze Kompanie antreten lassen, sprachen von Beschmutzung der Fahne, der Ehre, von Verrat … und drohten uns mit Haftstrafen, Nachdienen und Ähnlichem. Sie versuchten uns gegeneinander auszuspielen, um die Verantwortlichen auszuforschen. Ich habe selten einen so starken Zusammenhalt erlebt wie an diesem Morgen. Alle Kameraden hielten dicht!

Kapitel 10: Erste Führungsaufgaben im Jagdschloss

Gegen Ende der Präsenzdienstzeit ereilte mich ein Anruf der Direktrice des Jagdschlosses in Kühtai. Sie teilte mir in knappen Worten mit, dass sie gerade aus einer Besprechung mit dem Grafen komme und man mir anders als vor meiner Zeit beim Bundesheer besprochen nicht die Position des zweiten Restaurantleiters, sondern – man höre und staune – die Position des Restaurantchefs mit Bar auf eigene Rechnung für die kommende Wintersaison anbieten wolle. Sie habe mit dem Grafen gesprochen. Er habe vollstes Vertrauen zu mir und würde sich über meine Zusage freuen. Im ersten Moment konnte ich dieses Angebot angesichts meines Alters von 21 Jahren kaum glauben. Es war einige Zeit still in der Leitung, bevor ich antworten konnte. Ich bedankte mich für das Vertrauen, erbat mir aber noch ein wenig Bedenkzeit. In Wirklichkeit hatte ich Angst, der Aufgabe möglicherweise nicht gewachsen zu sein. Ich würde jünger als die meisten meiner Mitarbeiter sein. Die nächsten Tage war ich hin und her gerissen, ob ich es wagen sollte oder nicht: Ein Scheitern hätte ich sicher nicht so einfach weggesteckt. Selbst meine Eltern konnten mir bei dieser Entscheidung nicht wie erhofft mit Rat und Tat zur Seite stehen. So lag es nun alleine an mir. Ich fasste nach wenigen Tagen den Entschluss, mich auf dieses neue Abenteuer einzulassen. Was kann schon passieren, dachte ich mir. „Wenn es wirklich nicht funktioniert, kann ich mich in den nächsten Zug nach Hause setzen, und das war's. Wenn ich diesen Job aber auf die Reihe bekomme, geht es mir finanziell gut und für die weitere Karriere ist das auch kein Fehler. Also wischte ich die letzten Zweifel an meinem Können beiseite und sagte dem Grafen zu. Ich war fest entschlossen, meine gesamte Energie aufzuwenden, um als Restaurantleiter auf allen Schauplätzen zu siegen.

Einige wenige Tage vor Saisonbeginn fuhr ich nach Kühtai, um „mein“ Restaurant für die bevorstehende Wintersaison vorzubereiten und den beachtlichen Getränkebestand inklusive des Weinkellers auf eigenes Risiko und Rechnung zu übernehmen. Es lag ab jetzt einzig und allein an mir zu kontrollieren, ob meine Kellner alles bonierten und ob die täglichen Getränkefassungen auch stimmten. Vergisst der Kellner in der Hektik, eine Flasche Wein oder eine Runde Schnaps zu bonieren, so fehlt das bei der Inventur und der Restaurantleiter muss den daraus entstandenen Schaden aus der eigenen Tasche bezahlen. Mein Vorgänger hatte angeblich mit einem kräftigen Minus abgeschlossen. Das waren ja schöne Aussichten! Wenn man ein gutes Kontrollsystem auf die Beine stellt, kann man aber auch gutes Geld zusätzlich zum Gehalt dazuverdienen, und das geht so: Der Hotelier gibt auf jedes Bierfass, jeden Container mit alkoholfreien Getränken und jedes Flaschengebinde, die für den Offenausschank bestimmt sind, einen gewissen Prozentsatz als Schankverlust vor. Arbeitet man also genau nach dieser Vorgabe, so bleibt dieser „Schankverlust“ als Bonus über. Für den Restaurantleiter kann also der Verlust sogar Gewinn bedeuten. Man braucht einen vertrauenswürdigen Menschen bei der Getränkeausgabe oder man kontrolliert selbst, wobei eine Kombination sicher die beste Variante ist. Ohne eine Vertrauensperson kann ein freier Tag schnell teuer werden.

Dass es wie in jeder Branche auch in der Gastronomie schwarze Schafe gibt, die mit hoher krimineller Energie um jeden Preis versuchen, ihren Chef zu betrügen, wusste ich. Meine Cousine Barbara und ihr Mann Christian, die jahrzehntelang erfolgreich das Traditionsgasthaus „Bratwurstglöckerl" in Linz führten, hatten mir darüber bereits einige wilde Geschichten erzählt. Beinahe unglaublich war, dass sich einer ihrer Kellner exakt die gleiche Registrierkasse kaufte, wie sie im Gasthaus stand, um sie zu betrügen. Er studierte das Reservierungsbuch seines Chefs und filterte größere Gruppen, im letzten Fall ein Ritteressen, heraus. Zu Hause stellte er die Registrierkasse eine halbe Stunde nach der im Buch eingetragenen Reservierungszeit ein und druckte sich einen Bon für die 60 fix bestellten Ritteressen zu gut zehn Euro pro Person aus. Der Küchenchef hatte die Aufgabe, die Bons zu kontrollieren und nur gegen Vorlage dieses Beleges das Essen dem Servicemitarbeiter zu geben. Der Kellner übergab dem Küchenchef den zu Hause erstellten falschen Bon und dieser händigte ihm die Speisen für 60 Personen aus. Da dieser Umsatz nicht in der Registrierkasse des Betriebs gespeichert wurde, steckte der Gauner mehrere Hundert Euro in seine eigene Tasche. Bei einem Betrieb, der an einem guten Wochenende knapp 1 000 Essen produziert, fällt das auch nicht sofort auf. Dass solche schwarzen Schafe eine reale existenzielle Bedrohung für viele gut gehende Gastronomiebetriebe darstellen, wird leider oft viel zu spät erkannt. Wie lange das so ging und ob sich noch andere Servicekräfte bereicherten, konnte leider nicht geklärt werden. So kompliziert und ausgeklügelt dieser Betrug auch vollzogen wurde, so einfach wurde dem Dieb das Handwerk gelegt. Was er nicht bedachte, war, dass die Farbbänder des Bondruckers mit der Zeit unterschiedliche Farbnuancen annehmen und sich nach unzähligen blassen Bons der Betriebskasse sein farbkräftiger Bon, den er auf seiner eigenen Kasse vorbereitet hatte, deutlich von den anderen abhob. Natürlich wurde er fristlos entlassen und verschwand sofort, das Geld war aber weg! Jetzt betreibt er einen eigenen

Würstelstand und wir wünschen ihm solche Mitarbeiter, wie er es war!

Nach knapp drei Wochen Eingewöhnungszeit kamen die ersten Weihnachtsgäste an und meine Nervosität stieg und stieg täglich unaufhaltsam. Graf zu Stolberg-Stolberg verstärkte dies noch, als er nicht aufhörte, zu wiederholen und zu betonen, dass ich mit meinen 21 Jahren der jüngste Restaurantchef seit Bestehen des Jagdschlosses war. Ich setzte natürlich alles daran, dass meine Nervosität unbemerkt blieb.

Zu den heikelsten Aufgaben zählte die Erstellung des Tischplans für den Grafentisch, meist gemeinsam mit der Hausdame. Im Zweifelsfall musste auch der Graf gefragt werden. An diesem besonderen Tisch saßen nur die Größen der nationalen und auch internationalen Wirtschaft, sehr gute Stammgäste, persönliche Freunde des Chefs, die Verwandtschaft und jedes Jahr auch einige neue Gäste, die durch ihre überdurchschnittliche Konsumation aufgefallen waren. Es war eine Ehre, am Grafentisch Platz zu nehmen und gemeinsam mit dem Urenkel von Kaiser Franz Joseph I. zu dinieren. Einigen Gästen war es ein besonderes Anliegen, zu diesen höheren Weihen zu gelangen. Dazu war manchen auch jedes Mittel recht. Es kam vor, dass mir ein Gast gleich bei der Anreise mitteilte, es sei vereinbart, dass er samt Gattin an der gräflichen Tafel speisen werde, obwohl das überhaupt nicht stimmte. Es war eine sehr heikle Angelegenheit, bei der viel Fingerspitzengefühl und Diplomatie nötig waren, einem vom Grafen nicht an seinen Tisch eingeladenen Gast schonungsvoll zu erklären, dass er eben nicht zu den „Auserkorenen" gehörte. Zum Glück hatte ich dafür die eine oder andere Notlüge parat.

Der Graf galt als überaus großzügiger Mensch, der mit Schnorrern nichts anfangen konnte – ich übrigens auch nicht. Ich erinnere mich an einen Gast, dessen Name von der Direktrice in der Grafenstube auf dem Tischplan eingetragen wurde. Als er die Tischgesellschaft zu einer Runde Getränke einlud, wünschten zwei Damen Irish Coffee für die gesellige Runde. Sofort entgegnete der Gönner energisch, dass Irish Coffee viel zu teuer sei! Insgeheim hatte er wohl an Bier gedacht! Der Graf erhob sich, blickte dem sparsamen Gast, der bereits ahnen musste, dass er einen Riesenfehler gemacht hatte, tief in die Augen und erklärte für jedermann in der Stube laut und deutlich, dass dieses Verhalten nicht dem eines Gentlemans entspreche und er grundsätzlich geizige Menschen ohne Stil nicht akzeptiere. Ein Glück für mich war, dass dieser Gast nicht von mir, sondern von der Rezeption für die gräfliche Tafel auserkoren worden war.

Um den Grafentisch kümmerte sich zu diesem Zeitpunkt ein neuer Chef de Rang, der vom Interalpenhotel zu uns gekommen war. Er hielt sich für einen unerreichbaren Superstar, der versuchte, wo immer es möglich war, meine frisch erworbene Autorität zu untergraben und in Frage zu stellen. In Wirklichkeit bestand sein Können nur aus einem Bruchteil von dem, was er vorgab zu beherrschen. Der Gipfel allerdings war, dass er sich auch zu den Gästen nicht immer korrekt verhielt. Eines stand für mich in kürzester Zeit fest: Ich wollte ihn nicht in meinem Team haben! Eines Tages kam er zu spät, und als ich ihn zur Rede stellte, war er bei seiner Entschuldigung wie immer schnippisch. Das war genau der richtige Zeitpunkt, um zu reagieren. Ich teilte ihm klar und unmissverständlich mit, dass er sich an der Rezeption seine Papiere holen könne und dann auf der Stelle aus dem Hotel verschwinden solle. Die zuständige Mitarbeiterin an der Rezeption war von mir natürlich schon im Vorhinein entsprechend informiert worden. Unter wüstem Fluchen und Drohen verließ er das Restaurant. Aber er verließ es, und das war das Wichtigste. Als mich der Graf am nächsten Tag nach diesem Kellner fragte, war ich vorerst erstaunt, dass er von seinen Damen an der Rezeption noch nicht über die Geschehnisse informiert worden war. Mit Spannung und etwas Sorge wartete ich auf seine Reaktion auf meine Erklärung. Ich teilte ihm also mit, dass der Kellner weder bei den Gästen noch bei seinen Kollegen beliebt gewesen war und tags zuvor mir gegenüber vor den Gästen laut geworden war. So hätte ich mich dazu entschlossen, lieber höchstpersönlich seine Arbeit zu übernehmen, als mit so einem Störenfried weiter zusammenzuarbeiten. Nach einer kurzen Pause antwortete der Chef, dass auch er nicht unbedingt den besten Eindruck gehabt habe und ich schon wissen müsse, was ich tue. Mit diesem Vertrauensvorschuss und zusammen mit meiner übrigen Crew, die schwer in Ordnung war, konnte die Saison nun richtig beginnen.

Ich begrüßte jeden Gast persönlich mit Handschlag, schrieb die Tischpläne, kümmerte mich um die Dienstpläne, rechnete jeden Tag als Letzter die Restaurantkonsumationen ab, versuchte gemeinsam mit meinem Sommelier den Weinverkauf zu steigern und kontrollierte gemeinsam mit meinem Stellvertreter Roman jeden einzelnen Bon meiner Kellner. Oft kam es vor, dass Gäste auf die Nachtruhe verzichteten und eine Party bis in den nächsten Tag dauerte. Auch für diese Fälle gab es ein hervorragendes Angebot, die sogenannte After-Bull-Shot-Party, die oft bis in den Nachmittag andauerte. Der Bull-Shot war ein ganz hervorragender und vorzüglicher „Repair-Cocktail“, bestehend aus Wodka, eisgekühlter Rinderbouillon, einem Dash Worcestersauce,

Tabasco, Salz, Pfeffer und optional etwas Selleriesalz. Was ist dagegen eine ordinäre Bloody Mary? An solchen Tagen empfand ich meine Arbeit als endlos dauernden richtigen „Knochenjob". Die freien Tage während der Saison konnte man an einer Hand abzählen. Aber es machte Spaß und in jeder verbleibenden freien Minute erweiterte ich mein Wissen über Wein. In dieser Zeit unterschritt ich auch meinen negativen Gewichtsrekord von Kitzbühel, ich wog stressbedingt nur noch 55 Kilogramm.

Roman, ein gebürtiger Tscheche, war ein hervorragender Chef de Rang und genoss mein uneingeschränktes Vertrauen. Er schaute nicht auf die Uhr, hatte einen guten Überblick und war bei den Gästen sehr beliebt. Wir versuchten, unseren Gästen jeden Wunsch von den Augen abzulesen. Der Graf war auch zufrieden mit uns. Er fragte mich eines Abends, ob wir mit unseren Trinkgeldern zufrieden seien, und ich bejahte dies mit dem Zusatz, dass die Gäste in den Vorwochen jedoch wesentlich spendabler gewesen seien. Er nahm meine Aussage schweigend zur Kenntnis und reagierte auf eine Art und Weise, mit der wohl kein Hotelangestellter je gerechnet hätte. Er verfasste ein Schreiben mit folgendem Wortlaut, das er höchstpersönlich unterfertigte:

Verehrte, liebe Gäste,

dieses Jahr freuen wir uns über einen besseren Service, eine bessere Küche und ein besseres Klima im gesamten Haus.

Aber

wie ich erfahre, ist das mit dem Trinkgeld umgekehrt proportional.

Ich möchte niemandem zu nahe treten und Trinkgeld ist und bleibt freiwillig, doch wenn es Ihnen bei uns gefallen hat und Sie mit dem Service im Zimmer und Restaurant zufrieden waren, denken Sie doch daran, dass das Trinkgeld eine Anerkennung ist.

Falls Sie nicht sicher sind, wie viel Trinkgeld angemessen ist, fragen Sie mich respektive Frau Maria.

Ich bin sicher, Sie haben Verständnis für diese Zeilen.

Herzlichst Ihr
Graf Karl zu Stolberg-Stolberg

Dieses Schriftstück ließ er in allen Gästezimmern hinterlegen und noch heute hängt es gerahmt an der Wand in meinem Büro. So hat der Graf wieder einmal unter Beweis gestellt, dass er sich für seine loyalen Mitarbeiter stets einsetzt – wenngleich oft mit ungewöhnlichen Methoden.

Unsere Sonnenterrasse mit direktem Blick auf die Schipiste war sehr beliebt. Auch viele Gäste von außerhalb besuchten sie und besetzten oft die besten Plätze. Bei unseren Hotelgästen kam das natürlich nicht gut an, und der Graf ließ daher die Terrasse in der frequenzstärksten Zeit für unsere Hotelgäste reservieren. Mir war das nur recht, denn so konnten wir uns besser um unsere Hausgäste bemühen. Es war einer dieser „Kurzarmtage" im April und die Sonne brannte auf die Terrasse. Einer meiner Kellner servierte auf einem Tablett Gläser mit heißer Zitrone und Schiwasser für die Kinder. Der andere öffnete im selben Moment eine Flasche Champagner am anderen Ende der Terrasse. Alle Gäste lagen in ihren Liegestühlen, an jeder Seite ein kleines Beistelltischchen mit Knabbereien und Getränken. Ich traute meinen Ohren nicht, als dieses harmonisch-idyllische Bild durch einen Gast rüde und unvermittelt unterbrochen wurde. Er forderte seinen Sprössling doch tatsächlich mit den Worten „Geh, sag's dem Diener, er soll uns noch etwas zu trinken bringen" auf, einen meiner Kellner zu sich zu beordern. Geschockt über diesen offensichtlich in der Zeit zurückversetzten Snob, dachte ich mir, dass es sicher wirkungsvoller wäre, es dem Grafen zu berichten, als selbst aktiv zu werden. Ich ging geradewegs in sein Büro und fragte ihn, was er von dieser Aussage halte. Mit den Worten „Der spinnt wohl" machte er sich sofort auf den Weg zur Terrasse, um dem Gast die Grundregeln des richtigen Benehmens auf seine besondere Art zu vermitteln. Nachdem ich dem Grafen durch das Fenster den „Täter" gezeigt hatte, baute er sich vor diesem auf und verdeckte absichtlich mit seinem Körper die Sonne, um den vor sich hin Dösenden auf sich aufmerksam zu machen. Um seine Anwesenheit zu unterstreichen, klopfte er mit seinen Fellstiefeln gegen den Liegestuhl. Der erschrockene Gast nahm die Sonnenbrille ab und schaute den Grafen total verdutzt an. Der Graf erklärte ihm dann so, dass es sicher fast alle anderen Terrassengäste auch mitbekommen mussten, dass es nicht angemessen sei, seine Mitarbeiter als Diener zu bezeichnen. Wenn er sich nicht entsprechend zu benehmen wisse, könne er auch gleich verschwinden, polterte er weiter. Der Schlossherr bestand darauf, dass sich der Gast beim beleidigten Kellner entschuldigte, und eröffnete ihm, dass er kein gutes Vorbild für seine Kinder sei. Mit den Worten „Es war ja nicht so gemeint" entschuldigte sich der Gast bei Graf und Kellner. Genau diese Handlungen machten uns den Grafen als Chef sehr sympathisch.

Graf Christian Stolberg-Stolberg

Wer viel arbeitet, braucht auch hin und wieder ein Ventil, um Ausgleich zu schaffen. Manche taten dies auf der Piste, ich jedoch gehörte zu den wenigen Mitarbeitern, die zwar in den schönsten Wintersportorten arbeiteten, aber niemals Ski fuhren. Mike von unserer Pistenschirmbar „Yello Umbrella" feierte seinen Geburtstag und lud uns nach der Arbeit in die Diskothek in einem benachbarten Hotel ein, um wieder einmal richtig zu feiern, also für Ausgleich zu sorgen. Keine Frage, ich hatte es auch notwendig und stieß nach Mitternacht dazu. Mike, voll in Fahrt, drückte mir eine Flasche Dom Pérignon, wohl gemerkt ohne Glas, in die Hand und forderte mich auf, nicht so steif zu sein und aus der Flasche zu trinken. Jeder hat es sicher schon selbst einmal erlebt oder kann es sich vorstellen, wie es ist, wenn man, ohne Alkohol getrunken zu haben, zu einer Gruppe stößt, die dem Alkohol schon viel zu viel zugesprochen hat. Als sich meine Augen an die Dunkelheit gewöhnt hatten, bemerkte ich, dass fast jeder der anwesenden Gäste eine

Flasche Dom Pérignon in der Hand hatte. Ich machte mir um das finanzielle Wohl von Mike ernsthaft Sorgen und sprach ihn darauf an. Er entgegnete aber nur, dass ich mir keine Sorgen machen müsse. Er habe eine spezielle Vereinbarung mit dem Wirt getroffen. Um Mike, der mit zwei Beinen im Leben stand, musste man sich auch keine Sorgen machen, was er anpackte, hatte Hand und Fuß. Bei labileren Kollegen habe ich aber nicht nur einmal erlebt, dass der gesamte Verdienst einer Saison im Drogen-, Alkohol- oder Spielrausch an einem Abend ausgegeben wurde. Bei Letzterem darf ich mich selbst an der Nase nehmen. Eine der Gefahren für Gastronomiemitarbeiter ist, dass sie das Leben ihrer Gäste leben – eine Gefahr, die nicht zu unterschätzen ist. An diesem Abend konnte ich leider nicht mehr zum Alkoholisierungsgrad meiner Kollegen aufschließen und auch mein stundenlanger Flirt mit einer netten Kellnerin endete sieglos. Sie verführte unseren Souschef bei minus 15 Grad am Rücksitz seines GTI. Alles in allem war das nicht mein Tag oder, besser gesagt, nicht meine Nacht.

Kurz vor Saisonschluss hatte ich noch ein verrücktes Erlebnis mit einem Gast. Er war Mitte dreißig und seine Freundin um die 25 Jahre. Er war cool drauf, trank immer sehr guten Wein und war ein begeisterter Porschefahrer, der auch Teilnehmer des Porschecups war. Er sammelte diese Sportwagen und in Kühtai war er natürlich mit einem allradgetriebenen 911er angereist. Nachdem er mir 100 DM Trinkgeld gegeben hatte, fragte er mich, ob es eine Möglichkeit gebe, abends, also nach Pistenschluss, mit seinem Porsche die Rodelbahn hinaufzufahren. Ich sollte mir auch keine Sorgen machen, denn er sei ja immerhin Profifahrer. Da ich mich erinnern konnte, dass hier vor Kurzem ein Auto für einen Werbefilm hinaufgefahren war, wusste ich, dass es auch technisch möglich war. Wenn ich es irgendwie für ihn möglich machte, so bekäme ich so viele Porschefreifahrten, wie ich wollte. Natürlich könnte ich bei diesem Experiment auch mitfahren. Ich wusste, dass der Schlüssel für den Schranken der Rodelbahn vom Grafen selbst verwahrt und verwaltet wurde. Sofort nach dem Abendgeschäft ging ich zum Grafen, erzählte ihm die Geschichte und bemerkte nebenbei, dass es sich bei diesem Gast um einen wirklich sehr gut konsumierenden Gast handelte. Er gab mir tatsächlich den Schlüssel und bat mich lediglich darum, vorher genau zu kontrollieren, ob sich noch Gäste auf der Bahn befanden.

Am nächsten Abend ging es dann los: ich am Beifahrersitz, seine Freundin mit endlos langen Beinen quer und mit einem gelangweilten Blick auf dem Rücksitz. Wir öffneten den Schranken und fuhren los. Er fuhr in einem Schneckentempo die Bahn hinauf. Nun verstand ich den Gesichtsausdruck seiner Freundin, das war ja wirklich langweilig! Er fuhr ein zweites Mal, nicht wirklich schneller, und ich dachte mir noch: Na toll, du Held! Plötzlich brachte er den Motor zum Heulen und teilte mir mit, dass er sich die gesamte Strecke nun eingeprägt und auch der Motor die notwendige Betriebstemperatur erreicht habe. Los ging's! Ich kann nicht mehr genau sagen, wie schnell er gefahren ist. Ich war zu sehr damit beschäftigt, mich irgendwo festzuhalten. Wir drifteten, rutschten und touchierten leicht mit den Seitenwänden. Mir tat das Auto leid. Am unteren Ende der Rodelbahn ging es links runter auf die Piste. Er positionierte das Auto in Richtung Pistenrand, die Scheinwerfer ragten in den Himmel und ich konnte die Piste vor mir kaum erkennen. Er fragte, was schlimmstenfalls passieren könnte, wenn wir einmal über die Piste ins Tal zur Bundesstraße rauschten. Noch bevor ich antworten konnte, stieg der

Wahnsinnige aufs Gas und wir befanden uns mitten auf der Piste. Auf der rechten Seite sah ich die Schweinwerfer eines auf der Bundesstraße fahrenden Autos, das wir ziemlich zügig überholten, und mit einem Sprung setzten wir uns wieder vor dieses Auto auf die Bundesstraße. Der Rennfahrer war voll auf seine Kosten gekommen und bedankte sich immer und immer wieder bei mir. Als mich der Graf am nächsten Tag fragte, wie es denn gewesen sei, erzählte ich ihm die ganze Geschichte – auch das mit der Piste. Seinem Gesichtsausdruck konnte ich entnehmen, dass selbst seine Grenzen erreicht waren.

Das Jagdschloss und viele Teile des Ortes bilden, Gott sei Dank, auch heute noch einen starken Kontrast zu vielen anderen heimischen partyverseuchten Wintersportorten. Hier kann man die Ruhe noch genießen, denn lautes Gegröle und seichte „Pistengaudihits" stören hier nicht. Seit 2003 führt Graf Christian Stolberg-Stolberg nach dem Tod von Graf Karl Stolberg-Stolberg das Haus und bietet seinen anspruchsvollen Gästen die mir bereits vor Jahren von seinem Vater vermittelte gediegene Gastlichkeit mit Tradition. Auch der Jetset lässt sich hier – oft inkognito – von der sehr guten Küche, die für ihre Traditionsmehlspeisen bekannt ist, verwöhnen. Graf Christian Stolbergs Motto „Wo der Gast zum Freund wird" ist hier jedenfalls nicht nur ein schöner Spruch, sondern wird auch gelebt.

Kapitel 11: Glücksspiel, Mädels und Ganoven

Die letzte Wintersaison lief gut und mir blieb sogar etwas Geld übrig, weil ich keine Zeit hatte, um es auszugeben. Nun wollte ich einmal etwas anderes probieren. Einerseits war die Zeit reif, endlich richtiges Geld zu verdienen, andererseits hatte ich keinen blassen Schimmer, womit das zu bewerkstelligen war. Ich beschäftigte mich tagein, tagaus damit, ob ich mich selbstständig machen sollte oder nicht. Roman, mein Stellvertreter, hatte die Idee, dass wir uns beide in seiner Heimatstadt Brno mit einer Diskothek selbstständig machen sollten. Er kannte ein paar Leute, die uns dabei unterstützen wollten. Und dort musste man wirklich jemanden kennen, um zu überleben, und damit meine ich nicht nur das geschäftliche Überleben. Blauäugig, wie ich damals noch war, war mir bei den ersten Besuchen in Brno noch nicht bewusst geworden, wie der Hase lief. Roman kam aus gutem Hause, er wohnte noch im Elternhaus und in seiner Familie war er einer der wenigen ohne Hochschulabschluss, sein Vater war, glaube ich, Arzt.

Auch ich hatte bereits ein eigenes Unternehmenskonzept für ein kleines Automatencasino in meiner Heimatstadt Linz entwickelt, da ich Romans Plänen gegenüber gemischte Gefühle hatte und unentschlossen war. Ich besuchte über 30 Spiellokale in ganz Österreich und nahm sie genau unter die Lupe, um herauszufinden, was den Erfolg eines Automatencasinos ausmacht.

Meine Ergebnisse waren ebenso schlicht wie wertvoll:

1. Der richtige Standort war in einem Viertel in Linz, in dem vorwiegend türkische oder jugoslawische Mitbürger

lebten, denn die spielten, so hatte ich bei meinen Streifzügen durch diese Art von Lokalen gesehen, leidenschaftlich gerne.

2. Das Lokal musste uneinsehbar sein, verdunkelte Scheiben mit Kartenmotiven und eine Einlassklingel an der Türe haben.

3. Die Automaten wurden gemietet, Teile der Einrichtung über die Automatenfirma und die Bar über die Brauerei finanziert. Dazu kam, dass in den für den Betrieb solcher Spiellokale geplanten Stadtteilen die Mieten nicht besonders hoch waren, somit hielt sich das finanzielle Risiko in Grenzen.

4. Ließ sich der Kunde einen größeren Spielbetrag auf einmal aufbuchen, so bekam er, nachdem er zumindest die Hälfte seines Spielkapitals gespielt hatte, 10 % der Einzahlungssumme auf Kosten des Hauses dazugebucht.

5. Die High Rollers, also Gäste, die um besonders hohe Summen spielten, aber auch Stammgäste erhielten während des Spiels Getränke und Zigaretten gratis (mit Zigaretten wäre ich in Linz der Erste gewesen).

6. Da die Zählerstände das Controlling übernahmen, musste man nicht ständig selbst anwesend sein, hier schwebten mir nette Frauen vor, die sicher ein verkaufsförderndere Aussehen als ich hatten.

7. Die Corporate Identity bzw. das Corporate Design musste klar mit hohem Wiedererkennungswert kreiert werden, um für eine spätere Filialbildung oder ein Franchisesystem gut vorbereitet zu sein.

Die ersten Gespräche mit den Automatenfirmen waren bereits gelaufen, ein Standort in der Schillerstraße mit hervorragender Ecklage bot sich an und auch die Finanzierung war gesichert. Es sah alles sehr vielsprechend aus. Doch leider war ich zu dieser Zeit nicht der Einzige mit dieser Idee und so verging kaum eine Woche, in der kein neues Spiellokal eröffnet wurde, und auch die Lockangebote wurden immer fantasievoller. Ich fragte mich, ob das der richtig Weg war, um nachhaltig Geld zu verdienen. Meine Zweifel an meiner Unternehmensidee wurden stärker. Als dann auch noch das Glücksspielgesetz enorm verschärft wurde, um diesen ständig wachsenden Markt zu regulieren, entschied ich mich, meine Glücksspielpläne ad acta zu legen und weiter nach dem „goldenen Weg“ zu suchen.

Da rief Roman mich an und überredete mich, nach Brno zu kommen, um uns in der Discoszene etwas umzusehen und vor allem mit den Hintermännern der Szene zu plaudern. Der Fall des Eisernen Vorhangs war noch nicht lange her und ein Tschechien, wie wir es heute kennen, gab es noch nicht. Mit dem Vorurteil, dass alle Tschechen arm wären, fuhr ich mit meinem neu erworbenen Audi nach Brno, um mit meinem möglichen Partner vor Ort die Lage zu sondieren. Romans Vater versperrte meinen Wagen und erklärte mir, dass es nicht besonders schlau war, ihn unbewacht auf der Straße stehen zu lassen. Roman hatte auf seinem Auto ein österreichisches Kennzeichen und sein Auto war mit einer tollen Stereoanlage und einem gut sichtbaren Boxensystem ausgestattet. Als wir am ersten Abend zurück zu seinem Auto kamen, stand der Kofferraum offen und alle Boxen waren professionell ausgebaut, also gestohlen worden. Mir fiel auf, dass er sich nicht groß darüber ärgerte, und als ich ihm nahelegte, die Polizei zu verständigen, sagte er mir, dass er den Diebstahl am nächsten Tag auf andere Weise klären werde. Meine Verwunderung war groß.

In seinem Revier verhielt sich Roman immer sehr geheimnisvoll und angesichts der damals vorherrschenden niedrigen Preise war er mit seinem österreichischen Gehalt so etwas wie ein kleiner Star in Brünn. Am Abend war es dann so weit, wir sollten uns mit seinem Freund am Stadtrand treffen und im Anschluss ein bisschen feiern gehen. Gut, dachte ich (schon wieder sehr blauäugig), da sein Freund Tscheche ist, werden wir ihn abholen müssen, er hat ja bestimmt kein Auto. Mit meinem frisch gewaschenen Audi fuhren wir los, um uns mit Marek, so hieß sein Freund, zu treffen. Unter einer Brücke sollten wir warten, er wollte mit seinem Auto vorfahren, denn das besagte Lokal war eine halbe Stunde von der Stadt entfernt. Super, dachte ich noch, einem alten Skoda oder Lada hinterherzufahren, das macht Spaß. Als wir beim Treffpunkt ankamen, sah ich bis auf einen neuen 850er BWM kein Auto auf dem Parkplatz stehen. Ich schlug Roman eine Rauchpause vor, bis dass sein Freund hier wäre. Er deutete auf den BMW und sagte, dass wir ihm folgen sollten. Mein Bild von den armen Tschechen war schon etwas erschüttert, und als ich ihn fragte, was sein Freund beruflich machte, grinste Roman und sagte mir, er sei Autohändler. Damit hatte ich eine Erklärung für diesen Boliden. Was folgen sollte, zerstörte mein Bild von Tschechien endgültig.

Nach einer ziemlich holprigen und vor allem schnellen Fahrt kamen wir bei einem sehr gepflegten, von außen nicht sofort als Restaurant erkennbaren Haus an. Auch vor dem Lokal war der Fuhrpark für die damalige Zeit überdurchschnittlich nobel. Die nächste Überraschung war, dass wir das Lokal für uns alleine hatten, wir speisten im kleinen Kreis von knapp 20 Personen. So viele Porsche-Design-Brillen, Designerkleidung und Rolexuhren waren in dieser Gegend sonst sicher selten anzutreffen. Es gab keine Speise- oder Weinkarte, sondern es wurden die Gänge wild durcheinander, aber auf sehr gutem Wirtshausniveau serviert. Es erinnerte mich ein bisschen an den Film „Das große Fressen". Roman setzte mich an den Tisch zu zwei ein wenig Englisch und Deutsch sprechenden Freunden und schnell wurde mir klar, dass es sich hier um ein Treffen der Unterwelt handelte. Roman stellte mich immer als seinen Chef vor, was mir anfangs noch sehr unangenehm war, aber im weiteren Verlauf des Abends auch gewisse Vorteile mit sich brachte. Obwohl sich meine tschechischen Sprachkenntnisse sehr in Grenzen hielten, bekam ich mit, dass Roman einem der Anwesenden von seinen gestohlenen Boxen erzählte und dieser gleich darauf den Raum verließ, um kurz zu telefonieren. In der Luft lag eine gewisse Spannung, aber noch war alles nett und familiär.

Nach dem Essen fuhren wir in eine der unzähligen Diskotheken der Stadt und parkten unsere Autos nicht auf dem dafür vorgesehenen Parkplatz, sondern präpotent vor dem Haupteingang. Einer von Romans Bekannten bat uns, die Schlüssel stecken zu lassen, er bürgte für die Sicherheit. Es war ein ziemlich mulmiges Gefühl, mitten im Osten sein Auto mit dem Schlüssel im Zündschloss unbeaufsichtigt stehen zu lassen bzw. einer dubiosen Gestalt, die mich an schlechte Mafiafilme erinnerte, zu überlassen. Ich war einer der Ersten, die die Diskothek betraten, und stellte fest, dass die Musik sehr aktuell und vor allem westlich ausgewählt wurde. Jeder Tisch war belegt und wir hatten keinen Platz. Ich ging kurz auf die Toilette, um mich mit kaltem Wasser wieder etwas aufzumuntern. Als ich zurückkam, wurde gerade der beste Tisch im Lokal für uns geräumt. Für einen gut erzogenen Menschen wie mich war das eine sehr peinliche Situation. Ich vermied den Blickkontakt zu den anderen Tischen, weil ich mich wirklich für dieses überhebliche und neureiche Gehabe schämte. Im Restaurant hatte ich keine Gelegenheit bekommen, meine Zeche zu bezahlen. Gut, dachte ich, dann spendiere ich hier eine Runde, und versuchte, mein Vorhaben mit der Kellnerin gleich im Vorfeld zu fixieren. Sie blickte mich nur erstaunt an und schüttelte den Kopf. Es wurde quer durch das internationale Spirituosensortiment bestellt, und serviert wurde ausnahmslos in Flaschengebinden. Es dauerte nicht lange und unsere illustre Runde erweiterte sich um einige sehr hübsche Mädels, ob es sich um „professionelle Mädchen“ oder um neugierig gewordene Discobesucherinnen handelte, ließ sich nicht eindeutig feststellen, auch kann ich mich nicht mehr erinnern, wie ich an diesem Tag nach Hause kam. Als ich am nächsten Tag um die Mittagszeit aufwachte, hatte Roman bereits Besuch von einem jungen Burschen, der ihm zitternd sein komplettes Boxensystem zurückgab und sich sicher mehr als zehnmal bei ihm für das Missverständnis entschuldigte. Einer der Bosse hatte ihm wohl dazu geraten! Nach dem späten Frühstück fuhren wir wieder in die Stadt, parkten auf dem Parkplatz des Hotels International, ließen uns vom Portier die Türe öffnen und verschwanden wieder durch den Hinterausgang. Dies war die perfekte Methode, kostenlos einen der am besten bewachten Parkplätze der Stadt zu genießen.

Wir trafen uns mit einer Freundin von Roman und deren Freundin auf einen Kaffee. Sie war eine wirklich schöne, blonde, schlanke Erscheinung und ich konnte den Blick kaum von ihr lassen. Wir verstanden uns auf Anhieb und Mila, so hieß sie, sprach auch ein wenig Deutsch und Englisch. Da Roman am nächsten Tag einige Erledigungen zu machen hatte, verabredete ich mich mit Mila. Sie wollte mir die Umgebung zeigen und angesichts der Hitze vielleicht an einen See fahren, um zu baden. Sie war sehr spontan und durch ihr bezauberndes Lächeln ein wirklich sympathisches Mädchen. Dass sie obendrein sehr sportlich war, musste ich leidvoll am eigenen Leib erfahren. Wir standen am Fuße einer Ruine und sie machte den Vorschlag, einen kleinen Wettlauf hinauf zur Burg zu machen. Noch bevor ich antworten konnte, schrie sie „Los", und da ich mir keine Blöße geben wollte, gab ich alles, um ihr zu folgen. Ich konnte mich nicht mehr erinnern, wann ich zuletzt einen Menschen so schnell laufen gesehen hatte. Als ich nach Luft hechelnd vor ihr stand, lachte sie laut auf und gestand mir, Leichtathletin zu sein, die auch schon erfolgreich bei Wettbewerben für ihr Land gelaufen war.

Gegen Abend holte uns wieder ein Freund von Roman ab, um die Stadt unsicher zu machen. Ah, ein Freund aus Deutschland, dachte ich noch, als ich in den neuen 5er BMW mit Düsseldorfer Kennzeichen stieg. Ich grüßte ihn auf Deutsch, doch er antwortete auf Tschechisch. Ich fragte Roman, ob sein Freund in Deutschland arbeitete. Wie sonst war das deutsche Kennzeichen zu erklären? „Nein", antwortete er, „das Auto ist vermutlich gestohlen." Wir fuhren also mit über 140 km/h mit einem gestohlenen Fahrzeug durch die Innenstadt. Wer die Straßen dieser Stadt kennt, weiß, wie unglaublich schnell das war. Ich fauchte Roman an, was denn das solle und dass ich nicht unbedingt als Unschuldiger in ein tschechisches Gefängnis wollte, denn bei dieser Geschwindigkeit war es nur eine Frage der Zeit, bis uns die Polizei aufhielt. Er versuchte mich zu beruhigen und erklärte mir, dass man das mit einigen Hundert Kronen regeln konnte. Bald darauf wurden wir von der Polizei aufgehalten und ein weiterer Einsatzwagen verstellte uns den Fluchtweg. Der Polizist leuchtete jedem Einzelnen mit seiner Taschenlampe ins Gesicht und der Fahrer sprach mit dem Beamten in einem fast schon apathisch klingenden ruhigen Ton. Ich habe keine Ahnung, was er zu dem Polizisten gesagt hat, er übergab ihm im Anschluss wortlos seinen Führerschein, in dem ziemlich viel Geld steckte. Der Polizist ging mit dem Dokument zum Streifenwagen und brachte den entleerten Führerschein zurück. Er salutierte und wünschte uns noch einen schönen Abend. Ich erinnere mich heute noch an das Gefühl von Angst und Panik und mir ist klar, ich will nie wieder in eine solche Situation geraten.

Für mich war der Abend gelaufen und die ersten Zweifel, hier und vor allem in dieser Gesellschaft etwas aufzubauen, tauchten auf. Nach den Vorfällen der letzten Tage wollte ich nur mehr nach Hause, um etwas Abstand zu gewinnen und über meine weiteren Pläne in Ruhe nachdenken zu können. Am nächsten Tag traf ich mich nochmals mit Roman in der Innenstadt, um vor meiner Heimreise Kaffee mit ihm zu trinken. Wir schlenderten zum Zentrum und wurden unmittelbar Zeugen eines Straßenraubs. Einer Dame wurde brutal die Handtasche vom Körper gerissen und sie kam dabei zu Sturz. Die Tat spielte sich ca. 100 Meter vor uns ab und der Täter flüchtete ziemlich schnell, wir konnten also nicht helfen. Mein Discoprojekt war damit Geschichte.

Wäre nicht die wunderschöne Mila gewesen, hätte mich diese Stadt nie wiedergesehen. Nach einigen Tagen zu Hause fuhr ich nochmals nach Brno, aber nicht um zukünftige Geschäfte zu besprechen, sondern vielmehr, um Mila wiederzusehen. Wir verbrachten den ganzen Tag miteinander und abends beschlossen wir, uns ein Hotelzimmer zu nehmen.

Mila hatte keinen Ausweis dabei und nur mit meinem Reisepass gestaltete sich die Suche nach einem guten Hotel sehr schwer. Ich hatte nie gedacht, dass in einer derart „wilden“ Stadt ein Dokument verlangt wurde, wenn man sich mit einer netten Begleitung ein Hotelzimmer nehmen wollte. Nach der dritten Abweisung wurden wir endlich in einer kleinen Pension fündig. Hier war es wesentlich einfacher, und als ich der Hausdame den dreifachen Zimmerpreis zusteckte, war die Anmeldung kein Thema mehr. Wir verbrachten noch eine schöne Nacht und den folgenden Tag zusammen in Brno, bevor ich mich auf den Heimweg machte, um mich weiter in Österreich nach einem passenden Geschäftsmodell umzusehen.

Nachdem ich meinen Eltern einige Vorfälle aus Tschechien erzählt hatte, rieten sie mir, dieses Vorhaben bleiben zu lassen, und sie waren erleichtert, als ich mich nun wieder in Österreich umsah. Aber ich hatte mir in den Kopf gesetzt, mich selbstständig zu machen oder zumindest einen sehr gut bezahlten Job zu finden, und das um jeden Preis. Ich kaufte mir jeden Samstag die Salzburger Nachrichten und regelmäßig die Rolling Pin, ein Stellenblatt, in dem auch internationale Jobangebote lockten. In den Salzburger Nachrichten stolperte ich über ein sehr interessant klingendes Inserat: „Suchen für unseren Nachtklub in der Salzburger Innenstadt einen Barchef mit Umsatzbeteiligung und Spitzenverdienst.“ Ich nahm sofort Kontakt mit dem Betreiber auf und vereinbarte ein Vorstellungsgespräch. Der Besitzer wusste sich sehr gut auszudrücken, wollte mir aber keine genaue Stellenbeschreibung oder detaillierte Auskünfte über das Aufgabengebiet am Telefon geben. Das Gespräch fand nicht in der Bar, sondern im Privathaus des Betreibers außerhalb von Salzburg statt. Ich fuhr zur angegebenen

Adresse und staunte nicht schlecht, als ich vor einer Luxusvilla stand. Ein großes, eisernes Tor, Videokameras an jeder Ecke, und ein Ferrari blitzte in der Garage. Ich läutete, eine sehr elegante Dame mit norddeutschem Akzent kam zum Tor und begleitete mich zum Büro ihres Chefs. Bewegliche Kameras verfolgten jeden unserer Schritte. Sie bat mich, dort auf ihn zu warten, da er sich noch in einer wichtigen Besprechung befinde, er werde aber sofort im Anschluss zu mir kommen. So saß ich da vor einem großen Schreibtisch inmitten dieser fremden Welt, links und rechts an meiner Seite je ein Kampfhund, die beide jedes Mal, wenn ich niesen musste – auf Hunde reagiere ich allergisch –, aufstanden und mich von oben bis unten musterten. Die zehn Minuten kamen mir vor wie eine kleine Ewigkeit.

Nach unserem Telefonat und der gewählten Ausdrucksweise hatte ich einen Herrn in Anzug mit Krawatte erwartet, vielleicht so um die fünfzig und leicht ergraut. Herein kam aber ein Herr mit langen Haaren, Jeans, einer gelbgoldenen Rolex Submariner mit Brillantbesatz, der lässig nach seiner Assistentin winkte und sie bat, die Hunde mitzunehmen. An der gewählten Sprache erkannte ich ihn wieder. Er redete nicht lange um den heißen Brei herum, begann sofort mit der Betriebsbeschreibung und erklärte mir, warum er einen neuen Barchef suchte. Der alte hatte ihn betrogen und war entlassen worden. Interessiert hörte ich ihm zu und mir wurde schnell klar, dass es sich nicht nur um ein Nachtlokal, sondern um ein Nobelbordell handelte. Ich beschloss aber dennoch, mir alles anzuhören und mich erst später zu entscheiden. Ich müsse auch die Abrechnung der Mädchen übernehmen, dafür sorgen, dass die bezahlten Liebeszeiten eingehalten würden, und für eine gute Konsumation an der Bar sorgen, das liege auch in meinem Interesse, da eine durchaus großzügige Umsatzbeteiligung winke. In der Festspielzeit hatte der Klub sieben Tage geöffnet und man konnte, wenn man fleißig war, durchaus bis zu 100 000 Schilling netto verdienen. Ich trank meinen Kaffee aus, bedankte mich für die ausführliche Stellenbeschreibung und bat um einen Tag Bedenkzeit. Völlig aufgewühlt fuhr ich wieder nach Hause und erzählte meinem Vater alles. Er sagte nur: „Lass dich nicht vom schnellen Geld locken, in dieser Branche brauchst du nur einmal am falschen Ort das Falsche zu sehen und dein Leben kann sich über Nacht ändern. Du hast so gute, seriöse Betriebe hinter dir, willst du bei deiner nächsten Stelle auf die Frage ‚Wo haben Sie vorher gearbeitet?' entgegnen: ‚Im Bordell.'? Dafür hättest du deine Ausbildung nicht machen müssen." Eigentlich hätte mein Vater mir diesen Vortrag nicht halten müssen, denn trotz der Versuchung des schnellen Geldes wusste ich, das war nicht mein Ding. Ich hatte mich schon vorher gegen das Angebot entschieden und musste mich von Neuem auf die Suche nach meiner Traumposition machen.

Ich rief den Bordellbesitzer am nächsten Tag an und teilte ihm mit, dass ich angesichts der in der Zeitung abgedruckten Annonce mehr an eine Cocktailbar als an ein Lokal dieser Art gedacht hatte und das für mich nichts war. Sehr höflich bedankte er sich für das nette Gespräch und wünschte mir alles Gute für die Zukunft. Wieder auf Jobsuche, sendete ich weiterhin Bewerbungen an alle Betriebe, in denen die Entlohnung vielversprechend klang. Auch im Ausland waren einige dabei. Ich bewarb mich auch im Bürgenstock-Hotel in der Schweiz, einem Paradebetrieb, der zu den besten der Welt gehörte und ein Mitglied der „Leading Hotels of the World" war. Ich bekam kurz darauf eine Zusage für eine sehr gute Position, mein Aufgabengebiet sollte gemeinsam mit anderen Sommeliers das Weinservice in einem Toprestaurant sein. Auch das Gehalt klang sehr vielversprechend und so liebäugelte ich mit dem Gedanken, in die Schweiz zu gehen. Ich rief einen Freund an, der bereits in der Schweiz arbeitete, und erzählte ihm von dem Jobangebot. Wir trafen uns kurz darauf und er besprach mit mir alle Für und Wider. Als ich ihm das Gehaltsangebot nannte, meinte er, damit würde ich nicht auskommen. Ich war vollkommen von den Socken. Ich fragte nach und er erzählte mir, was eine kleine Wohnung in der Schweiz kostete, wie viel Geld man benötigte, wenn man ausging, auch die Krankenversicherung war zum Teil aus eigener Tasche zu bezahlen. Hier würde ich letztendlich weniger verdienen als in Österreich.

Auch bei anderen Bewerbungen stellte ich schnell fest: Je besser und internationaler ein Haus war, desto weniger wurde bezahlt. So schien mein Traum von einem gut dotierten Job in der Spitzengastronomie vorerst geplatzt zu sein. Ich war nun am Wendepunkt meiner beruflichen Karriere angelangt. Bei genauerem Nachdenken kam ich zum Schluss, dass ich mich für eine von drei Alternativen entscheiden musste.

Alternative 1: Man lebte damit, nahm in Kauf, wenig zu verdienen, ging für ein schönes Zeugnis arbeiten und bewegte sich in der Crème de la Crème der gastronomischen Luxusgesellschaft. Ein Weg, der mit Enthaltsamkeit und vor allem viel Geduld auch zum Ziel führen konnte. In einigen Jahren fand man sich vielleicht im gastronomischen Topmanagement wieder. Die Wahrscheinlichkeit, dass man vorher das Handtuch warf, war aber sicher größer.

Alternative 2: Man suchte sich einen familiären Betrieb, wo man mit einer Umsatzbeteiligung oder der Bar auf eigene

Rechnung von Anfang an viel Geld verdienen konnte, und das auch im Fünfsternebereich. Auch hier konnte man sich bis zu einer netten Geschäftsführerposition hocharbeiten und gut leben.

Alternative 3: Man machte sich selbstständig, verfolgte seine eigenen Ideen, riskierte viel Geld, brauchte sich aber vor niemandem zu rechtfertigen und hatte eine Überlebenschance von vielleicht 30 Prozent! Meine Hochachtung gilt allen Selbstständigen in meiner Branche, die es geschafft haben, einen Gastronomiebetrieb von der Gründung an mehr als zehn Jahre ohne Ausgleich oder Konkurs zu führen. Wer denkt, er macht sich selbstständig und wird automatisch reich, der irrt gewaltig. Es gibt nur wenige, denen es wirklich gut geht. Gut beschriebene internationale Beispiele für das Scheitern finden Sie auch im Buch „Geständnisse eines Küchenchefs“ von Anthony Bourdain im Kapitel „Das Besitzersyndrom und andere medizinische Anomalien“. Die Entscheidung bereitete mir ziemliches Kopfzerbrechen. Doch unverhofft kommt oft: Eines Abends klingelte das Telefon und Mario, der Barchef aus Kitzbühel, der bereits seit geraumer Zeit der Restaurantleiter eines sehr erfolgreichen Linzer Haubenlokals war, erzählte mir von einem neuen Gastronomieprojekt, bei dem ihm der Posten als Geschäftsführer angeboten worden sei. Keine 20 Kilometer von Linz entfernt sollte ein neuer Haubentempel geschaffen werden und er hatte dabei an mich gedacht. Zur selben Zeit hatte ich mich für eine Stelle auf den Bermudas beworben. Es wurde mir zugesagt, dass ich informiert werden würde, sobald eine Stelle frei wurde.

Kapitel 12: Hauben – Löffel – Sterne

Ich entschied mich, der Nobelgastronomie treu zu bleiben, nahm die Stelle als Restaurantleiter an und verpachtete meine Konzession, da die Betreiber nicht aus der Gastronomie kamen und daher keinen Befähigungsnachweis vorweisen konnten. Ich war sowohl der Leiter als auch der gewerberechtliche Geschäftsführer dieses Restaurants. Ich versprach dem Chef, den Betrieb anfangs mit aufzubauen und später einen Nachfolger einzuschulen, da ich in circa einem halben Jahr wahrscheinlich auf den Bermudas arbeiten würde. Er war einverstanden und unsere Vereinbarung wurde mit einem Handschlag besiegelt. Er zählte zu den immer weniger werdenden Menschen mit Handschlagqualität. Ein Konzept gab es nicht wirklich. Der Chef, ein ehemaliger Manager eines Energieunternehmens, wollte eher ein rustikales Lokal schaffen. Die Chefin, eine Grande Dame der italienischen Gesellschaft mit deutschen Wurzeln, pochte auf ein Spitzenrestaurant und die Zielgruppe der Linzer Gourmets. Vorher hatte sie eine Parfümerie in Mailand betrieben und war von der italienischen Modemetropole ins Mühlviertel übersiedelt.

Es galt als Erstes, einen Spitzenkoch zu finden, der diesen Vorgaben gerecht wurde. Ein kulinarischer Schwerpunkt sollte das Angebot an heimischen Fischen sein, da sich rund um das Restaurant eigene Fischteiche befanden und die Fischzucht ein Hobby des Patrons war. Wir ließen die für diese Position in die engere Wahl gefassten Köche alle Gerichte unserer Speisekarte als Test kochen, um zu sehen, ob sie den hohen Ansprüchen der Besitzer genügen würden. Nach den ersten beiden Kandidaten war unsere Euphorie ziemlich gebremst, da sie mit ihren Künsten eine traurige

Vorstellung abgegeben hatten. Mit dieser Qualität waren wir bestenfalls Durchschnitt, und das wollte die Chefin auf keinen Fall! Von einem Freund des Chefs erfuhren wir, dass sein Sohn ein Spitzenkoch in New York war und im Moment unter dem Kochgott Werner Matt im Hilton Vienna Plaza diente. Er sollte nun die neue Linie der „Bruckmühle" vorgeben. Nach dem ersten Vorkochen war uns klar, dass Walter Trybek der Richtige für unsere hohen Ansprüche war. Gemeinsam mit Andreas Cech und später auch Emil Kopatsch wurde er verantwortlich für das kulinarische Angebot. Walter und Andi richteten die Küche fertig ein, ich erstellte eine kleine Weinkarte und eine Spirituosenauswahl, die so ziemlich alles bot, was gut und teuer war, und die Hartingers kümmerten sich um die Werbung für ihr neues Restaurant unweit von Linz.

Restaurant Bruckmühle

Das Lokal besaß einen sehr schönen, aber viel zu großen Weinkeller, in dem später auch Weinverkostungen oder Kellerbesuche mit unseren Gästen stattfinden sollten. Bei einer Kapazität von gut vierzig Sitzplätzen würde dieser Keller, sofern er nicht zusätzlich als Vinothek geführt wurde, immer leer wirken. Das wollte der Chef aber nicht, daher bestellte er Unmengen von nicht allzu lange lagerfähigen Weinen, um ihn zu füllen. Betriebswirtschaftlich natürlich ein Wahnsinn – es lagen dort Hunderte Flaschen Urgesteinsriesling und Chardonnay vom Weingut Mittelbach in Rohrendorf. Dem guten Geschmack der Hausherrin hatten wir es zu verdanken, dass von der Tischkultur bis zum Interieur alles passte. Vom selbst bestickten Stoffuntersetzer unter der Kaffeetasse bis hin zum blauen Marmor auf den Toiletten, jedes winzige Detail plante sie und setzte es mit der Genauigkeit einer Deutschen und dem Stilbewusstsein einer Italienerin um. Ich verstand mich von Anfang an mit meinen Chefs gut und unsere Zusammenarbeit funktionierte ausgezeichnet.

Das Restaurant hatte 42 Sitzplätze und man konnte es als „klein, aber sehr fein“ bezeichnen. Wir eröffneten im Spätsommer 1993 und konnten uns in kürzester Zeit einen sehr guten Namen machen. Bis zum ersten Schnee lief alles sehr gut. Ich erledigte anfangs gemeinsam mit Britta, einer hervorragenden Kellnerin, und Karin, einer Praktikantin, das Service und Walter kam jede Woche aus Wien, um zu kontrollieren, ob seine strengen Vorgaben auch eingehalten wurden. Jedes neue Gericht wurde mindestens zweimal zur Probe gekocht, verkostet und fotografiert, um penibel zu dokumentieren, wie es angerichtet werden musste. Jede Abweichung in noch so geringer Form wurde sofort mit der öffentlichen Zurschaustellung der Unfähigkeit geahndet! Jeder wusste, was Walter meinte, und keiner war ihm danach böse. Wir probierten die verschiedenen Lammqualitäten diverser Lieferanten und es gewann mit Abstand das Lamm eines türkischen Fleischers, der ab sofort zu unserem Lammlieferanten wurde. Der Patron und Andi fuhren auch gerne auf den Linzer Südbahnhofmarkt, um die frischesten Produkte selbst zu probieren und einzukaufen. Es kam nicht selten vor, dass die Einkaufstour mit einigen Bierchen oder Achterln Wein endete und Küchenchef Andi seinen bevorstehenden Abenddienst leicht alkoholisiert antrat. Ich hasste das, aber solange der Patron es duldete, konnte ich nichts dagegen tun. Man könnte die Crew dennoch als perfektes Team bezeichnen. Bei der Speisenauswahl wurde auch auf die Regionalität Rücksicht genommen, besonders bei den Fischgerichten. Die Speisekarte war nicht so international gestaltet, wie man es damals von vielen Haubenrestaurants erwartete.

Kalte Vorspeisen

Carpaccio von der Lachsforelle mit Dille	*125,00 S*
Marinierte Frühlingssalate mit Walnussöl	*85,00 S*
oder mit grünem und weißem Spargel	*125,00 S*
Prosciutto San Daniele mit Melone	*115,00 S*
Sülzchen vom Kaninchen mit Kernöl auf Ruccola	*95,00 S*

Suppen

Velouté vom Stangenspargel	*65,00 S*
Consommé mit Kressenockerln	*45,00 S*
Bärlauchschaumsüppchen mit Wachtelei	*65,00 S*

Warme Vorspeisen

Hausgemachte Tagliolini mit Lachsforellenstreifen	*125,00 S*
Feine Nudeln mit Spitzmorcheln und Lauch	*115,00 S*

Fischgerichte

Variation von Süßwasserfischen auf jungem Bärlauchspinat in Veltlinersauce	*190,00 S*
Sautiertes vom Bachsaibling mit Spargel	*195,00 S*
Gedämpfte Forellenmedaillons mit Tomaten-Bärlauch-Vinaigrette	*175,00 S*
oder gebratenen Zucchini und Soja	*175,00 S*
Filet von der Lachsforelle auf Kresseschaum	*195,00 S*
Gegrillte Riesengarnelen mit Kräutern und Wildreis	*285,00 S*

Unsere Fische werden in frischem Quellwasser gekaltert!

Hauptgerichte

Gebratener Lammrücken mit Kartoffelstrudel und Rosmarin	*245,00 S*
Medaillon vom Kalb mit Marchfelder Spargel	*295,00 S*
Sautiertes Hühnerfilet mit Naturreis auf Lauch	*175,00 S*

Desserts

Mousse au Chocolate mit Pistazien	*65,00 S*
Nougat-Topfen-Knödel auf Fruchtmark	*95,00 S*
Grand-Marnier-Eisparfait mit Erdbeeren	*85,00 S*
Mascarinocreme mit gedünstetem Rhabarber	*95,00 S*
Lauwarmer Ziegenkäse mit Aromaten	*85,00 S*

Couvert	*25,00 S*

Geöffnet hatten wir Mittwoch bis Freitag von 18:30 bis 22:00 Uhr, Samstag und Sonntag von 12:00 bis 14:30 Uhr und von 18:30 bis 22:00 Uhr. Montag und Dienstag waren unsere Ruhetage.

Die Karte war eher schlicht, aber jedes noch so einfache Gericht sollte eine Offenbarung für den Gaumen sein. Wir wollten unseren Gästen ein so tolles Geschmackserlebnis bieten, dass sie es nicht so leicht vergessen konnten, nach Johann Wolfgang von Goethe: *„Kein Genuss ist vorübergehend, denn der Eindruck, den er zurücklässt, ist bleibend.“*

Wir gingen zu dieser Zeit auch regelmäßig in Haubenlokale essen, um zu sehen, was die Mitbewerber zu bieten hatten. Emil, ein Koch, der damals noch im Ursulinenhof in Linz arbeitete, sollte zu unserer Truppe dazustoßen. Unser Chef lud uns in den Ursulinenhof ein. Wir verbrachten einen sehr schönen Abend und Emil organisierte für uns ein sehr gelungenes Menü mit hervorragender Weinbegleitung. Wir achteten auf jeden Handgriff des Kellners, jede noch so kleine Aktion, die uns gefiel, wurde von uns inhaliert und jeder einzelne Gang diskutiert sowie jeder angebotene Wein kommentiert. Um sich den Abend besser vorstellen zu können, hier nun die kulinarischen Highlights:

Amuse-Gueule

Hummer in drei Gängen:

Kalbskopf mit Hummer und Bries in Trüffelöl

Geeister Hummercappuccino mit Champignons

Steinbuttkotelett mit Hummer in Frühlingsrollenteig

Wachtelchartreuse mit Gänseleber im Natursaftl

Variation von Heidelbeeren

Brie auf Pumpernickel

Dazu wurden folgende Weine gereicht:

1993 Cuvée Pinot blanc/Chardonnay
Weingut Malat Bründlmayer, Krems

1989 Neuburger Classic, Barrique
Weingut Dipl.-Ing. Karl Alphart

1970 Vino Real Rioja, Gran Reserva
Botega Vinicola Del Norte

1979 Château Lynch-Bages

1979 Beerenauslese
Freie Weingärtner der Wachau

Originelle Kleinigkeiten wie eine große Auswahl an Lesebrillen in verschiedenen Sehstärken für den Gast, präsentiert in einer schönen Box aus Wurzelholz, neue Anrichtetechniken und gewagte Speisenkombinationen flossen aus allerlei Quellen in unseren Ideenpool ein. Es dauerte nicht lange, bis sich die Feinschmeckerrunden bei uns meldeten, um Degustationsmenüs und Weinkulinarien zu ordern. Für die Oberösterreichische Weinbruderschaft kochten wir von ihr zusammengestellte Speisenvariationen:

Hausgebeizte Lachsforelle
auf Dillsenfsauce

Sautiertes Saiblingsfilet mit Nudeln
auf Chardonnayschaum

Hühnerbrüstchen mit Pilzen
und Wildreis

Lammkoteletts mit Kartoffeltascherln
und Zucchini-Tomaten-Gemüse

Wie manche dazu gereichten Weine damit harmonieren konnten, war uns zwar nicht ganz klar. Wir hätten andere Ideen gehabt, aber der Gast war König:

Burgunder weiß 70 – Chorherrenstift Klosterneuburg
Chardonnay Classic 92 – erste Lage, Weingut Sepp Moser
Chardonnay Spätlese 90 – Neusiedler See, Weingut Kracher
Batard-Montrachet Grand Cru 91 – Domaine Ramonet
Cuvaison Chardonnay 85 – Napa Valley, California
Chevalier-Montrachet Grand Cru 86 – Domaine Leflaive
Chassage-Montrachet Premier Cru 86 – Domaine Ramonet
Puligny-Montrachet Premier Cru 90 – Domaine J. Chartron
Château Margaux 85 – Premier Grand Cru Classe
Château Mouton Rothschild 95 – Pauillac
Château Ducru 85 – Beaucailliou
Pommard 90 – Louis Jadot, Côte d'Or
Chambolle – Musigny 90 – Domaine du Village A. Guyon
Givry 1er Cru 90 – Domaine Joblot, Bourgogne
Clos de Vougeot Grand Cru 83 – S. C. Jean Grivot, Bourgogne
Pinot Noir 86 – Weingut Stiegelmar
Nuits St-Georges 1er Cru 88 – Domaine D. Rion & Fils

Wir lockten mit Muttertags-, Oster- und Weihnachtsmenüs. Dennoch hatten wir an Tagen mit starkem Schneefall oder Glatteis auf den Straßen enorme Frequenzprobleme, denn das Lokal lag im tiefsten Mühlviertel und die Straßen waren nicht immer ordentlich geräumt. Die Entscheidung, das Lokal am Sonntagabend zu öffnen, stellte sich rasch als gute Idee heraus, denn in und um Linz waren wir so ziemlich die Einzigen, die das taten. Lediglich an den Wintertagen mit schlechtem Wetter schlossen wir am Sonntag oft schon um Punkt 22 Uhr. Wir sprangen gleich darauf ins Auto und fuhren direkt ins U4 nach Wien, wo jeden Sonntag Woodstock-Nights angesagt waren. Zu unserem Glück hatte Walter eine Wohnung in Wien, in der wir uns von den anstrengenden Partynächten erholen konnten.

Nun wurde es ernst, ich bekam einen Anruf von den Bermudas, dass ein gewisser Herr Tony Gombos im Wiener Hotel am Schottenring Vorstellungsgespräche zur Rekrutierung von qualifizierten Servicemitarbeitern für das Southhampton Princess Hotel auf den Bermudas führte. Dieses Hotel war eines der „Leading Hotels of the World". Mein Onkel kannte es, da er zwei Jahre auf den Bermudas gelebt hatte, und riet mir, auf diese Auslandserfahrung keinesfalls zu verzichten. Wie ich erfuhr, war Herr Gombos ein gebürtiger Österreicher und so sah ich dem Bewerbungsgespräch locker entgegen. Ich ließ alle meine Zeugnisse und Empfehlungen von einer Dolmetscherin übersetzen, verfasste ein Bewerbungsschreiben in mustergültigem Englisch und fuhr nach Wien. Herr Gombos empfing mich in seinem Hotelzimmer und begann sofort mit dem Bewerbungsgespräch, aber nicht, wie ich erwartet hatte, auf Deutsch, sondern auf Englisch. Unvorbereitet machte ich das Beste daraus und im Grunde verlief das Gespräch nicht schlecht. Am Schluss bat er mich noch (dieses Mal auf Deutsch), einem Freund, den er über meinen Onkel kannte, schöne Grüße auszurichten, und gab mir zu verstehen, dass es schon etwas werden könnte mit dem Job, er aber noch die Aufenthaltsbewilligung der Behörde abwarten müsse und das dauern könne.

Am darauffolgenden Mittwoch bereitete ich meinen Chef vor, dass ich der Bruckmühle nicht mehr lange zur Verfügung stehen würde, da die Sache mit den Bermudas nun ernst würde. Er sagte, er wolle mir nicht im Weg stehen, aber er würde sich sehr freuen, wenn ich auch weiterhin für ihn arbeitete. Und er werde sich etwas einfallen lassen, um mich zu überzeugen. Das Problem war, dass es mir in der Bruckmühle wirklich gut gefiel und ich meine Arbeit liebte. Dennoch, wenn ich einen positiven Bescheid vom Department of Immigration erhalten würde, wäre ich weg. Ich musste noch einige Dokumente, ein Röntgenbild meiner Lunge und eine ins Englische übersetzte Charakterreferenz, auf die Insel senden. Einen Job, der einem so gut gefällt, zu kündigen, fällt natürlich um einiges schwerer als einen, an dem kein „Herzblut" hängt. Wo konnte man sonst in der Mittagspause einen Picknickkorb packen, ihn mit Pasteten, hausgebeizter Lachsforelle, selbst gebackenem Olivenbrot, Pata Negra und Champagner füllen und das Ganze mitten im Wald genießen, bevor es am Abend wieder weiterging? Das „Waldessen" war eine Idee von Walter. Britta, Andi und ich schlossen uns aber gerne an. Wir lagen auf dem Waldboden, träumten vom süßen Leben, das wir, im Nachhinein betrachtet, eigentlich an vielen Tagen bereits hatten, und kosteten den Moment voll aus.

Viel los war am Abend nach diesem wunderbaren Picknick nicht und so beschlossen wir, nach Dienstschluss noch auf einen Drink ins Landgraf, ein In-Lokal in Linz-Urfahr, zu gehen, um unser Trinkgeld der vergangenen Woche in Wein und Rochelt-Brände umzuwandeln. Unter dem Landgraf befand sich die Schickimickidisco „Zizas", die heute als eine Gayclub-Lounge betrieben wird. Damals hatte sie auf jeden Fall die falschen Türsteher, denn Walter verweigerte man den Eintritt mit der Begründung, er habe eine schwarze Lederjacke an und das gehe gar nicht. Wir wollten uns über dieses „Halbhirn" von Türsteher nicht weiter aufregen und wechselten die Location. Wenn der falsche Mann vor der Türe steht, der den Unterschied zwischen perfekt gekleideten Blendern und gut konsumierenden Gästen nicht erkennt und auch sonst das für diesen Beruf unbedingt notwendige Fingerspitzengefühl nicht mitbringt, kann er das Lokal in den Ruin treiben. Muskeln und ein finsterer Blick reichen jedenfalls nicht!

Mein Chef fragte nun wöchentlich, ob es bereits Neuigkeiten von der Insel gebe, und ich war mir sicher, er hoffte insgeheim auf eine Absage. Es dauerte nicht lange und ich erhielt die schriftliche Zusage, als Silver-Service-Waiter im noblen Waterlot Inn Restaurant starten zu dürfen. Das Schreiben mit dem roten, ovalen „ENTRY"-Stempel, unterzeichnet von der Chefin für Human Resources, Mrs. Catherine Smith, existiert noch heute. Ich hatte Herrn Hartinger noch versprochen, meinen Nachfolger einzuschulen und ihn ins gut funktionierende Team zu integrieren. Wir suchten also einen Restaurantleiter mit einem Inserat und ich wollte weiterhin meine Konzession zur Verfügung stellen. Nach den ersten Vorstellungsgesprächen, die von Herrn und Frau Hartinger gemeinsam geführt wurden, bat mich mein Chef um eine letzte Aussprache. Ich sollte mich mit ihm mittags treffen und er habe mir etwas Wichtiges zu sagen. Er teilte mir mit bestimmender Stimme mit, dass unter den Bewerbern niemand dabeigewesen sei, der ihm und seiner Frau zugesagt habe, er sich an mich gewöhnt habe und ich ihn nicht verlassen dürfe. Ohne meine Antwort abzuwarten, machte er mir ein finanzielles Angebot, das wohl keiner in meinem Alter ausgeschlagen hätte, und weil mir dieser Job auch sehr gut gefiel, war es nicht allzu schwer, mich zu überzeugen. Mein Onkel war über meine Entscheidung enttäuscht, aber als ich ihm die Summe des „Überzeugungspakets" mitteilte, wurde selbst er einsichtig. Ich kaufte mir ein neues Auto und beschloss im November, in diesem Monat hatten wir Betriebsferien, gemeinsam mit meinen Eltern und meinem

Onkel auf die Bermudas zu fliegen, um zumindest in jenem Lokal zu speisen, in dem ich eigentlich arbeiten hätte sollen. Genau in dieser Zeit ist auch mein Faible für schöne Uhren entstanden und ich gönnte mir meine erste hochwertige Armbanduhr, eine Breitling aus Stahl mit blauem Zifferblatt und Haifischband.

In dieser Zeit wurden Britta und Walter ein Paar. Britta verließ uns, brachte aber mit ihrer Freundin Ingrid wieder eine Spitzenkellnerin ins Team. Britta hatte vor, ins Ausland zu gehen, wohin genau, stand noch nicht fest. Wir legten noch einen Gang zu, servierten sogar mittags Amuse-Gueule, werteten die Weinkarte etwas auf und versuchten auch die ungewöhnlichsten Wünsche unserer Gäste zu erfüllen. Manchmal mussten wir uns aber auch gegen wirklich frech agierende Gäste zur Wehr setzen. Ich erinnere mich an eine Linzer Unternehmerfamilie, die zu sechst an einem Sonntagmittag bei uns speiste. Gegen 14:30 Uhr teilten sie uns mit, dass nicht wir die Sperrstunde machten, sondern sie bestimmten, wann wir gehen durften, in einem Ton, den wir uns normalerweise nicht bieten ließen. Der Unternehmer orderte fast schreiend Dom Pérignon und Canapés. Normalerweise wäre es für uns kein Problem gewesen, so gut konsumierende Gäste auch über die Öffnungszeit hinaus zu bewirten, aber ihre Lakaien waren wir nicht. Nachdem ich mir bei meinem Chef Rückendeckung geholt hatte, beschlossen wir, uns über den Preis der Canapés schadlos zu halten. Frei nach dem Motto „Wer eine große Klappe hat, der muss auch dafür bezahlen" ließen wir einen Koch einen Teller Luxusbrötchen nach dem anderen produzieren und bonierten dafür 145 Schilling pro Stück. Kurz bevor die ersten Abendgäste eintrafen, verlangte der „Rüpelgast" volltrunken seine Rechnung, es hatten sich bereits 16000

Schilling angehäuft und plötzlich wurde es still. In so einem Moment sollte man vorher genau wissen, ob man diese Gäste in seinem Lokal haben will oder mit einer einzigen und höchstwahrscheinlich letzten Rechnung für immer loshaben will. Er fragte mich, ob wir wahnsinnig seien, derart viel für ein Brötchen zu verlangen. Ich entgegnete ihm höflich und nett, dass er es gewesen sei, der die Luxusvariante mit Kaviar bestellt habe und dies nun mal der Preis dafür sei. Sie bestimmen die Öffnungszeiten, wir den Preis! Er zahlte mit seiner Amex und verließ das Lokal.

Wir bewirteten gute Gäste gerne, auch ohne dabei auf die Uhr zu sehen. Will man jedoch schreiende Yuppies in einem gediegenen Lokal wie diesem nicht haben, ist das ein guter Weg, sie loszuwerden. An diesem Abend setzte sich die ganze Crew zusammen und Andi kochte uns ein wunderbares Steak. Vertraglich hatte ich das Recht, à la carte zu speisen. Vom Weinkeller liehen wir uns zwei Flaschen guten Rotwein, den wir selbstverständlich am darauffolgenden Öffnungstag wieder kauften und retournierten. Wir genossen die übriggebliebenen Spezialitäten wie Kaninchensulz, Mousse au Chocolate und andere Speisen, die sich nicht bis Mittwoch hielten, und genossen unser Leben in vollen Zügen. Noch in diesem Jahr bekamen wir die erste Haube von Gault Millau und die zweite wurde uns bei gleicher Qualität für das darauffolgende Jahr in Aussicht gestellt. Die drei gekreuzten Messer und die Gabel standen für erstklassige Restaurants und wurden ebenfalls von Gault Millau verliehen. Wir hatten auch keine Vorgaben, was den Wareneinsatz betraf, die Devise war einfach: Nur vom Feinsten!

Der Gault Millau schrieb damals:

BRUCKMÜHLE

Fünf Kilometer außerhalb von Gallneukirchen liegt inmitten herrlicher Natur ein wahres Gourmetidyll, eine neue Feinschmecker-Adresse im Großraum Linz. Die Gattin des Besitzers stammt aus Italien, sie zeichnet verantwortlich für stil- und geschmackvolles Ambiente. Geschmackserlebnisse bietet auch die ambitionierte Küche, deren Produkte erstklassig und deren Zubereitung bestmöglich leicht ist.

Als überaus gelungener Auftakt erwies sich die Vorspeisenvariation, ein wahrer Reigen an Farben und Aromen: hauchdünner Prosciutto San Daniele e Melone, zartes Carpaccio von Lachsforelle und Rinderfilet, köstliche Kaninchensulz mit Kernöl und fein mit Pesto marinierter Mozzarella. Lobenswert auch eine idealtypische Consommé mit Marknockerln und kräftiger Sherry-Note sowie hervorragend abgeschmeckte Tagliolini mit frischen Eierschwammerln in Rahm. Danach genossen wir eine Variation von Süßwasserfischen auf Veltlinerschaum mit Mangold und schwarzen Spaghettini – ein ausnahmslos gut gelungener Querschnitt durch die Forellenfamilie mit Lachsforelle, Bachforelle und Bachsaibling. Im glasklaren Wasser gleich hinter der Mühle züchtet der Patron die prächtigen Fische, die hier – frischer geht's nicht – auf den Tisch kommen. Die Desserts waren für Auge und Gaumen gleichermaßen ein Vergnügen. Service und Tafelkultur entsprechen dem hohen Anspruch des Hauses, die Weinkarte enthält bei angemessenen Preisen eine recht gute Auswahl.

Auch die Gourmetzeitschrift Falstaff sowie der Gourmetführer „À la Carte" wurden auf uns aufmerksam, er brachte folgende Kritik:

BRUCKMÜHLE

Im aufwendig und stilvoll restaurierten Bauernhof mit zwei gemütlich-eleganten Stuben und dem großen gemauerten Ofen wurde die alte Holzdecke als Blickfang belassen. Den Bemühungen der Familie Hartinger, „weit draußen" ein Gourmetrestaurant zu schaffen, wäre eine bessere Frequenz zu wünschen; für den Gast ist es allerdings angenehm, bei wenig Betrieb freundlich und aufmerksam umsorgt zu werden. Küchenchef Andreas Cech ist viel in der Welt herumgekommen und kocht hier mit viel Feingefühl und hervorragenden Lebensmitteln. Die Fische werden im hauseigenen Quellwasser gekaltert, Lämmer und Geflügel werden am Hof gehalten. Vor allem Saucen und Patisserie beherrscht der Koch hervorragend.

Aus der Karte

Tatar von der Lachsforelle mit grünem Spargel
Sautiertes vom Bachsaibling mit Zucchini und Soja
Lammrücken in Kräuterkruste mit Auberginenragout
Blütenhonig-Eisparfait mit Erdbeeren

Die Getränke

Die kleine Weinkarte bietet die bekanntesten Weine aus Österreich und eine kleine Auswahl aus Italien, Frankreich und Spanien an. Dazu ein wechselndes Angebot von drei bis vier offenen Weinen, auch aus der Bouteille, sehr guten Birnensekt aus Oberösterreich und eine gediegene Auswahl an Schnäpsen – für diesen Rahmen eine sehr stimmige Angelegenheit.

Die Restaurantkritiker von „À la Carte“ hatten uns wahrscheinlich an einem dieser schwachen Sonntage im Winter besucht. Beflügelt von den guten Kritiken in den nationalen Gourmetführern, machte uns die Arbeit gleich noch mehr Spaß und unser Ziel war natürlich, die zweite Haube zu erreichen. Wir schalteten noch einen Gang höher und boten unseren Gästen wirklich feudale Menüs, wie zum Beispiel unser Silvestergala-Dinner zu 985 Schilling pro Person:

Marmorata von Lachs und Gänseleber
im Zucchinimantel

Hummervelouté mit Armagnac

Gefülltes Artischockenteigtascherl
mit Trüffel

Glasiertes Steinbuttmedaillon
mit Kaviar

Kalbsfilet im Wirsingblatt
auf Kerbelmousseline

Lauwarmer Crottin
mit Aromaten

Süße Dessertvariation
„Bruckmühle“

Noch vor den Vorbereitungsarbeiten für dieses schöne Menü überreichten wir Andi unser von Walter organisiertes Neujahrsgeschenk. Wir wussten, dass der Patron Tiere liebte und sich gerne als Hobbylandwirt präsentierte. Seine Enten und seine Fische wurden täglich von ihm persönlich gefüttert und er hatte im Nachbargebäude alles so vorbereitet, dass er jederzeit einige landwirtschaftliche Nutztiere einstellen konnte. Noch war der Stall leer, aber das sollte sich bald ändern. Walter überreichte vorerst Andi das kleine quiekende Geschenk mit einer roten Schleife um den Hals und wir gaben dem Ferkel den Namen Gundi. In Wahrheit war dieses Geschenk aber für den Hausherrn bestimmt, dieser Umweg schien uns der schonendere Weg zu sein, das neue Haustier auch der Chefin schmackhaft zu machen. Der Chef durchschaute diesen Schachzug natürlich sofort! An seinen Augen konnten wir erkennen, dass er sich sehr über dieses Geschenk auf Umwegen freute. Dass Frau Hartinger diese Freude teilte, wagten wir zu bezweifeln. Der erste Schritt zum Landwirt war gemacht und es dauerte nicht lange, bis die einsame Gundi mit Lisa, einem weiteren Ferkel, einen Spielgefährten bekam. Die Schweine wurden verwöhnt und mit den feinsten Leckereien aus unserer Küche gefüttert. Das Futter wurde vorher in einem eigens dafür vorgesehenen Kombidämpfer gegart. Man konnte hier durchaus von zwei Luxusschweinchen sprechen. Ich konnte mit dieser „Schweinerei" nicht besonders viel anfangen. Meine Vorfreude galt eher dem durch diese Fütterungsmethode sicher herrlich schmeckenden Speck. Als die Tiere groß genug waren, holte sie der Fleischer ab und verarbeitete sie nach unseren Wünschen. Dieser Speck war sicher auch „haubenverdächtig"!

Der Riesenaufwand zu Silvester war leider nicht von Erfolg gekrönt, denn eine größere Gruppe, die den Großteil des Restaurants reserviert hatte, stornierte einen Tag vor Silvester und die frei gewordenen Plätze innerhalb eines Tages zu verkaufen, war, speziell zu diesem Termin, ein Ding der Unmöglichkeit. Die Hausherrin war mit ihrem wunderschönen Brillantcollier, das im Kerzenschein so stark funkelte, dass man einfach hinsehen musste, die beeindruckendste Erscheinung dieses Abends. Wir versuchten, dem kleinen verbleibenden Rest der Gäste einen schönen Silvesterabend zu bieten, und rundeten ihn mit einem kleinen Feuerwerk ab. Stimmung kam in dem fast leeren Lokal aber nicht so richtig auf und gegen ein Uhr war der Silvesterzauber vorüber. Positiver Nebeneffekt für uns war, dass wir noch nach Linz fahren und bis in die frühen Morgenstunden die restliche Silvesternacht feiern konnten, obwohl auch uns diese betriebswirtschaftliche Katastrophe im Magen lag. In jeder anderen Branche (z. B. in Reisebüros) gibt es für solche Fälle Stornogebühren oder es wird der volle Betrag in Rechnung gestellt, nur im Gastgewerbe wird dieses Thema noch als Tabuthema gesehen. Es muss doch jedem Gast klar sein, wenn, speziell in kleineren Haubenlokalen, sechs oder mehr Personen einen Tisch reservieren und nicht kommen, dies einen Verlust von mehreren Hundert Euro bedeutet. Manche Gäste haben nicht die Courage, rechtzeitig abzusagen. Mir gefällt das Konzept des Restaurants Ikarus im Hangar 7 in Salzburg. Hier muss man bei jeder Reservierung seine Kreditkartendaten angeben und auf jeder Reservierungsbestätigung ist Folgendes zu lesen: „Durch die Bekanntgabe Ihrer Kreditkarte gilt Ihre Reservierung als bestätigt. Bei Nichtwahrnehmen Ihrer Tischreservierung verrechnen wir eine Ausfallgebühr von 100 € pro Person. Eine kurzfristige Stornierung in mündlicher oder schriftlicher Form entbindet Sie von etwaigen Stornogebühren. – Vielen Dank für Ihr Verständnis.“ Dass nicht jeder Wirt diesen Aufwand betreiben kann, ist mir völlig klar, aber es soll sich jeder Wirt entscheiden können, ob es sinnvoll ist. Ich bin auf jeden Fall für Stornogebühren im Gastgewerbe!

Walter hatte dem Lokal seinen Stempel aufgedrückt und Andi führte seine Ideen liebevoll weiter. Es waren nun immer mehr Tage dabei, an denen alle Plätze reserviert waren, und das machte natürlich Spaß. Auf dem Höhepunkt verließ uns Walter und wanderte nach einigen Monaten im ANA-Grandhotel in Wien gemeinsam mit Britta nach Australien aus. Für die Küche verantwortlich zeichneten nun Andi und Emil und für das Service Ingrid und ich. Der Herbst rückte näher und meine Vorfreude auf den Bermudasurlaub stieg von Tag zu Tag.

Kapitel 13: Silver Service auf den Bermudas

Anfang November war es so weit und mein Onkel, meine Eltern und ich hoben ab, um die Insel nicht nur von ihrer touristischen Seite kennenzulernen. Wir trafen uns dort mit einem Freund meines Onkels, der mit ihm vor Jahren auf der Insel gearbeitet hatte, und beide waren für uns die perfekten Reiseführer. Leopold, ein Exilösterreicher, betrieb mit seiner einheimischen Frau und seinen Töchtern das kleine „Hotel Vienna", in dem wir zwei Appartements bewohnten. Tagsüber erkundeten wir auf Mopeds die Insel und abends jagte eine kulinarische Entdeckung die andere. Gleich zu Beginn reservierten wir einen Tisch im noblen Waterlot Inn, dem Lokal, wo ich eigentlich arbeiten hätte sollen. Wir fuhren vor und ein einheimischer Portier mit strahlend weißen Handschuhen öffnete uns die Tür. Die Empfangsdame bat uns in die Lobby zum Aperitif und teilte uns mit, dass sie uns, sobald der Tisch fertig sei, zu diesem begleiten werde. Der Barkeeper mixte unsere Drinks und ich beobachtete jede Bewegung in diesem Lokal. Es war beeindruckend, mit welcher Eleganz sich die Mitarbeiter und speziell die Kellner bewegten und mit welcher Perfektion das klassische Silver Service zelebriert wurde. Hier als Gast und nicht als Kellner zu sein, hatte aber auch seinen Reiz.

Das Waterlot Inn war für seinen ausgezeichneten Hummer bekannt und so bestellten wir nach einigen Vorspeisen Hummer als Zwischengang. Der Küchenchef bereitete den Lobster klassisch zu, zerlegte ihn aber bereits in der Küche. Die harte Arbeit mit Hummerzange, Gabel und Fingerbowle und Zitrone blieb uns also erspart. Wir tranken dazu kalifornischen Chardonnay und ich versuchte mir dieses ultimative Geschmackserlebnis dauerhaft einzuprägen.

Lobby des Waterlot Inn

Ich stellte fest: Dieser Hummer war mit Abstand der beste, den ich bis jetzt gegessen hatte! Ob das Personalessen hier ähnlich schmeckte? Hatte ich etwa den kulinarischen Himmel gegen einen gut bezahlten Job in Österreich getauscht? War es ein Fehler gewesen, nicht auf die Insel zu kommen? Könnte die überaus hübsche Kellnerin meine Freundin sein? All diese und andere Fragen schossen mir während dieses Abends durch den Kopf. Im Service arbeiteten Kellnerinnen aus Salzburg und einer unserer Kellner war sogar ein Linzer. Ich löcherte ihn mit Fragen über seine Arbeit und erklärte ihm meine Situation. Er erzählte von vielen, vielen Überstunden und dass er noch kaum etwas von der Insel gesehen hatte, auch das Quartier war nicht ein der schönen Insel entsprechendes Heim. Und je mehr er erzählte, desto klarer wurde mir, dass ich die richtige Entscheidung getroffen hatte. Als ich ihm mitteilte, dass der Hummer der beste gewesen war, den ich je gegessen hatte, gab er uns den Tipp, einen Hummer im Restaurant „The Lobster Pot“ zu probieren, denn diese Hummer sollten die besten der Insel sein.

Es war ein perfekter Abend und wir beendeten ihn in unserem Hotel mit einer Flasche Bermuda Black Rum, die mein Vater, mein Onkel und ich in den verbleibenden Nachtstunden leerten. Schlafen konnte ich wegen des ohrenbetäubenden Quakens von kleinen Fröschen in den ersten Nächten sowieso nicht und da half der Rum bestens. Die Bermudas waren, zumindest für Urlauber, ein echtes Paradies; keine lästigen Reiseimpfungen, kein einziges giftiges Tier war hier zu finden, weder Schlangen noch Spinnen, traumhafte leere Strände und jede Menge exzellenter Restaurants.

Am nächsten Tag machte ich für meinen Onkel den Caddy beim Golfspiel und wir spielten auf dem wunderschönen Castle-Harbour-Golfplatz. Nachdem ich in meiner Unwissenheit gleich am ersten Tee mit dem Golf-Cart auf einem frisch angelegten Abschlag gewendet und mich daraufhin einer der Greenkeeper mit einem unglaublichen Wortschatz an Schimpfwörtern bedacht hatte, war der Rest der Runde paradiesisch. Am Nachmittag fuhren wir ins „Swizzle Inn“, die älteste Bar auf den Bermudas, die für ihren Bermuda Rum Swizzle bekannt war. Wir testeten die Küche zwar nicht, aber die Speisen sahen sehr appetitlich aus. Wir tranken den wirklich erfrischenden Swizzle, der mit Gosling's Black Seal Rum, Gosling's Gold Rum, Orangensaft, Ananassaft, Grenadine und drei Dashes Angosturabitter zubereitet wurde. Serviert wurde das Getränk in Krügen, die es in verschiedenen Größen zu kaufen gab, mit leeren Cocktailgläsern. Aber, Achtung, man verlor dadurch leicht den Überblick über die konsumierte Menge! Das Getränk hatte es in sich und die Straßen waren teilweise sehr eng, dazu kam noch der Linksverkehr. Auch der Leitspruch, der auf der braunen Tafel vor dem Lokal angebracht war, passte: „Let your fun begin at Swizzle Inn!“

Swizzle Inn

Das Lokal gibt es heute noch und es darf auf keiner Bermudareise ausgelassen werden.

Am Abend wartete die nächste kulinarische Herausforderung im empfohlenen Restaurant „The Lobster Pot“. Die Empfehlung vom Kellner des Waterlot Inn war zwar sehr gut, der Hummer kam aber nicht einmal in die Nähe der am Vortag erlebten Geschmacksexplosion. Der Bermuda-Lobster galt in vielen Restaurants als einheimische Spezialität und wurde frisch von September bis Mitte April angeboten. Nachdem wir gegessen hatten, fragte uns der Kellner, ob wir Kaffee wollten, und brachte uns, ohne dass wir danach fragten, die Rechnung. Das wäre bei uns eine Frechheit, da es einem Rausschmiss gleichkommt. Hier wurde es aber in beinahe allen Restaurants so gehandhabt. Andere Länder, andere Sitten! Ich konnte mich jedenfalls nicht mit dieser Art der Gästeverabschiedung anfreunden.

Am nächsten Tag standen die Strände auf dem Programm und wir schauten uns einen nach dem anderen an. Die schönsten Strände waren Privatstrände und gehörten zu den Luxushotels der Insel, was uns aber nicht daran hinderte, dort zu schwimmen. Wir schafften natürlich nicht alle Strände, es waren ja über 30, aber mit den schönsten wie Elbow Beach, Horseshoe Bay, Devonshire Bay oder dem Somerset Long Bay mit angrenzendem Park konnte man sich schon ein sehr gutes Bild machen. Mittags hielten wir uns zurück und speisten nur Kleinigkeiten in schönen, aber meist einfachen Lokalen mit Meerblick. Wir saßen beim Mittagessen im Waterside Inn at Dockyard und schmiedeten kulinarische Pläne für den Abend. Heute sollte es ein gutes alteingesessenes Lokal mit authentischen regionalen Gerichten werden. Ein Gasthaus, wo auch die Einheimischen speisten und das für hervorragende Qualität bekannt war. Mein Onkel und sein Freund erinnerten sich an einige lustige Abende in der „Black Horse Tavern" an der St. David's Road. Wir ließen sofort nach dem Mittagessen einen Tisch für den Abend reservieren. Das Restaurant lag abseits der Touristenrouten und auf der Karte fand man alle Fischarten, die es rund um die Insel gab. Die Tische und Sessel waren aus dunklem Holz, die zu zwei Dritteln weiß gestrichene Wand wurde im unteren Drittel durch eine ebenso braune Holzleiste getrennt und das untere Drittel war lachsfarben gestrichen. Es gab keine Tischtücher, sondern Papiertischsets, auf denen links oben ein schwarzes Pferdelogo aufgedruckt war, in Papierservietten gerolltes Essbesteck und hässliche Vorhänge rundeten das Bild ab.

Hier kam keine Karibikstimmung auf, das Ganze könnte man eher als altmodisch bzw. „very British“ bezeichnen.

In jedem Lokal bestellte mein Onkel erst einmal eine Fischsuppe, wahrscheinlich verband er das mit einer glücklichen Erinnerung. Ich probierte sie, konnte mich aber nicht wirklich damit anfreunden und vor allem nicht verstehen, dass diese Fischsuppe von internationalen Gourmets als besonders köstliche Spezialität beschrieben wurde. Sie war fast auf jeder Speisekarte der Insel unter „Chowder“ zu finden und man peppte sie mit einem kräftigen Schuss dunklem Bermudarum auf. Wie schon gesagt: Nicht unbedingt mein Geschmack! Als Hauptgericht wählte ich an diesem Abend ein Top-Sirloin-Steak mit Shrimpscampi, sehr gut, und das zu moderaten Preisen. Die Gerichte waren einfach zubereitet, aber wirklich sehr gut. Das Ambiente war schnell vergessen und auch dieser Abend war wieder ein voller Erfolg. Man musste also nicht immer viel Geld ausgeben, um lukullische Genüsse zu erleben.

Der nächste Tag begann bereits um neun Uhr früh mit einer 18-Loch-Runde auf dem Ocean-View-Golf-Club. Sobald wir außer Sichtweite des „Sheriffs“ waren, probierte auch ich einige Abschläge und Putts und wurde vom „Golfvirus“ angesteckt. Noch im Klubhaus kaufte ich mir ein gebrauchtes Titleist-Demo-Set, das mein Golfpro zu Hause leider als für Anfänger ungeeignet einstufte. Den Nachmittag verbrachten wir damit, einige touristische Sehenswürdigkeiten wie das Gibb's Hill Lighthouse oder Fort St. Catherine zu besichtigen, bevor es am Abend wieder kulinarisch ernst wurde. Unser Vermieter Leopold schlug für diesen Abend ein „Lokal“ vor, in das wir sonst sicher nie gegangen wären. Es handelte sich um ein Tankstellenbuffet, in dem die Besitzerin Fish and Chips anbot. Wir dachten noch, oje, vom Sternerestaurant zum Fast Food, wollten aber nicht unhöflich sein und willigten freudig ein. Sie kannten Leopold dort und die Besitzerin bereitete uns fangfrischen Bermudafisch mit hausgemachten Potatoe-Wedges zu, und auch hier war das Essen ausgezeichnet. Wir beendeten den Abend mit einigen Krügen Bier und einer Flasche Bermuda Black Rum.

Insgesamt verbrachten wir 15 traumhafte Tage auf den Bermudas und ich hatte meinen „möglichen Arbeitsplatz" besucht und konnte sagen: Zumindest war ich hier! Angesichts des aufwendigen Lebensstils der letzten Wochen war ein Großteil meiner finanziellen Reserven wieder einmal aufgebraucht und ich freute mich auch auf meine Arbeit. Nach einer weiteren Woche Urlaub zu Hause ging es erholt und mit vielen neuen Ideen wieder weiter in der Bruckmühle. In den ersten Tagen kamen mir meine Chefs leicht verändert vor, ich hatte das Gefühl, hier war etwas im Busch. Kurze Zeit darauf bat mich mein Chef, etwas früher zur Arbeit zu kommen, er habe etwas Wichtiges zu besprechen. Auf die Idee, dass sie den Betrieb schließen wollten, kam ich angesichts der getätigten langfristigen Investitionen in Millionenhöhe und des finanziellen Status meiner Chefs nicht. Aber genau das war es, was mir mein Chef sagen wollte. In dem einen Monat, als wir geschlossen hatten, kamen Herr und Frau Hartinger zu dem Entschluss, dass das Gastgewerbe nichts für sie war und sie, obwohl das Geschäft nun besser geworden war, Anfang des folgenden Jahres schließen würden. Gäste zu begrüßen, ständig Hände zu schütteln war nichts für sie und der nicht unbedingt überwältigende finanzielle Erfolg hatte sie veranlasst, diesen Schritt zu setzen. Ich war ihnen nicht böse, im Gegenteil, ich verstand gut, was sie meinten. Wer das „Gastrogen" nicht in sich trägt oder gar glaubt, dass man in der Gastronomie von selbst gutes, leichtes Geld verdienen kann, der wird sehr schnell auf den Boden der Tatsachen zurückgeholt.

Nach der Urlaubssperre im November bis zur Schließung des Restaurants waren wir beinahe täglich ausgebucht und die Gäste rannten uns förmlich die Türe ein. Wir schlossen auf dem Höhepunkt des Erfolgs. Mein Chef bot mir das Lokal an, er wollte im ersten Jahr keine Pacht verlangen und danach die Pachthöhe nach den Umsätzen bemessen. Das klang im ersten Moment sehr gut, aber nach einer genauen Studie der Kosten und der Gegenüberstellung der möglichen Umsätze bei 42 Sitzplätzen war mir dieses Eisen zu heiß und ich entschloss mich, nicht Haubenlokalbetreiber zu werden. Mir fehlten die finanziellen Mittel, um einige schlechte Monate im Jahr durchzustehen, und nur für den guten Namen zu arbeiten und das Jahr ohne Gewinn abzuschließen, war nicht das, was ich wollte. Ich war damals zu feig, dieses Risiko einzugehen. Ich half nach der Schließung noch mit, Geräte, Geschirr, Besteck und Teile des Weinkellers an andere Gastronomen zu verkaufen, und war wieder auf der Suche nach einer neuen Herausforderung. Der Gedanke „Hätte ich doch die Stelle auf den Bermudas nicht abgesagt" quälte mich nicht, denn ich hatte eine schöne Zeit gehabt, in der ich viel gelernt hatte.

Kapitel 14: Sommersaison im Wintersportort

Nach einer längeren Auszeit etwas faul geworden, begann ich wieder die Zeitungen zu studieren und las in den Salzburger Nachrichten eine Annonce, in der ein Restaurantleiter für die Sommersaison in Obertauern gesucht wurde. Mein Streben nach noch besseren, luxuriöseren und elitäreren Betrieben war schon etwas abgeflaut. Ich wollte einen gemütlichen Betrieb finden, wo auch für das Golfspiel noch Zeit blieb und in dem ich im Großen und Ganzen meine Ruhe hatte. Ich fand schnell heraus, dass das Hotel Kohlmayr ein Gründungsmitgliedsbetrieb des Golfklubs Radstadt war, und erwartete, hier endlich genügend Zeit zu finden, mich mehr mit diesem Sport zu befassen. Was gab es dafür Besseres als einen Sommerjob in einem Wintersportort? Der Golfklub Radstadt war auf der einen Seite der Tauern und der Golfklub Lungau auf der anderen Seite. Ich kannte Obertauern im Sommer nur als „Geisterstadt", wo so gut wie kein Betrieb geöffnet hatte. Ich malte mir aus, wie es wäre, nach der Arbeit noch ein paar Löcher zu spielen, in den Mittagspausen eine Pro-Stunde zu nehmen und die sicher weniger anspruchsvollen Gäste leicht zufriedenzustellen.

Obwohl aus der Anzeige eindeutig hervorging, dass man der englischen und französischen Sprache mächtig sein musste und ich nur Englisch gut und Französisch nur fachspezifisch bedingt konnte, sandte ich eine Bewerbung nach Obertauern. Nach einer Woche lud mich der Hoteldirektor zu einem Bewerbungsgespräch und er bot mir trotz meiner mangelnden Französischkenntnisse den gar nicht schlecht dotierten Job und die Bar auf eigene Rechnung an. Was ich nicht bedachte, war, dass angesichts der niedrigen Sommerpreise das Hotel mit Reisegruppen, Wanderern, Fischern und „Billigtouristen“ gefüllt wurde, um die gewünschte Auslastung zu erreichen. Auch der Mitarbeiterstand im Sommer war mehr als bescheiden, im Service arbeiteten eine Kellnerin und ich, der Chef machte die Getränke. Ich erinnere mich noch gut daran, wie schockiert ich von der dort vorgefundenen Glaskultur war, als ich einige Tage vor dem Aufsperren meine Bar und mein Backoffice startklar machte.

Gleich am zweiten Öffnungstag sollte eine deutsche, 80 Mann starke Pensionistengruppe einfallen und so begann ich, wie gewohnt die Mise en Place dafür vorzubereiten. Ich legte die Suppenunterteller mit Servietten ein, bevor ich die Suppentasse mit Unterteller daraufstellte und stapelte. Als der Chef das sah, fragte er mich, was ich da machte, und ich antwortete ihm: „Na, die Suppentassen für morgen vorbereiten“, und fragte, wo denn die Stoffservietten zu finden seien. Er antwortete: „Wir sind hier nicht im Haubenlokal, hier zahlt der Gast einen sehr günstigen Sommertarif und da gibt es auch das dazupassende Service.“ Ich dachte mir, oje, auf welches Abenteuer hast du dich da nur eingelassen. Noch am selben Abend machte ich mit dem Chef den Barstand. Ich füllte Flasche für Flasche ins 1 000-ml-Barmessglas und gemeinsam kontrollierten wir die Füllmengen, bevor er mir den Schlüssel für das Spirituosenfach übergab. Dasselbe machten wir mit dem Weinbestand und den restlichen Getränken.

Das Hotel gehörte zu den ersten Wellnesshotels Österreichs und Teile des Angebots standen auch den Sommergästen zur Verfügung. Erna, die Souschefin im Winter, mutierte im Sommer zur Küchenchefin und Barbara und Ricki schmissen gemeinsam mit dem Chef die Rezeption. Barbara kümmerte sich aktiv um die Gäste, betreute das Bogenschießen, machte abwechselnd mit dem Chef kleinere Wanderungen und war verantwortlich für das Gästekinderprogramm, während Ricki die Stellung im Büro hielt, täglich die Menükarten in drei Sprachen übersetzte und sich, nennen es wir einfach auch hier so, als Concierge betätigte. Die ersten Gäste kamen und ich versuchte gemeinsam mit meiner einzigen Kellnerin ein halbwegs gutes Service zu bieten, was bei 80 gleichzeitig eintreffenden Gästen nicht zu schaffen war, und der Chef wurde zusehends nervöser. „Schnell, schnell, schnell", sagte er und forderte mich auf, total schlampig eingeschenktes Bier und nicht bis zum Eichstrich gefüllte Softdrinks zu servieren. Ich sah ihn ungläubig an und fragte ihn, ob das sein Ernst sei. Er entgegnete: „Die haben alle all-inclusive im Sommer." Der nächste kalte Schauer lief mir über den Rücken – all-inclusive war mir in Kombination mit Bustourismus bisher erspart geblieben. Dass dieses Hotel im Winter eines der ersten Häuser am Platz sein sollte, konnte ich mir beim besten Willen nicht vorstellen.

Ich konnte also sofort alles hinschmeißen oder die Gegebenheiten so akzeptieren, wie sie waren. Na gut, dachte ich, ich bin ja nicht hier, um perfektes Service zu bieten, sondern um das Golfspielen zu lernen, und wenn der Chef, Sommer hin, Sommer her, ein solches Service haben möchte, soll er es bekommen, ist ja nicht mein Hotel. Dass wegen des Mangels an Personal trotz Sommersaison nicht viel Zeit zum Golfen bleiben würde, wollte ich zu diesem Zeitpunkt noch nicht wahrhaben. Es waren nicht nur Busgruppen zu bedienen. Es kamen auch viele Fliegenfischer aus Italien und Frankreich, die das Niveau im Speisesaal etwas hoben. Auch die eine oder andere Flasche Wein wurde geordert. Als ich zum ersten Mal eine Weinkarte für die Wintersaison in die Hände bekam, stellte ich fest, dass sie zwar noch ausbaufähig, aber nicht schlecht war. Im Winter sollte es auch andere Gläser geben und auch das Küchenangebot sollte sich deutlich verbessern. Erna kochte zwar sehr gut, aber die Gerichte waren sehr einfach und oft auch als Bauernbuffet angerichtet. Jeden Freitag bei Schönwetter gab es eine vom Chef geführte Wanderung zur hauseigenen Alm. Hier wurde gemeinsam mit unseren Gästen ein Spanferkel gegrillt, und wer nicht mitkommen wollte, konnte natürlich auch im Hotel speisen.

Ich gewöhnte mich an das „Einfachservice" und stellte rasch fest, dass das Gesamtangebot für unsere Sommergäste wirklich gut war und das Preis-Leistungs-Verhältnis auf jeden Fall stimmte. Wo ich konnte, versuchte ich auch das Sommerservice etwas aufzupeppen, stellte aber rasch fest, dass die Sommergäste dies eigentlich gar nicht erwarteten. Sie wollten einfaches und gutes Essen, ein schönes Zimmer und am Nachmittag die im All-inclusive-Angebot beworbene Wanderjause in der Schlittenstube. Die Gäste waren nett. Auch meine Kollegen und der Chef waren in Ordnung. Über ein schlechtes Betriebsklima konnte man sich jedenfalls nicht beschweren. Wir hatten eine sensationelle Auslastung, das Hotel lief nicht nur im Winter sehr gut. Ein großer Vorteil war auch, dass man sein Geld sparen konnte, denn es gab im Sommer kein einziges Lokal, wo man es ausgeben konnte, und auch die Kollegen hier waren, was das Partymachen betraf, zurückhaltend. Diese ungewöhnliche Ruhe machte mir aber nichts aus, wir tranken nach Dienst noch ein, zwei Glas, und das hatte auch etwas. Häufig hörte ich nun Geschichten, wie toll der Winter hier sei, gute Gästeklientel, viele Flaschenweinkunden, der eine oder andere Promi, Salatbuffets mit über 70 verschiedenen Salaten, Weinverkostungen … Immer öfter kam mir der Gedanke, vielleicht doch noch eine Wintersaison anzuhängen. Die

Sommersaison ging zu Ende und bis auf einige Trainerstunden im Golfklub Lungau hatte ich kaum Gelegenheit gehabt, mein Golfspiel zu verbessern.

Das Trinkgeld dieser Sommersaison war nicht so hoch, wie ich es gewohnt war. Zusätzlich gab es aber auch noch eine gemeinsame Trinkgeldkasse, die es nun aufzuteilen galt. Ich machte meinen Arbeitskollegen den Vorschlag, den Inhalt der Kasse in einen schönen Abend bei den Obauers in Werfen umzuwandeln. Viele nahmen das Geld, und übrig blieben Erna, Ricki, Ivo und ich. Wir waren uns einig, es musste der Obauer sein. Ich arrangierte einen Nachmittagstermin mit Karl Obauer und Ivo und gemeinsam besprachen wir das Menü für unseren Abend. Wir wollten alles im Voraus planen, um uns an diesem Abend nicht mit der Auswahl der Speisen und der korrespondierenden Weine beschäftigen zu müssen. Preisvorgaben gab es nicht, wir hielten uns an den Spruch von Oscar Wilde: „Ich habe einen ganz einfachen Geschmack: Ich bin immer mit dem Besten zufrieden!" Die Obauers bekamen in diesem Jahr die vierte Haube und wurden vom Gourmetführer Gault Millau mit 19 von 20 möglichen Punkten zum Aufsteiger des Jahres ernannt. Vier Hauben hatte damals nur das Restaurant Steirereck in Wien. Wir einigten uns auf folgende Speisefolge:

Menü

Eingelegte Wildentenbrust
mit Rohnen und Steinpilzen

Herbsttrompetenpilzsuppe mit Kresse

Fontina-Eierstich mit
weißer Trüffel aus Alba

Gebratenes und geschmortes
Werfner Lamm mit Ricottatascherln

Verschiedene Kuhkäse

Dessertvariation „Obauer"

Dazu ließen wir uns Weine und Champagner anbieten, die unsere finanziellen Verhältnisse überstiegen:

Sekt „Cuvée Obauer"
Weingut Bründlmayer

Champagner
Dom Pérignon 1986

Riesling
Steinertal Smaragd 1990
F. X. Pichler

Rioja Gran Reserva
Conde Valdemar 1979

Château Lynch-Bages
Bordeaux – 1964

Ruster Ausbruch 1991
E. Triebaumer

Wir fuhren zurück nach Obertauern und teilten unseren Arbeitskolleginnen mit, welches „Saisonabschlussmenü" inklusive der passenden Weinbegleitung wir zusammengestellt hatten. Alle freuten sich schon riesig auf diesen Abend. Dass der 8. Oktober 1995 zu meinen großartigsten kulinarischen und lustigsten Erlebnissen gehören würde, ahnte ich zu diesem Zeitpunkt noch nicht. Wir fragten Musa, unseren Hausmeister, ob er uns am Abend zum Obauer fahren und wieder dort abholen konnte. Er sagte gerne zu.

Nach einem Aperitif an der Bar wurden wir vom Restaurantleiter zu unserem Tisch begleitet. Wir genossen Gang für Gang und auch die dazwischen servierten kulinarischen Grüße aus der Küche waren ein Gedicht. Besonders gut in Erinnerung habe ich den Fontina-Eierstich mit weißer Trüffel aus Alba. In diesem Eierstich war keine einzige Luftblase zu finden, das ist mir bei diesem Gericht noch nie gelungen. Der Ober kam mit einer kleinen versperrbaren Kiste, die an eine Schatztruhe in Miniaturausführung erinnerte, zum Tisch, öffnete sie und ließ uns eine Brise der wirklich intensiv duftenden Trüffel riechen, indem er mit dem mit einem weißen Handschuh bedeckten Handrücken elegant fächelte. Er begann sehr ästhetisch mit seinem Trüffelhobel bescheidene Mengen dieses kostbaren Guts über den Eierstich zu hobeln. Da ich mit der frisch gehobelten Quantität aber nicht zufrieden war, bat ich den Ober, die Trüffeldosis zu erhöhen. Zaghaft hobelte er noch einige Trüffelblätter über die Vorspeise. Noch immer etwas unglücklich über die nun erreichte Menge an Albatrüffel, machte ich ihm dem Vorschlag, dass er einfach so lange hobeln solle, bis ich Halt sagte. So bekam ich dann die gewünschte Menge und Ivo tat es mir gleich. Dazu genossen wir Dom-Pérignon-Champagner. Wenn ich an die Zartheit und den von Kräutern hervorgerufenen Geschmack dieses Werfner Lamms denke, läuft mir heute noch das Wasser im Mund zusammen. Das nächste Highlight war der süße Abschluss! Der ganze Tisch wurde mit unzähligen kleinen Tellern in den unterschiedlichsten Formen und Farben mit liebevoll angerichteten Desserts flächendeckend zugepflastert und jeder konnte Teller für Teller die kleinen Nachspeisen genießen. Dazu folgte eine Flasche Wein nach der anderen und schließlich wurden durch unser überdurchschnittliches Konsumationsverhalten auch andere Gäste auf unsere wahrscheinlich auch zu laute Runde aufmerksam.

Als wir dann die letzten Gäste im Lokal waren, fragten wir den Sommelier, ob es zu so später Stunde noch möglich sei, den Digestif an der Bar einzunehmen. Er nickte und begleitete uns dorthin. Wir standen an der Bar, ließen uns eine Cohiba-Zigarre vorbereiten und genossen einen Cognac dazu. Neben uns stand ein sehr gut gekleideter Herr, der sich als Primar des Wiener Allgemeinen Krankenhauses vorstellte und mich fragte, aus welcher Branche ich denn käme. Ich teilte ihm höflich mit verstellter, leicht aristokratisch anmutender Stimme mit, dass ich in diesem Kreise leider nicht darüber sprechen könne, was seine Neugier weiter schürte. Erna und Ricki lachten und man konnte ihnen ansehen, dass auch sie diese Nacht sehr genossen. Ivo war zu diesem Zeitpunkt schon sehr ruhig, da er sich angesichts der konsumierten Menge an Alkohol offensichtlich nicht mehr wohl fühlte. Als wir unsere Rechnung von knapp 26000 Schilling beglichen und ein hohes Trinkgeld dazulegten und ankündigten, dass unser Fahrer bereits unterwegs sei, stieg auch die Neugier des Barmanns. Musa fuhr den Wagen, einen total verrosteten, dunkelblauen VW Golf vor. Mit einer leicht verschmutzten Jeans, einer grünen Natojacke, bei der die Taschen, ausgedehnt durch die dicken Schlüsselbunde des Hotels, bereits nach unten hingen, und seiner südländischen, unrasierten und verschlafenen Ausstrahlung kam er ins Lokal. Der Barmann fing ihn gleich beim Eingang ab und versuchte den ungebetenen Gast abzuwimmeln, indem er höflich auf die Sperrstunde hinwies. Ich sagte dem Barmann, dass dieser Herr zu uns gehörte. Musa betrat mit einem lautstarken „Grüß euch“ die Bar und ich bemerkte einige offene Münder der noch verbliebenen Gäste. Spätestens jetzt passten wir in keine Schublade mehr. Ich fragte Musa, ob er noch einen kleinen Drink mit uns nehmen wolle, bevor er uns zurück nach Obertauern brachte. Er nickte und ich spürte, dass wir nun von so manchem von oben bis unten gemustert wurden. Mir machte das Spaß und ich bat den Mann hinter der Bar, auch für meinen Freund Musa eine Cohiba vorzubereiten. Gegen ein Uhr verabschiedeten wir uns und bedankten uns für den schönen Abend.

Wir stiegen in die „Rostlaube“ und fuhren los. Sollte dieser schöne Abend jetzt schon enden? – Nein! Im Auto waren wir gezwungen, türkische Musik zu hören. Ich sagte zu Musa, er solle diese schreckliche Musik abschalten, das sei ja nicht zum Aushalten! Er antwortete, ich könnte ja aussteigen, wenn mir die Musik aus seiner Heimat nicht gefiele. Vom Alkohol leicht benebelt, teilte ich ihm mit, dass es mir lieber sei, zu Fuß nach Obertauern zu gehen, als mir dieses Geschrei weiter anhören zu müssen. Er solle rechts ranfahren und mich aussteigen lassen. Musa hielt an und ließ mich kurz nach Radstadt aussteigen. Ich fragte, ob jemand mit mir kommen wolle, und Ricki antwortete spontan mit Ja. Dass mir Ricki wenige Jahre später auf meinen Hochzeitsantrag mit demselben Wort antworten würde, dachte damals noch keiner von uns. Musa fuhr weiter und wollte uns damit eine Lehre erteilen. Er wendete aber nach einer Weile und wollte uns wieder einsteigen lassen. Als Ricki und ich die Scheinwerfer wieder auf uns zukommen sahen, versteckten wir uns blitzschnell hinter einer kleinen Böschung im Straßengraben und Musa fuhr, ohne etwas zu bemerken, an uns vorbei. Wir gingen wieder ein Stück in Richtung Obertauern, als sich uns von hinten ein Auto näherte. Wir dachten anfangs, es wäre wieder unser Hausmeister, der uns suchte, aber an der Stellung der Scheinwerfer erkannte ich, dass es sich bei diesem Fahrzeug nicht um einen Golf handelte. Nun war Autostoppen angesagt und tatsächlich blieb das Auto stehen und brachte uns nach Obertauern. Wir betraten unser Personalhaus und sahen, dass alle anderen bis auf Musa schon angekommen waren. Erna teilte uns mit, dass er sich um uns Sorgen machte und nun die Strecke nochmals nach uns absuchte. Natürlich informierten wir ihn mit dem Handy, dass wir schon gut angekommen waren und er noch auf einen Sprung vorbeischauen sollte.

So schnell wollten wir diese schöne Nacht nicht zu Ende gehen lassen und ich machte den Vorschlag, ein verspätetes Mitternachtspicknick am Grünwaldsee zu machen. Wir suchten die Personalzimmer nach Wein oder Sekt ab und klopften auch bei anderen Personalzimmern an und informierten unsere Kollegen von unserem Vorhaben. Ich öffnete das Verdeck meines Cabrios, schnappte mir die Tagesdecke aus Ernas Zimmer und wir fuhren im Auto stehend rauf zum See. Oben angekommen, breitete ich Ernas Lieblingsdecke auf der Wiese aus und die Party ging weiter. Wer auf die glorreiche Idee gekommen ist, eine Runde zu schwimmen, kann ich nicht mehr sagen. Wir zogen uns aus und rannten ins kalte Wasser. Ich erinnere mich noch an die klirrende Kälte des Wassers, als ich bis zu den Knien im Wasser stand. Wir gaben auf und legten uns auf die Decke und tranken Sekt und Wein. Dass Ernas „heilige" Decke direkt auf zwei großen Kuhfladen ausgebreitet worden war, bemerkten wir erst, als wir wieder im Auto waren. Im Personalhaus angekommen, köpften wir noch eine Flasche Sekt, der weitere Verlauf dieses Abends entzieht sich meiner Kenntnis. Ich erwachte im Personalzimmer einer netten Kollegin, die mir in ihrem Bett Asyl gewährt hatte.

Da für die bevorstehende Wintersaison noch kein Restaurantleiter bestellt war und mein Chef mit mir zufrieden war, machte er mir den Vorschlag, im kommenden Winter als Restaurantleiter bei besserer Bezahlung für ihn zu arbeiten. Wir einigten uns auf ein besseres Gehalt, einen Garagenstellplatz für mein Cabrio, natürlich ein Einzelzimmer und seine Erlaubnis, schöne Riedelgläser zu kaufen, um den Weinverkauf zu forcieren. Er sagte, er sei gespannt, ob sich diese Investition rechnen würde. Vor diesem neuen Winterexperiment musste ich aber noch Walter und Britta in Australien besuchen.

Kapitel 15: Zwischensaison in Down-Under

Da meine Tante vor Jahrzehnten nach Australien ausgewandert war und dort mit ihrer Familie am Stadtrand von Adelaide lebte, hatte es mich immer schon gereizt, dieses Land kennenzulernen. Auch Walter und Britta arbeiteten jetzt dort in der Gastronomie. Bei den beiden hatte ich einen Überraschungsbesuch geplant. Ich buchte einen Flug nach Adelaide und wohnte die ersten zwei Wochen im Haus meiner Tante. Ich lernte meine Cousinen Sonja und ihren Mann Andy, Erika, Silvia, meinen Cousin Joseph und den Lebensgefährten meiner Tante, Ron, einen gebürtigen Briten, kennen. Ich wurde sehr herzlich empfangen! Tante Greti hatte ihr Leben lang sehr hart gearbeitet, teilweise sogar in der Gastronomie. Sie lebte von einer kleinen Pension und hatte sich ein kleines Häuschen am Stadtrand von Adelaide erspart. Es war schon eigenartig, am anderen Ende der Welt Wiener Schnitzel und Kaiserschmarren zu essen. Sie kochte einfach und gut und am Wochenende wurde sie regelmäßig von ihren Kindern besucht, die sie mit österreichischen Schmankerln verwöhnte.

Guten Wein gab es nicht. Auch wenn ich mit meinen Verwandten ausging, war der Wein entweder eiskalt oder ungenießbar, was mich im Weinland in der Nähe von Barossa Valley sehr wunderte. Ich wollte aber nicht als Snob auffallen und begnügte mich mit dem bescheidenen Weinangebot. Um mich einmal für die Gastfreundschaft zu revanchieren, bot ich meiner Tante an, für das bevorstehende Wochenende den Lebensmittel- und Weineinkauf für die ganze Familie zu übernehmen, wenn sie dafür kochte. Ich fuhr in ein Delikatessengeschäft in der Stadt und besorgte auch ein paar Flaschen guten Shiraz in einer Vinothek. Als mich meine

Tante mit dem Taxi und den vollen Einkaufstaschen vorfahren sah, tadelte sie mich umgehend, ich sollte nicht das Geld so verschwenden und diesen weiten Weg mit dem Taxi fahren, wo es doch auch eine Busverbindung gab. Wie gesagt, sie hatte ein Leben lang sparen müssen.

Am Sonntag kam die Familie und wir verspeisten die von Tante Greti herrlich zubereiteten Spezialitäten. Auch der Wein schmeckte ihr und sie belehrte, leicht beschwipst, die Runde, dass sie noch nie so guten Wein getrunken habe. Am nächsten Morgen sah ich, wie sie den Namen des Rotweins von der Etikette abschrieb, bevor sie zum Einkaufen fuhr. Gegen Mittag war sie wieder da und begann gleich wieder, mir eine Standpauke zu halten – natürlich auf eine sehr liebe Art und Weise und nicht wirklich böse gemeint. Ob ich denn total verrückt wäre, eine Flasche Wein für 65 Dollar zu kaufen, und wir hätten ja, um Gottes willen, mindestens fünf Flaschen davon getrunken, das entsprach ihrer Pension von zwei Wochen. Ich erklärte ihr, dass ich im Casino Geld gewonnen hätte und den unerwarteten Gewinn in einen schönen Sonntag investieren wollte. Damit war sie vorerst zufrieden und beruhigte sich wieder.

Was die Aussis wirklich zelebrierten, waren die Einladungen zu Barbecues. Diese Grillpartys waren immer lustig und jeder geladene Gast brachte Speisen und Getränke mit. Bei einigen Partys war mir neben dem Pool ein Planschbecken aufgefallen, das aber nicht mit Wasser gefüllt war. Ich fragte Joseph, was es denn mit diesem Minibecken auf sich hatte, denn er hatte ja keine Kinder, die hier planschen konnten. Er sagte nur: „Warte es ab, du wirst gleich sehen!“ Bald kam ein Lastauto um die Ecke und blieb vor dem Haus stehen. Ein Mann stieg aus und rollte einen überbreiten Schlauch zum Becken aus. Damit wurde das vermeintliche Kinderplanschbecken mit Crushed Ice gefüllt. Es sollte die mitgebrachten Getränke (vorwiegend Bier) so schnell wie möglich kühlen. Joseph sagte mir mit großer Freude, dass er speziell für mich auch Rotwein besorgt habe, den er bereits auf dem Buffettisch platziert habe. Nette Geste, dachte ich und ging zum Buffet. Leider konnte ich den Rotwein nicht finden und nahm mir ein kühles Carlton Cold Beer. Als Joseph sah, dass ich Bier trank, fragte er mich, ob mir der Rotwein nicht schmecke. Ich antwortete, dass ich leider keinen Rotwein am Buffet gefunden hätte und deshalb Bier trank. Aber natürlich stehe der Rotwein da, er habe ihn ja selbst dorthin gestellt. Er zeigte auf eine kartonähnliche Schachtel. Es war tatsächlich Rotwein in einer Drei-Liter-Tetrabox mit einem kleinen Plastikzapfhahn am vorderen Teil. Bis zu diesem Zeitpunkt hatte ich noch nie gesehen, dass Wein so angeboten wurde. Ich zapfte mir also ein Gläschen gut gekühlten Rotwein und machte gute Miene zum bösen Spiel. Dass hier außer mir keiner Wein trank, konnte ich angesichts dieser Qualität gut nachvollziehen. Weil sie es gut mit mir meinten, wurde mir auch ständig nachgeschenkt, obwohl mir das Bier bei dieser Party bedeutend lieber gewesen wäre.

In den zwei Wochen machten Greti, Ron und ich einige Ausflüge. Wir besichtigten Weingüter in Barossa Valley, fuhren zwei Tage mit dem Zug Australian National „The Ghan“ nach Alice Springs und besuchten von dort aus den Ayers Rock. Als Höhepunkt besorgte Joseph Karten für den Formel-1-Grand-Prix in Adelaide. Als Formel-1-Fan wusste er, dass wir bereits am frühen Morgen zur Rennstrecke aufbrechen mussten, um uns die besten Plätze zu sichern. Es war viel Wehmut dabei, denn es war der letzte Grand Prix, der in Adelaide veranstaltet wurde. Unter dem Titel „The Grand Finale“ organisierte die Stadt ein Megaevent, an das man sich noch Jahrzehnte erinnern sollte. Mit Flugshows, Prominentenrennen, einem Bon-Jovi-Konzert und dem längsten Feuerwerk, das ich je gesehen habe, versuchte man, sich hier am 12. November 1995 ein Denkmal zu setzen.

Ich nahm einen Inlandsflug nach Sydney und schaute mir drei Tage die Stadt an, bevor ich weiter nach Cairns zu Walter und Britta flog. Noch vor der Reise hatte ich mir von Walters Eltern die Adresse des Hotels besorgt, in dem Walter als Küchenchef arbeitete, und sie gebeten, nichts von meinem Vorhaben zu verraten. In Cairns angekommen, suchte ich mir ein Hotel und plante meinen „Überfall". Walter sollte das erste Opfer werden. So machte ich mich auf den Weg zum Fünfsternehotel International, wo er im Fine Diningroom „Kingsfords" für die Küche als Chef verantwortlich zeichnete. Ich betrat das Hotel und folgte der Beschilderung zum Restaurant. Ich fragte einen Kellner nach dem Restaurantleiter, der ohne sein Wissen ein Teil des Plans werden sollte. Ich erklärte ihm, dass ich ein Freund des Küchenchefs sei, er nichts von meinem Aufenthalt in Australien wisse und ich ihn überraschen wolle. Ich bat ihn, mich bei meinem kleinen Streich zu unterstützen. Er solle völlig aufgebracht in die Küche marschieren und dem Küchenchef bestellen, dass ein Gast völlig unzufrieden mit den Speisen sei, sie als ungenießbar und das Schlechteste, was ihm je angeboten wurde, bezeichnet habe und sofort den verantwortlichen Küchenchef sprechen wolle. Der Restaurantmanager spielte gerne mit.

Ich setzte mich an einen Tisch und wartete auf die Reaktion von Walter. Wie ein Blitz schoss er aus der Küche und seinem Gesichtsausdruck konnte man Wut und Unverständnis entnehmen. Ich stand auf und ging auf ihn zu. Er setzte an zu sprechen und bemerkte im selben Augenblick, wer vor ihm stand. Mit einem „Das gibt's ja nicht, was machst denn du da?" wurde ich von ihm begrüßt. Seine Gesichtszüge entspannten sich und wir mussten beide lachen.

Alexander Schedl und Walter Trybek

Walter schlug vor, dass ich auch Britta überraschen sollte. Er gab mir die Adresse von Brittas Arbeitsstelle und ich machte mich gegen Abend auf den Weg zu ihr. Britta arbeitete als Restaurantmanagerin für das australische Restaurant Dundee's. Ich reihte mich in die Schlange der auf einen Tisch wartenden Gäste ein und wartete, bis ich an die Reihe kam. Nach einem japanischen Ehepaar, das von Britta zum Tisch begleitet wurde, war ich an der Reihe. Vertieft in ihre Arbeit, bemerkte sie mich hinter den Japanern nicht. Sie kam zurück zum Empfangstisch, beugte sich über ihr dickes Reservierungsbuch und bemerkte noch immer nicht, wer vor ihr stand. Damit rechnet man aber auch wirklich nicht! Ich grüßte mit einem netten „Good evening", teilte ihr mit, dass ich keine Reservierung und gerne einen Tisch für eine Person hätte. Sie blickte kurz auf und senkte den Kopf wieder zur Reservierungsliste. Drei Sekunden später hatte sie realisiert, wer vor ihr stand, und sie reagierte mit ähnlichen Worten wie Walter. Sie begleitete mich zu einem schönen Tisch und nützte jede freie Minute, um mit mir zu plaudern. An diesem Abend probierte ich mich durch die australische Tierwelt, denn das Dundee's war dafür bekannt, dass es australische Tiere verarbeitete. Ich probierte Krokodil, Emu, Büffel und Känguru. Nur Koalafleisch konnte ich wegen des Artenschutzes nicht kosten. Naja, man kann nicht alles haben! Nach dem Essen gab es ein Zertifikat, in dem bescheinigt wurde, dass man Krokodil gegessen hatte, was damals noch etwas Besonderes war. Eigentlich eine witzige Idee!

Ich zog für eine Woche zu Walter und Britta und machte Ausflüge zum Großen Barriereriff, nach Green Island und in den Regenwald nach Kuranda. Walter gründete später eine Cateringfirma in Australien und führte sie unter dem Namen „Your finest Food Catering“ zum Erfolg. Dennoch zog es ihn nach Jahren wieder zurück nach Österreich und er verkaufte seinen Betrieb. Britta lebt heute noch an der Sunshine Coast im australischen Bundesstaat Queensland.

Alexander Schedl und Britta Kuttner

Kapitel 16: Obertauern nun auch im Winter

Es lag nun an mir und meinem achtköpfigen Serviceteam, den Weinverkauf zu pushen. Bei jedem Servicemeeting unterstrich ich die Wichtigkeit des Weinverkaufs, mein Ziel war es, auf jedem Tisch eine Flasche zu sehen. Gemeinsam mit meinem Barman Peter fuhren wir gleich zu Saisonbeginn zu unserem Weinlieferanten Andreas Ritzberger nach Hallein und probierten gemeinsam mit Ivo, einem unserer Chefs de Rang, die Weinkarte durch. Ivo war ein gebürtiger Kroate, der fast ebenso wie ich besessen von gutem Wein war und sich auch weiterbilden wollte. Peter war bereits international diplomierter Sommelier und machte gerade die Ausbildung zum Käsesommelier. Peter und ich übernahmen auch das gemeinsame Controlling meines Bar- und Getränkestocks und wir ergänzten uns sehr gut. Was den Wein betraf, hatte er in vielen Bereichen ein besseres Fachwissen als ich und beim Verkauf war ich der Profi. Es war meine erste Saison, wo es bis auf die Weihnachtszeit eine Fünf-Tage-Woche gab und ich Sonntag und Montag frei hatte. Mit Peter im Team brauchte ich mir während meiner Abwesenheit keine Sorgen um den Getränkebestand zu machen, er war fair und betrog mich nicht. Ich beteiligte ihn auch am Erfolg.

Jeden Dienstagabend gab es einen Gourmetabend und unser Küchenchef, Günther Stelzl, zauberte mit unserer Souschefin Erna Dengg ein fünfgängiges Gourmetmenü. Ich empfahl den korrespondierenden Wein und zum Abschluss ging der Küchenchef von Tisch zu Tisch und holte sich sein Lob ab. Viele unserer Stammgäste kannten Herrn Stelzl bereits seit Jahren und freuten sich, wenn er sich im Restaurant zeigte. Im Sommer war er der Küchenchef des

Parkhotels Pörtschach in Kärnten und im Winter kochte er seit Jahrzehnten bei uns. Er zählte zu den lustigen Küchenchefs und war sehr beliebt. Um den Weinverkauf, wie dem Chef versprochen, drastisch zu steigern, überlegte ich, bereits nach bzw. gegen Ende des Frühstücks jeden Dienstagmorgen von Tisch zu Tisch zu gehen, um den Gästen eine persönliche Weinberatung angedeihen zu lassen. Das sollte auch das Abendservice entlasten, da wir alle Weine bereits vorbereiten und auf den Guéridons bei den Tischen platzieren konnten. Dem Gast wurde erklärt, dass es an diesem Abend einen gemeinsamen Beginn der Speisenfolge gab und er sich an einem besonderen Tag wie diesem nicht mehr vor Beginn des Galamenüs mit der Weinauswahl beschäftigen müsse. Zudem wurde der Rotwein rechtzeitig geöffnet und bei Bedarf auch dekantiert, um ihm die notwendige Luft zuzuführen. 90 Prozent unserer Gäste nahmen dieses Service in Anspruch und waren am Abend froh, dass sie sich nur mehr dem Genuss des Menüs und der bereits vorbereiteten Weine hingeben konnten. An diesem Tag angereiste Gäste fing ich gleich nach dem Check-in ab, um ihnen ihren Tisch für den Abend zu zeigen, und führte sie an den unzähligen bereits auf den Tischen eingestellten Weinflaschen und vorbereiteten Dekantierkaraffen vorbei, mit dem Hintergedanken, auch sie von der Vorauswahl zu überzeugen. An guten Abenden verkauften wir bis zu 100 Flaschen Wein, der Rekord betrug 127 Flaschen. Der Chef war zufrieden, er sprach von einer Verkaufssteigerung von 15 % im Verleich mit meinem Vorgänger. Ich weiß aber aus verlässlicher Quelle, dass der Prozentsatz der Steigerung wesentlich höher war. Da viele Gäste ihre Flaschen nicht leerten, wurden sie verschlossen und am nächsten Abend wieder auf den Tischen eingestellt. Für die weininteressierten Kellner hieß das freie Degustation. Wir probierten kleinste Schlückchen der edlen Weine und tauschten unsere Meinungen aus. Für einen Kellner oder Sommelier ist es sehr wichtig, zumindest die Weine, die auf der Weinkarte aufscheinen, zu kennen, um dem weininteressierten Gast gute Beschreibungen liefern zu können. So wird das in vielen Hotelbetrieben praktiziert und ich habe noch nie gehört, dass es einem Gast aufgefallen wäre. Der Gast sollte es als Investition in die Weinberatungsqualität seines Kellners betrachten. Wenn ich im Restaurant eine besondere Flasche Wein bestelle, bestehe ich sogar darauf, dass mein Weinkellner ihn auch probiert. In meinem ganzen Berufsleben habe ich es nur einmal erlebt, dass ein Gast die Füllmenge der Weinflasche mit einem Stift markierte. Armer Geizhals, er hatte das Spiel eindeutig nicht verstanden!

Mit dem Wein lief es nun ganz gut und ich wollte weitere Geschäftsfelder erschließen und ausbauen. Ein gutes Zigarrenangebot gab es noch nicht und so führten Peter und ich eines ein. Speziell nach unserem Galaabend fuhren wir mit einem kleinen Servierwagen von Tisch zu Tisch und boten unseren Gästen die feinste Ware aus Kuba, aber auch aus der Dominikanischen Republik an. Damals durfte in Lokalen noch geraucht werden und wir bereiteten die Zigarren direkt am Tisch vor. Alleine durch das Zelebrieren des Anzündens der Zigarre mit einem brennenden Holzspan wurden die Nachbartische neugierig. Das animierte auch Gäste, die nicht unbedingt als Zigarrenliebhaber einzustufen waren, dieses „Schauspiel" an ihrem Tisch vorführen zu lassen. Hier ging es wie so oft nur um die Show. Auch für unser Trinkgeld waren solche Einlagen sehr förderlich. Es waren im Winter sehr viele gute Gäste dabei. In diesem Hotel erreichte ich sogar den Trinkgeldrekord mit einer deutschen Familie, die mir bei ihrer Abreise 1 000 DM überreichte.

Ich glaubte zuerst, dass diese Summe für die ganze Crew bestimmt wäre, aber die Dame, die mir den Tipp übergab, fügte hinzu, dass dies nur mein Anteil sei. Dieselbe Summe gab es auch für Peter und Ricki von der Rezeption. Für die restlichen Mitarbeiter gab die Dame noch ein wesentlich dickeres Kuvert an der Rezeption ab.

Von einem Kollegen, der in den nobelsten Häusern in Lech am Arlberg arbeitete, habe ich mir erzählen lassen, dass er ein Trinkgeld-und-Tischplatz-Buch führt, um in den nächsten Jahren genau nachvollziehen zu können, welcher Gast wo saß und wie viel Trinkgeld er gab. Die besten Plätze am Fenster wurden selbstverständlich an die großzügigen Gäste vergeben. In guten Häusern wird bei einem Restaurantleiterwechsel oft auch dieses Nachschlagewerk um gutes Geld weiterverkauft. Da ich mir gut vorstellen konnte, noch die eine oder andere Saison hier zu arbeiten, nahm ich diese Idee auf und begann, Aufzeichnungen über die Vorlieben unserer Stammgäste, die Trinkgeldhöhe und die Sitzplätze zu machen. Welchen Wein, Spirituosen und Speisen sie bevorzugten, wurde auch hier eingetragen. Es ging so weit, dass ich die Namen ihrer Kinder, die Automarken und die Zigarrenmarken in diesem Buch festhielt. Setzte man dieses Wissen gezielt ein, konnte man davon ausgehen, dass sich der Gast von Anfang an wohlfühlte, und davon profitierten dann auch der Hotelbetreiber und der Ober. Auf den Gast einzugehen, ihm auch Sonderwünsche zu erfüllen, ist das Beste fürs Geschäft.

Es war ein Nachmittag, als mich ein groß gewachsener hanseatischer Geschäftsmann ziemlich zornig ansprach, ich solle ihm sofort einen anderen Tisch zuteilen. Anfangs konnte ich mir nicht erklären, wie er herausgefunden hatte, wo er mit seiner Familie sitzen würde, ich hatte ihm den

Tisch ja noch gar nicht gezeigt. Er lüftete das Geheimnis, er hatte sich bereits im Restaurant umgesehen und seinen Namen auf einem Keramikschild, das auf einem Tisch inmitten des Speisesaals stand, gelesen. Er sei nicht im Zoo und wolle nicht wie auf dem Präsentierteller im Zentrum des Geschehens sitzen. Es war aber der letzte Fünfertisch im Restaurant und alle anderen Gäste wussten bereits, wo sie sitzen sollten. Ich musste ihm also erklären, dass die einzige Möglichkeit war, ihn außerhalb des Restaurants in der Nähe der Bar zu platzieren. Ich versicherte ihm, dass der erste frei werdende Tisch in einem anderen Bereich des Speisesaals der seine sein würde. Er blieb dann doch an dem ihm zugewiesenen Tisch und war von Anfang an „geladen". Um solche Gäste kümmerte ich mich gerne persönlich, um eine weitere Eskalation zu verhindern. Natürlich passten ihm auch die Speisekarte, die Weinkarte und die Digestifkarte nicht. Zum Glück reiste am nächsten Tag eine britische Familie frühzeitig ab und ich konnte die Familie umsetzen. Ich versuchte herauszufinden, wo seine Vorlieben lagen. Er verfügte über ein ausgezeichnetes kulinarisches Wissen und kannte sich bei Wein und Schnaps sehr gut aus. Als er mir dann noch erzählte, in welchen Häusern er normalerweise residierte und dass er Obertauern nur gewählt hatte, weil seine Luxusdomizile in St. Moritz und Lech ausgebucht waren, wurde mir schnell klar, dass es schwer werden würde, ihn zufriedenzustellen. Er sprach von Spirituosen, die, wenn überhaupt, dann nur für Fantasiepreise zu erstehen waren, und von Weinen, die wir gar nicht auf der Karte hatten.

Ich bat ihn, seine Wünsche für die Urlaubswoche auf einen Zettel zu schreiben, und versicherte ihm, alles in meiner Macht Stehende zu tun, um sie zu erfüllen. Das gefiel ihm und er nickte wohlwollend. Es war Sonntag und ich informierte ihn, dass ich noch in dieser Nacht nach Linz fahren und ihm am Dienstag, sofern erhältlich, die gewünschten Genussmittel liefern würde. Ich organisierte an meinem freien Tag ausgefallene Bordeauxweine, edle Schnäpse, seine Wunschzigarren und seine Lieblingskäsesorten. Einen Großteil von seiner Wunschliste konnte ich auftreiben, und als ich ihm am Dienstagmorgen von meiner Shoppingtour berichtete und ihn über meine Trefferquote informierte, gab er sich zurückhaltend zufrieden. Dennoch war der Damm noch nicht gebrochen und mir gingen langsam die Ideen aus, wie man diesen schwierigen Gast zufriedenstellen konnte. Nach dem Galadinner und der zweiten Flasche Château Mouton Rothschild reichte er mir die Hand und ich fühlte einen Geldschein. Es war ein 100-DM-Schein. Ich bedankte mich, nahm den Hunderter, legte ihn vor dem Gast auf den Tisch und erklärte ihm, dass ich Trinkgeld nur von zufriedenen Gästen annehmen und ohnehin vom Betrieb bezahlt würde. Das hatte offensichtlich zuvor noch nie ein Ober zu ihm gesagt. Er war sprachlos und stotterte etwas wie: „Ich verstehe nicht ganz, wie das jetzt gemeint ist." Ich antwortete: „Ganz genau, wie ich es gesagt habe", und verließ das Restaurant in Richtung Küche. Peter, der gerade am Nachbartisch Wein nachreichte, hatte es auch mitbekommen. Ihm gefiel meine Reaktion gut und er sagte zu mir, dass er, sollte er ihm auch Trinkgeld geben wollen, genauso reagieren werde. Schließlich war der Gast auch wirklich schwierig und es bestand die Gefahr, dass er andere Gäste negativ beeinflusste. Am selben Abend versuchte der Hanseat, den von mir abgelehnten Geldschein an Peter weiterzugeben. Peter reagierte genau wie ich und lehnte höflich, aber bestimmt das Trinkgeld ab.

An diesem Abend trank der Gast nichts mehr an der Bar, sondern ging direkt nach dem Abendessen auf sein Zimmer. Wir hatten ihn zum Nachdenken gebracht, und das war gut so. Am nächsten Tag begann mein Dienst um zwölf Uhr. Ich ging aus meiner Mitarbeiterwohnung hinunter zum Hotel und sah in der Hotelhalle den „Spezialfall" sitzen. Er bat mich an seinen Tisch und bestätigte meinen Verdacht, als er mir sagte, dass, obwohl er schon viel auf der Welt herumgekommen sei, er so eine Reaktion noch nicht erlebt habe, er aber sehr wohl unser ständiges Bemühen um seine Sonderwünsche registriert habe und sich bedanken wolle. Auch in den Fünfsternehäusern, die er normalerweise besuchte, sei noch nie jemand so intensiv auf seine Wünsche eingegangen und er wolle sich für sein Verhalten in den letzten Tagen entschuldigen. Es hatte ihn überrascht, dass wir zu stolz waren, sein Geld anzunehmen. Die restlichen Tage verliefen sehr harmonisch und sein Zufriedenheitsgrad stieg stetig. Bei der Abreise sprach er sogar davon, dass ein Wiedersehen durchaus im Bereich des Möglichen liege. Persönlich versuchte er es kein zweites Mal, uns Trinkgeld zu geben, stattdessen deponierte er zwei dicke Kuverts, gefüllt mit einigen Hundertern und einem netten Brief, an der Rezeption. Dieses Geld haben wir natürlich nicht zurückgewiesen, denn die Zufriedenheit war ja offensichtlich gegeben.

Wir versuchten weiter, die kleinen Sonderwünsche unserer Gäste zu erfüllen, und Peter forcierte immer hochwertigere Cocktails in der Bar. Vom Haubenniveau waren wir zwar noch entfernt, aber ich begann mich hier wohlzufühlen. Nicht so anspruchsvoll wie vorherige Stellen, aber trotzdem auf sehr gutem Niveau. Dieses Mal fiel mir die Entscheidung, mich für eine weitere Wintersaison zu verpflichten, bereits wesentlich leichter. Weil ich zu bequem war, mir dazwischen eine andere Stelle zu suchen, ließ ich mich auch wieder für den Sommer rekrutieren. In dieser Zwischensaison ging ich es etwas ruhiger an, ich buchte keine Fernreise, da der letzte Urlaub in Australien ein großes Loch in meine Reisekasse gerissen hatte. Ich traf mich wieder mit alten Freunden und erholte mich von den Strapazen der Wintersaison.

Es war ein gemütlicher Abend, den Mario und ich Karten spielend in meiner Linzer Wohnung verbrachten, als wir nach einigen Glas guten Weins spätabends auf die Idee kamen, am nächsten Tag nach Paris zu fliegen. Leicht angeheitert, buchten wir einen Flug und um 5:30 Uhr saßen wir bereits im Auto zum Flughafen. Rechtzeitig zum Frühstück in einem netten Café an der Avenue des Champs-Élysées kamen wir dort an. Ich hatte ganz vergessen, meiner Großmutter, die an diesem Tag ein wunderbares Bauerngeselchtes mit Sauerkraut für mich gekocht hatte, Bescheid zu sagen, dass ich nicht zum Mittagessen kommen würde. Als ich sie anrief und ihr erzählte, dass ich mich in Paris befand, hielt sie es für einen Scherz und es dauerte einige Minuten, um ihr glaubhaft zu vermitteln, dass es sich um keinen Witz handelte. Die spontansten Aktionen sind auch meist die lustigsten!

Die Zwischensaison verging wie immer viel zu schnell und schon befand ich mich wieder in Obertauern. Auch die meisten meiner Kollegen waren wieder mit dabei. Dies war auch der Sommer, wo ich Ricki von der Rezeption näher kennenlernte. Sie wusste von meiner Besessenheit für gutes Essen und wollte mir die Lungauer Küche näherbringen. Sie reservierte in einem Gasthaus in Mauterndorf einen Tisch und bestellte für mich das regionale Traditionsgericht, das sogenannte „Schöpserne". Dabei handelt es sich um verschiedene grob gehackte, gebratene Teile vom Schaf im Natursaftl, die mit Semmelkren und „Eachtling“ (Kartoffeln) in einer Pfanne serviert werden. Was Ricki nicht wissen konnte, war, dass ich Gerichte mit zu intensivem Schafgeruch bzw. Schafgeschmack nicht mochte. Um Ricki nicht zu enttäuschen, würgte ich einige Bissen dieser Spezialität hinunter. Als sie bemerkte, dass das Gericht absolut nicht meinen Geschmack traf, beendete sie mein Leiden, indem sie meine Portion verspeiste. Auch als Ricki mich ihrer Familie vorstellte und wir im Landgasthof der Familie zum Essen eingeladen waren, wollte man mich mit dem Gericht beglücken. Gott sei Dank wehrte Ricki das geschickt ab und Flora, die Frau ihres Bruders, kochte für mich ein herrliches mit Duxelles gefülltes Fohlenschnitzerl mit „Eachtling“.

Die gutbürgerliche Küche beim Löckerwirt ist weit über die Grenzen des Lungaus bekannt. Flora führt die Küche und Hans, Rickis Bruder, kümmert sich um die Gastlichkeit im Restaurant. Auch Rickis Mutter findet man mit ihren 84 Jahren noch hin und wieder in der Küche und sie bügelt heute noch die Wäsche für das ganze Haus. Hans' Herz schlägt jedoch für die dazugehörende Biolandwirtschaft und alle seine Tiere. Feine regionale Küche mit den besten Zutaten aus der eigenen Landwirtschaft sorgt für die hohe Qualität, die man hier findet. Noch bevor die Lebensmittelindustrie das Thema der Nachhaltigkeit entdeckt hatte, wurde Nachhaltigkeit hier bereits seit Jahren gelebt und war nicht nur ein Marketingschlagwort. Meiner Meinung nach wachsen hier die besten Kartoffeln (Eachtling) Österreichs und bei uns zu Hause werden kaum andere gegessen. Die ganze Familie meiner Frau weiß hohe Qualität der Rohstoffe und gutes Essen zu schätzen. Am meisten beeindruckte mich Magdalena, das Patenkind meiner Frau, als sie sich zur Firmung mit 14 Jahren ein Essen im Messnerhaus mit der gesamten

Familie wünschte. Das Messnerhaus zählt auch heute noch zu den großen Gourmettempeln Salzburgs.

Gegen Ende der Saison waren Ricki und ich bereits ein Paar und verbrachten unseren ersten gemeinsamen Urlaub auf Malta. Kulinarisch hatte die Insel damals nicht viel zu bieten oder vielleicht waren wir in den falschen Restaurants. Das Nationalgericht war Hase, der sich auf vielen Speisekarten in verschiedensten Zubereitungsarten wiederfand. Besonders gut war dieses Gericht im Restaurant Ta' Marija in Mosta.

In Obertauern bezogen wir ein Doppelzimmer in unserem Mitarbeiterhaus und bereiteten uns auf die bevorstehende Wintersaison vor. In der Weihnachtszeit waren vorwiegend Stammgäste im Haus und wir kannten gut 80 Prozent unserer Gäste. Es war Tradition, am Heiligen Abend die Kinder unserer Gäste zu beschenken. Bei der Auswahl der Geschenke musste natürlich auf das Alter der Kids Rücksicht genommen werden. Zu Rickis Aufgaben als Hausdame gehörte es, diese Geschenke zu besorgen. Wir machten diese Besorgungen an unseren freien Tagen in Linz und kauften für über 30 Kinder und Jugendliche verschiedenste Spiele, Swatchuhren und die damals populären Tamagotchis. Auch Peter und zwei Kellner aus der Stammmannschaft waren wieder mit dabei. Die Küchencrew war unter der Führung von Günther Stelzl auch wieder fast unverändert erschienen. Viele Gäste kannten uns bereits, wir wussten um ihre Vorlieben und mit diesem eingespielten Team konnten wir der bevorstehenden Wintersaison gelassen entgegenblicken.

Wir hatten einen neuen Dauergast aus Deutschland. Herr Dautermann buchte ein Doppelzimmer für die ganze Wintersaison. Wir kannten ihn noch aus der Zeit, als er mit seiner Frau, seiner Tochter und einem Kindermädchen bei uns den Urlaub verbracht hatte. Er war ein ehemaliger Autohändler, der sich aufgrund der Ostöffnung eine goldene Nase verdient hatte und am Höhepunkt alles, was er besaß, verkaufte. Nach seiner Scheidung lebte er nur mehr in Hotels, im Winter bei uns und im Sommer auf den Philippinen. Seine Partnerin war eine sehr hübsche junge Russin. Er erklärte mir, dass er alles genau berechnet habe und, sofern er es mit dem Geldausgeben nicht übertrieb, gut bis zu seinem Lebensende von den Zinsen leben könne. Er war ein schräger Typ, und wenn ihn ein Hotelgast fragte, wo er denn seine reizende Begleitung kennengelernt habe, antwortete er, als sei es das Normalste der Welt: „Ich habe sie aus dem Katalog ausgesucht." Mir erzählte er, er habe dies mit einem Russlandurlaub verbunden und das Mädchen direkt bei seiner Familie abgeholt. Er sah nicht so aus, als hätte er es nötig, seine Frauen auf diese Weise zu finden. Er war ein stattlicher Mann um die vierzig und sah gepflegt aus. Meistens reiste er mit seiner Freundin und einem Freund an, den er gerne als seinen Bodyguard vorstellte. Dieser sah auch angsteinflößend aus: circa 1,95 groß und ein durchtrainierter Schwarzafrikaner. Eines Abends hatte Herr Dautermann zu viel getrunken und prahlte wieder mit seiner Männlichkeit. „Hart wie eine Eisenstange", brüllte er durchs Lokal. Es war eine ziemlich peinliche Vorstellung und in einer Hotelbar wie dieser sicher nicht angemessen, außerdem konnten weder Peter noch ich seine Geschichten mehr hören.

Einen Gast eine ganze Saison lang zu bedienen und dafür so gut wie kein Trinkgeld zu kassieren, ist wirklich anstrengend und nach einer gewissen Zeit kann man den Gast nicht mehr sehen. Ich fragte ihn, was er denn machen würde, wenn er jetzt angegriffen würde und sein Bodyguard bereits die Bar verlassen hätte. Er sagte: „Ein kurzer Anruf genügt und er steht in zwei Minuten kampfbereit im Lokal.“ Ich wollte es wissen, machte ihm den Vorschlag, einen Probealarm zu inszenieren, und wettete um eine Flasche Wein, dass er es nicht in zwei Minuten schaffen würde. Dautermann willigte ein und ich rief an und teilte dem Beschützer mit, dass sein Chef Probleme in der Bar habe. Der Countdown lief und tatsächlich, nach eineinhalb Minuten stand der Mann im Bademantel vor uns. Aber anstatt sauer auf uns zu sein, es war ja immerhin bereits drei Uhr früh, lachte er und ging wieder auf sein Zimmer.

Anfangs freut man sich als Hotelier, wenn jemand ein Zimmer für fünf Monate bucht, mit der Zeit können Dauergäste anstrengend werden. Und dieser Herr war für das Image des Hotels auch nicht förderlich. Ich bezahlte meine Wettschulden und schloss die Bar. Gut, dass mir solche Gäste während meiner Zeit in der Hotellerie nicht oft begegnet sind. Gegen Ende der Saison waren wir froh, nun Abstand von diesem Menschen zu bekommen.

Für die Zwischensaison buchten Ricki und ich die erste gemeinsame Fernreise. Wir bereisten Hongkong, Bali, Lombok und Singapur. Natürlich war gutes Essen auf dieser Reise sehr wichtig. Wir hatten ja viel gearbeitet und nun mussten wir uns dafür belohnen. Ich wollte mir zwei Nächte im Raffels Hotel in Singapur gönnen, da ich gehört hatte, dass es zum besten Hotel der Welt gewählt worden war. Als Ricki den Hotelpreis von 600 Dollar pro Person und Nacht herausfand, beendete sie ziemlich rasch meinen „Höhenflug“ und wir begnügten uns mit dem Mandarin Hotel in der Orchard Road. Dieses Hotel war auch ziemlich beeindruckend. Alleine beim Frühstücksbuffet zählte ich

14 Köche und ein vielfältigeres Buffet habe ich seit damals nicht mehr genossen. Aber einen romantischen Abend wollten wir zumindest im Restaurant des Raffels verbringen. Für diese Variante erhielt ich Rickis Zustimmung. Hier war auch der Ort, an dem mein bermudianisches Hummererlebnis getoppt werden sollte. Wir genossen mit Abstand den besten Hummer unseres Lebens. Auch die Romantik war unübertrefflich. Wir saßen im Gastgarten des Hotels und in einem Pavillon auf einem Podest vor uns spielte ein kleines Orchester. Nach dem Diner besuchten wir natürlich noch die „Long Bar" im Raffels. Traditionell trank man hier den Cocktail „Singapore Sling" und es wurden Erdnüsse in großen Mengen dazu gereicht. Jeder Barkeeper der Welt hat diesen dort erfundenen Cocktail als Klassiker im Repertoire. Die Schalen der Erdnüsse wurden traditionsgemäß auf den Boden geworfen, hier war das Verschmutzen des öffentlichen Raums erlaubt. Im Rest der Stadt musste man dafür mit drakonischen Geldstrafen rechnen. Nach dieser schönen Reise folgte ein weiterer Sommer in den Bergen, bevor wir uns wieder auf einen turbulenten Winter einstimmten.

Ende Jänner sollte sich mein Leben schlagartig ändern, als mir meine Freundin schonend beizubringen versuchte, dass sie vermutete, schwanger zu sein. Als mir schön langsam bewusst wurde, dass ich Vater wurde und ich mich im ersten Moment nicht mit dieser Rolle identifizieren konnte, wurde mir ziemlich übel. Ich weiß, normalerweise übergeben sich die Frauen in dieser Zeit, bei uns war ich es, der sich nach dem Test vor Aufregung übergeben musste. Diese Geschichte kann ich mir noch heute anhören! Nach ein, zwei Tagen legten sich aber meine Schwangerschaftssymptome und ich begann mich auf unser Kind zu freuen. Viele Stammgäste freuten sich mit uns und auch unser Chef freute sich nach dem ersten Schock mit uns. Er verlor ja eine seiner besten langjährigen Mitarbeiterinnen. Im Mai verzichteten wir dieses Mal auf weit entfernte Reisedestinationen und fuhren gemeinsam mit meiner Cousine Michi und deren Freund Oskar in die Toskana. Da Oskar auch ein Koch war, der sich so wie ich dem Genuss verpflichtet fühlte, kam die Kulinarik nicht zu kurz. Sie war sogar ein Eckpfeiler unserer Reise. Die in diesem Urlaub verzehrten Spezialitäten und Weine zu beschreiben, würde den Rahmen dieses Buches sprengen.

Eine Geschichte ist mir aber sehr gut in Erinnerung geblieben. Wir fuhren stundenlang über holprige Straßen mitten durch die Toskana, um, das behauptete Oskar, die Toskana fernab des Mainstreams zu erkunden. Ricki wurde bei dieser Fahrt derart durchgeschüttelt – sie war ja bereits am Anfang des sechsten Schwangerschaftsmonats –, dass mir bei der Sache nicht mehr wohl war. Ich rief Oskar im Auto vor uns an und bat ihn, beim ersten Restaurant, das er sah, anzuhalten, um etwas zu Mittag zu essen und eine Pause einzulegen. Kurz darauf erblickten wir ein altes, verwittertes Schild mit der noch kaum lesbaren Aufschrift „Ristorante“. Das Schild zeigte auch nicht mehr in die Fahrtrichtung, sondern ragte mit der Richtungsspitze zum Boden. Eine kleine Schotterstraße führte uns zu einem alten, auf den ersten Eindruck baufälligen Haus. Wäre Ricki nicht schwanger gewesen und hätten wir nicht eine Pause dringend nötig gehabt, hätte es nur einen Weg gegeben – zurück auf die „Hauptstraße“ und weitersuchen. Wir folgten der ebenso verwitterten und total schief stehenden Parkplatzbeschilderung, die uns hinter das Haus führte. Dort standen ausnahmslos Fahrzeuge mit italienischem Kennzeichen. Vom Mercedes bis zum Maserati war alles mit dabei. Ein Indikator für gutes Essen in Italien ist eine hohe „Italienerdichte“ in der Trattoria oder im Ristorante. Oskar und ich schauten uns an und wir waren uns sofort einig, uns auf dieses kulinarische Abenteuer einzulassen. Im Lokal fanden wir vor, was sich auf dem Parkplatz bereits angekündigt hatte: große Tische, an denen italienische Gäste speisten. Familien mit mindestens zehn Personen pro Tisch und, wie man es in Italien gewohnt war, mit vielen Kindern. Wir waren die einzigen Ausländer im Gastraum. Der Duft, der uns aus der Küche entgegenkam, war betäubend gut und unsere Vorfreude auf gutes Essen wurde blitzschnell aktiviert. Wir wurden an einem Tisch mit Blick zur Küche platziert. In der Küche stand eine ältere, extrem dicke Frau, die gerade frische Kräuter über einige Pastagerichte streute. Es war die Chefin des Hauses! Ich machte den Fehler, eine Speisekarte zu verlangen, und erkundigte mich nach der Weinauswahl. Die Kellnerin fragte uns nur, ob wir mitessen wollten und ob wir auch genügend Zeit hätten. Wenn wir etwas hatten, dann war das natürlich Zeit für gutes Essen. Es gab keine Speisekarte und auch keine Weinauswahl. Es wurde das serviert, was „Mama" gerade kochte, und in der Mitte des Tisches wurden ein Krug mit Rotwein und einer mit Weißwein eingestellt. Ich konnte mich nicht erinnern, jemals einen so guten „Vino della Casa" getrunken zu haben.

Nach einer Viertelstunde kam „Mama" aus der Küche und reichte uns einen Teller Bruschetta mit frischem Basilikum. Das Brot noch lauwarm, hausgemacht und aus dem alten Holzofen, den man von unserem Tisch aus sehen konnte, die reifen Tomaten dunkelrot und frisch aus dem Garten mit einem Aroma, das man selten findet. Die kurz darauf servierten hausgemachten Pappardelle mit frischen Porcini waren ebenfalls zum Niederknien. Noch vor der Hauptspeise wurde uns ein Risotto mit lauwarmen Artischocken gereicht –

unbeschreiblich! Auch der Fisch, den uns die Chefin grillte, war ein Gedicht. Das Fischfilet war liebevoll und gleichmäßig ziseliert, dazu wurden schlicht eine Zitronenspalte und Salat gereicht. Ziemlich zeitgleich kamen zum Abschluss noch etwas Käse, Oliven und eine kleine Karaffe mit selbst produziertem Olivenöl und das typische Toskanabrot mit der dicken Rinde. Ein herrlicher Ristretto und dazu Cantucci mit leichtem Anisgeschmack rundeten dieses perfekte Mittagessen ab. Wir haben hier in vier Stunden die einfache und bodenständige Küche der Toskana lieben gelernt. Ein Mittagessen, das bis 16:30 Uhr dauerte und jede Minute wert war!

Ich dachte doch tatsächlich, dass ein Toprestaurant in San Gimignano dieses Erlebnis noch toppen könnte, und reservierte für den nächsten Tag einen Tisch. Zuerst verweigerte man uns den Eintritt, da Oskar etwas zu leger gekleidet war. Ich teilte dem Ober sehr bestimmt mit, dass wir reserviert hätten und er lieber eine Flasche Tignanello vorbereiten sollte, als hier unnötig Wirbel zu machen. Leicht verärgert, wählten wir einige Gerichte aus der Karte und äußerten nur zum Trotz einige Sonderwünsche. An unserem selbstsicheren, ja fast schon präpotenten Auftreten und der Art, wie wir unsere Gänge zusammenstellten, ist dem Ober wohl klar geworden, dass es sich bei unserer kleinen Gruppe nicht um Turnschuh-Pizzatouristen handelte, und die Situation entspannte sich zusehends. Als der Kellner die Bestellung aufgenommen hatte, wurde neben uns ein riesengroßes T-Bone-Steak mit mediterranem Gemüse wie Fenchel, Artischocken und Ähnlichem serviert. Nach einem kurzen Blickwechsel zwischen Oskar, mir und dem Kellner stornierten wir die Bestellung und bestellten ein genauso mächtiges Steak mit fantastisch duftendem Gemüse. Wir mussten diesen Wunsch nicht einmal verbal vorbringen, da der Kellner aufgrund unserer Blicke zum Nachbartisch sofort wusste, was wir wollten. Ricki tat mir an diesem Abend leid, denn sie hätte dieses medium gebratene Stück Fleisch auch gerne genossen. Leider musste sie aber in dieser Zeit auf rohes Fleisch verzichten. Die Qualität der Speisen und auch das Service waren in Ordnung, aber was wir am Vortag bei „Mama" erlebt hatten, konnten sie nicht annähernd erreichen. Hier musste man nicht unbedingt schicke Restaurants besuchen, um den Hochgenuss der toskanischen Küche zu erfahren, hier reichte ein halb verfallenes Restaurant im Nirgendwo. Dies wurde uns auch deutlich, als wir bei unserer Abreise in einem sehr einfachen Arbeitergasthaus eines der besten Bistecca alla fiorentina, ein 850 Gramm schweres Steak vom Chianina-Rind, genießen durften.

Im Juni begann wieder die Sommersaison am Tauern. Ricki verließ das Hotel Ende Juli und ich blieb bis zum Ende der Saison. Im September 1998 kam unsere Tochter Valentina zur Welt und wir genossen dieses Mal die Zwischensaison nicht im fernen Süden, sondern mit Valentina. Da die Nachfolgerin meiner Freundin kurz vor Saisonbeginn erkrankte und dadurch für die Saisonvorbereitungsarbeiten ausfiel, fragte uns unser Chef, ob wir trotz des Babys die nächste Wintersaison noch gemeinsam eröffnen könnten, und bot uns, bis die ersten Gäste eintrafen, ein großes Appartement für uns drei an. Natürlich sagten wir nicht Nein und ich blieb sogar noch die gesamte Wintersaison. Ricki wohnte, während ich arbeitete, bei ihrer Familie in St. Margarethen im Lungau. Von dort ist man in einer halben Stunde in Obertauern. An meinen freien Tagen pilgerte Ricki mit dem Baby bei jedem Wetter in der Nacht nach Obertauern, um gemeinsam mit mir nach Dienstschluss in unsere Linzer

Wohnung zu fahren. Uns wurde relativ schnell klar, dass das keine Dauerlösung war, und wir beendeten nach dieser Saison unser Pendlerdasein in den Tauern.

Kapitel 17: Von der Haube zum Kessel

Jetzt war die Zeit gekommen, nach vielen verrückten, aber auch schönen Saisonen mit meiner jungen Familie sesshaft zu werden. Jedes Wochenende studierte ich den regionalen Stellenmarkt und parallel dazu sah ich mir mehr als 30 freie Gastronomiebetriebe im Großraum Linz an. Man konnte zu dieser Zeit wirklich viele Lokale pachten. Die interessanten Objekte waren aber nicht zu finanzieren – die Ablösen waren astronomisch hoch – und die kleineren Lokale waren meist mehr als renovierungsbedürftig. Man hätte in den meisten Betrieben aber nicht nur mit der baulichen Renovierung zu tun gehabt, auch das Stammpublikum war problematisch. Ich wollte sicher nicht mit betrunkenen, aus Bierflaschen trinkenden Randerscheinungen der Gesellschaft meinen Lebensunterhalt verdienen. Ich wollte einen schönen Betrieb mit kultivierten Gästen, denn so war ich es gewohnt. Es kam aber wie so oft im Leben anders!

Anfang August las ich in der Samstagsausgabe der Oberösterreichischen Nachrichten eine Annonce, in der ein Betriebsleiter für ein österreichweit tätiges Gastronomieunternehmen gesucht wurde, Arbeitsort Linz, mehr war nicht angegeben! Ich bewarb mich also blind, um zu erfahren, um welches Unternehmen es sich handelte. Gut zwei Wochen später klingelte das Telefon und eine nette Stimme meldete sich mit den Worten: „Grüß Gott, Günther Klein, Mensamarkt Linz, Sie haben sich vor geraumer Zeit bei uns beworben." Ich kann mich noch genau an meine Reaktion erinnern, als ich das Wort Mensa hörte. Bis dahin hatte ich mit diesem Wort nur Massenabspeisung verbunden, große Schöpfer und miese Qualität. Ich wollte den Hörer wieder auflegen, meine gute Erziehung hielt mich aber davon ab.

Um Zeit zu gewinnen, fragte ich nochmals nach: „Mensa? Wo befindet sich dieser Betrieb genau?" Herr Klein gab mir unverzüglich Auskunft und lud mich zu einem Vorstellungsgespräch ein. Nach kurzem Zögern antwortete ich: „Sehr gerne!" Ich dachte noch, oje, von der Haubenküche in die Massenausspeisung, das kann nicht gut gehen. Ricki aber bestärkte mich, mir das Ganze doch genauer anzusehen und nicht gleich ein Vorurteil zu fällen. Zwei Tage später traf ich mich mit Herrn Klein, der die Mensa als Betriebsleiter und Prokurist der Firma führte. Er wolle sich beruflich verändern und suche einen Nachfolger, teilte er mir mit. Ich betrat den Speisesaal mit 650 Sitzplätzen und war sehr überrascht. Alles war sauber, schön eingerichtet und wirkte relativ neu. Trotz der Mittagszeit keine Spur von Hektik und die Küche war sogar klimatisiert. Diese ersten unerwarteten Eindrücke machten mich neugierig und ich packte meinen vorbereiteten Fragenkatalog aus, um Herrn Klein die für mich interessanten Fakten zu entlocken. Ich schrieb und schrieb und mein erstes Bauchgefühl sagte mir: Probier es doch einfach! Ich gab mich also sehr interessiert, war es eigentlich auch und wir verblieben dabei, dass sich Herr Klein nach Beendigung aller Vorstellungsgespräche bei mir melden würde.

In den nächsten Tagen freundete ich mich immer mehr mit dem Gedanken an, hier zu arbeiten und einmal etwas völlig anderes zu probieren. Am Anfang der folgenden Woche erhielt ich den mittlerweile ersehnten Rückruf des Betriebsleiters, der mir erklärte, dass ich in der engeren Auswahl sei und mich nun der Universitätsdirektor, Hofrat Dr. Köckinger, sprechen wolle. Schon beim Betreten des Büros von Dr. Köckinger stachen mir die „Trophäenflaschen" sehr exklusiver Bordeauxweine ins Auge. Über meine Leistungen in der

Betriebsführung von großen Gemeinschaftsverpflegungsbetrieben konnte ich ihm nicht viel erzählen, beim Thema Wein würde mir da mehr einfallen und ich schwenkte meinen Blick auf eine Magnumflasche Château Mouton Rothschild 1986. „Wow“, rutschte mir so raus, „ein 1986er-Mouton, 20 von 20 Gabriel-Punkten und von Robert Parker mit 100 von 100 möglichen Punkten bewertet, das ist ein echtes Highlight.“ Als ich dann noch hinzufügte, dass es sicher kein Fehler war, dieses Weingut 1973 zum Premier Cru zu erheben, und ich von meinem letzten Chef auch meine ersten zwei Flaschen Mouton als Abschiedsgeschenk bekommen hätte, hatte ich den Herrn Hofrat auf meiner Seite. Später erfuhr ich, dass er der Komtur der Oberösterreichischen Weinbruderschaft war und ihm bei Bordeauxweinen keiner so schnell etwas vormachen konnte. Er konnte sich zwar nicht direkt in Personalfragen der österreichischen Mensen einmischen, als Aufsichtsrat konnte er aber zumindest eine Empfehlung für mich abgeben. Wir plauderten noch eine Weile über guten Wein und die fachspezifischen Fragen blieben mir großteils erspart. Nun ging es in die entscheidende letzte Runde. Drei Kandidaten waren noch übrig und die Entscheidung, wer die Mensa Linz zukünftig führen würde, lag nun beim Geschäftsführer, Herrn Mag. Albert Kaißl, einem Oberösterreicher, der in der Wiener Zentrale die Fäden zog.

So viele Bewerbungsgespräche für einen Job hatte ich bis jetzt noch nicht absolvieren müssen. Angesichts der Größe dieses Betriebes war es aber ein ganz normaler Vorgang. Es handelte sich immerhin um 50 Gatronomiebetriebe. Erst jetzt interessierte ich mich ernsthaft für diese Position, und bevor eine Antwort kam, wollte ich alles über die Firma wissen. Ich begann zu recherchieren: Die Österreichische Mensen Betriebs Gesellschaft m. b. H, kurz ÖMBG, hatte ihre Geschäftsfelder an fast allen Universitäten und Schulzentren im gesamten Bundesgebiet. Das Unternehmen war 1974 auf Initiative des Bundesministeriums für Wissenschaft und Forschung gegründet worden. Der Auftrag war klar, die Studierenden sollten zu günstigen Preisen mit Speisen und Getränken versorgt werden. Das Unternehmen wird privatwirtschaftlich geführt und arbeitet nach dem Kostendeckungsprinzip. Anders als in vielen europäischen Ländern erhält die Mensa keinerlei Subventionen von staatlicher Seite. Im Jahresdurchschnitt besuchen rund vier Millionen Gäste die Mensen. Neben der Hauptzielgruppe der Studenten umfassen die Geschäftsfelder natürlich die Universitätsbediensteten und auch Gäste von außerhalb, Betriebsrestaurants, Automaten und Catering innerhalb und außerhalb der Universitäten. Sollte ich nun nochmals interviewt werden, war ich zumindest gut vorbereitet.

Nach einer Woche kam die erlösende Nachricht und mir wurde mit Beginn des Wintersemesters 1999/2000 der Job als Betriebsleiter der Mensa Linz angeboten. Ich hatte plötzlich eine Assistentin und war anfangs für 32 Mitarbeiter verantwortlich. Im ersten Jahr sollte ich den Betrieb kennenlernen, bevor mir weitere Betriebe anvertraut werden könnten und ich zum Gebietsleiter aufsteigen könnte. Da ich im Vergleich mit meinen früheren Jobs doch um einiges weniger verdiente, war das Ziel also klar: reinbeißen, lernen, durchhalten und Gebietsleiter werden. Herr Klein war noch drei Monate da und brachte mir den Umgang mit den Computern, die Administration, die richtige Interpretation von Zahlenmaterial, BAB-Analysen, das Erstellen von Berichten für die Geschäftsführung, kurz gesagt, alles, was rund ums Büro und für unsere Wiener Zentrale zu tun war, bei. Ich bewundere ihn heute noch für seine Geduld. Danke, Günther! Ich hatte also genügend Zeit, mich einzuarbeiten.

Auch unser damaliger Küchenchef, Franz Schmidbauer, Künstlername Xandl, begeisterte mich von Anfang an mit seinen Kochkünsten. 1600 Mittagessen auf einem derart hohen Niveau an den Gast zu bringen, war beeindruckend und ich erkannte rasch, dass das schlechte Image der Mensa keineswegs gerechtfertigt war. Auch Xandl stärkte mir den Rücken und akzeptierte mich als jungen, 28-jährigen Chef ohne Abstriche. Ich fand hier eine Supercrew vor und viele der damaligen Mitarbeiter sind heute noch dabei. Gut erinnere ich mich noch an mein erstes Mitarbeitermeeting vor versammelter Mannschaft. Das erste Meeting musste sitzen und ich versuchte mich auf jede Frage so gut wie möglich vorzubereiten. Meine Frau musste im Vorfeld mehrmals den ganzen Vortrag in unserem Wohnzimmer über sich ergehen lassen, bevor ich ihn in einem Repräsentationsraum der Universität Linz zum Besten gab.

Besser wurde zu dieser Zeit mein Golfspiel, denn im Gegensatz zu meiner Zeit in Obertauern nutzte ich jede freie Minute dazu. Mit großen Reisen war es vorerst aber vorbei. Als Häuslbauer musste ich auch mein schönes Auto und den Großteil meiner Armbanduhrensammlung gegen ein Kellerfundament tauschen. Dennoch schafften wir zumindest kleine Familienausflüge nach Italien. Einer dieser Kurztrips wurde trotz des wegen des Hausbaus engen Reisebudgets mit einem königlichen kulinarischen Abend belohnt. Wir lagen am Strand von Lignano und mir kam die Idee, einen kleinen Ausflug nach Venedig zu unternehmen und im dortigen Spielcasino den Abend ausklingen zu lassen. Ich war schon jahrelang nicht mehr in einem Casino gewesen. Ich fragte, wer mich nach Venedig begleiten wollte, und lediglich meine Mutter und meine Cousine Edith erhoben sich aus ihren Liegestühlen. Oskar drückte mir noch einen 100 000-Lire-Schein in die Hand und bat mich, ihn für ihn auf Rot zu setzen. Nach anfänglichen Spielverlusten lief es plötzlich wie von Zauberhand und meine Taschen füllten sich von Minute zu Minute mit mehr Spieljetons. Ohne einen genauen Überblick über die Gewinnsumme zu haben, wechselte ich die Jetons in Millionen von Lire um. Umgerechnet war es der stolze Betrag von knapp 60 000 Schilling. Die Freude war groß und ich beschloss, meine ahnungslosen Reisebegleiter in ein schönes Restaurant einzuladen. Den von Oskar georderten Spielauftrag erledigte ich noch zuvor, auch er konnte sein Geld verdoppeln.

Endlich war die lange Durststrecke ohne Besuch eines Gourmettempels vorüber. Mit dem Gewinn in meiner Tasche dachte ich darüber nach, wie ich meinen Hang zur Haubenküche hier in Venedig am besten ausleben konnte. Eines der besten Lokale in Venedig war das Ristorante Cipriani, das man aber nur fernab der Touristenströme mit dem Boot erreichen konnte. Ich ließ dort von der Casinorezeption einen Tisch reservieren. Auch der Transfer im Privatboot wurde vom Casino organisiert. Ich teilte meiner Mutter und meiner Cousine im Casino mit, dass ich etwas Geld gewonnen hätte und sie nun in ein schönes Lokal zum Essen ausführen würde. Ich wusste, dass auch meine Cousine gerne gut aß und auch meine Mutter gutem Essen nicht abgeneigt war. Edith war zu dieser Zeit als Köchin in der Haubengastronomie tätig und kannte sich aus. Das erste Mal wurde ich gefragt, wie viel ich denn gewonnen hätte, als ein Herr mit weißen Handschuhen meiner Mutter beim Einsteigen in das mit weißem Leder ausgekleidete Boot half, das zweite Mal, als wir vom Steg zum noblen Hotel Cipriani schlenderten.

Den Fahrer bat ich um eine Visitenkarte, er sollte uns nach dem Essen wieder abholen. Die Vorfreude auf gutes Essen, den passenden Wein und das früher gewohnte Flair solcher Restaurants war groß. Am Nachbartisch wurde von einem Ehepaar gerade die zweite Flasche Château Mouton Rothschild 1986 geköpft, vom hektischen Treiben dieser Touristenstadt bekam man hier gar nichts mit. Natürlich wollte ich die zu Hause Gebliebenen mit Fotos von unserem Ausflug für ihre Faulheit bestrafen. Nur eine Speisekarte wollte uns der Ober nicht mitgeben. Erst nach einer kleinen Notlüge rückte der Maître eine heraus. Ich hatte ihm erzählt, dass sich Edith und ich auf der Hochzeitsreise befänden und noch nie zuvor in so einem feinen Lokal gespeist hätten. Das kurz vor dem Ende dieses kulinarischen Ausflugs bestellte Boot legte gerade am Steg an, als wir ihn erreichten. Der Chauffeur erwartete sicher eine noble Adresse, zu der er uns bringen sollte, stattdessen bekam er die Anweisung, er solle uns doch bitte zum Touristenparkplatz nach Tronchetto fahren. Verdutzt sah er mich an und startete das Boot. Noch in derselben Nacht deponierte ich die Speisekarte vor der Appartementtüre zu Oskars Zimmer und befestigte das gewonnene Geld auf ihr. Als Koch wusste Oskar am nächsten Morgen natürlich sofort, was er versäumt hatte.

Im Jänner 2001 wurde ich zum Gebietsleiter für Oberösterreich und Teile Niederösterreichs bestellt. Mit einer sehr gut eingespielten Crew im Hauptbetrieb der Mensa Linz war es auch kein Problem, mich um acht weitere Betriebe zu kümmern. Das Schönste war, dass mich unser Geschäftsführer die Betriebe völlig selbstständig führen ließ, natürlich nur solange die Zahlen auch stimmten. In den Führungspositionen hatte und habe ich bis heute sehr gute Betriebsleiter angestellt und auch Dr. Köckinger hielt mir als Aufsichtsratsmitglied der ÖMBG bis zu seiner Pensionierung Ende 2001 den Rücken frei. Zu unserer gemeinsamen Golfrunde kam es leider nicht mehr, denn Herr Dr. Köckinger verstarb im September 2002.

Zu Köckingers Zeit wurde auf die Tisch- und Weinkultur bei diversen universitären Veranstaltungen besonders Wert gelegt. Die Ehrentische waren mit Riedelgläsern eingedeckt und bei den Weihnachtsfeiern wurde Weine wie Château Angelus gereicht. Einige der edlen Tropfen kamen direkt aus seinem Weinkeller im Tiefgeschoß der Mensa. Als Mensa über den Zentraleinkauf in Wien Riedelgläser zu bestellen, war nicht üblich, aber es war ja schließlich ein Wunsch der Universitätsführung. Mir gefiel dieses extravagante Service, ich konnte gut damit umgehen und es erinnerte mich an meine Zeit in der gehobenen Gastronomie. Dass dieses Spezialservice für die VIPs aber nicht jedem an der Uni gefiel, war auch klar. Als Komtur der Oberösterreichischen Weinbruderschaft organisierte „Kö" auch zahlreiche Weinverkostungen im kleinen À-la-carte-Bereich der Mensa, dem Restaurant Kepler's. Oft probierten wir bereits vor der Verkostung die edelsten Tropfen. Es kam nicht selten vor, dass Flaschen nicht ausgetrunken wurden und wir sie am nächsten Tag leerten. Ich erinnere mich noch an eine sehr exklusive Bordeauxverkostung, die in meinen Hallen abgehalten wurde. Ich war zwar nicht dabei, saß aber im Büro unweit vom Restaurant und arbeitete noch. Die Sekretärin von „Kö" klopfte an meine Bürotür und stellte mir ohne Erklärung einen kleinen Schluck eines offenbar sehr wertvollen Weines neben die Tastatur meines Computers. Die Flasche hielt sie hinter ihrem Rücken versteckt – eine willkommene Ablenkung von meiner ach so verhassten administrativen Arbeit. Ich roch daran und dachte sofort an rote Beeren, am Gaumen spiegelte sich diese beerige Note wider. Auch kamen mir leichte Schokonuancen in den Sinn. Ich wusste ja, es ging um Bordeaux, nur zuordnen konnte ich diesen Wein auch mangels Übung nicht. Sie lüftete das Geheimnis, es war ein 1979er-Château-Petrus! Natürlich hatte ich ihn nicht zuordnen können, so einen edlen Tropfen hatte ich noch nie degustiert. Noch in derselben Nacht, ich war bereits zu Hause, wurde ich informiert, dass einige Flaschen nicht geleert und im Restaurant zurückgelassen worden seien und ich sie gerne am nächsten Tag nachverkosten könne. Meine Freude war groß und mein erster Weg am nächsten Morgen führte mich direkt ins Restaurant, um mir die Reste der edlen Tropfen zu sichern. Ich öffnete die elektronische Schiebetüre und betrat den Raum, wo noch der Geruch nach Wein und der nicht zur Gänze verspeisten Käseplatte in der Luft lag, und musste schockiert feststellen, dass alle Flaschen verschwunden waren. Entsetzt fragte ich unseren Küchenchef Xandl, ob er jemanden gesehen habe, der die teilweise noch bis zu einem Drittel gefüllten Weinflaschen entfernt habe. Er antwortete: „Ja, ich war das", und zeigte auf unzählige nun zur Gänze geleerte Flaschen, die aufgereiht neben der großen Kippbratpfanne standen, in der gerade die Sauce für unsere Spaghetti bolognese zubereitet wurde. Wir verfeinerten diese Sauce oft mit etwas Küchenrotwein und der sparsame und praktisch veranlagte Küchenchef hatte den gestern übrig gebliebenen Rotwein verwendet. „Wird ja kein alter, ungenießbarer Wein gewesen sein", fügte er lapidar hinzu. Das war einer der Tage, an denen ich ihn am liebsten erwürgt hätte. Diese Spaghetti bolognese waren sicher auf die teuerste Art der Welt zubereitet worden, dieser Wareneinsatz wird nicht einmal bei der Zubereitung des weltberühmten Kobe-Beefs erreicht. Ich genoss zumindest an diesem Tag meine Spaghetti bolognese mit besonderer Aufmerksamkeit und versuchte verzweifelt, Nuancen der edlen Weine zu erkennen. Wie ein Mahnmal steht die leere Flasche des 1979er-Petrus heute noch neben der vollen Flasche des 1998er-Petrus, dies ist der Geburtsjahrgang meiner Tochter!

Einmal ließ Dr. Köckinger seine Mensa sogar vom Haubenkoch Georg Essig testen und das Testergebnis konnte man unter dem Titel „Nur die Lauchsuppe hörte ein Seufzen" auf einer ganzen Seite in den Oberösterreichischen Nachrichten lesen. Er testete vom Wiener Schnitzel über Hascheehörnchen bis hin zum Dessert alles und lobte unser Preis-Leistungs-Verhältnis. Nur die Lauchsuppe schmeckte ihm gar nicht. Noch heute entlockt dieses Thema Georg und mir ein leichtes Grinsen, und wer weiß, vielleicht wiederholen wir den Test ja irgendwann. Nicht nachvollziehbar und völlig neu für mich war zu dieser Zeit der Presserummel rund um meine Person. Es war schon ein eigenartiges Gefühl, mich in der Samstagsausgabe der Nachrichten mit einem halbseitigen Bericht „Vom Haubenrestaurant in die Linzer Uni-Mensa – als Chef" wiederzufinden. Meine vinophilen und nobelgastronomischen Schübe konnte ich auch bei einigen Cateringveranstaltungen und den damals einmal im Jahr angebotenen Gourmetwochen in unserem À-la-carte-Restaurant Kepler's ausleben. In dieser Zeit zeigten meine Köche, dass sie auch anders kochen konnten, und genossen es, auch einmal sehr teure und exklusive Produkte verarbeiten zu dürfen.

Ich hatte das große Glück, eine Stelle gefunden zu haben, die ein sehr umfangreiches und interessantes Aufgabengebiet umfasste und eine Stellung für längere Zeit bot als die Saisonstellen zuvor. Auch meine Weggefährten Mario und Michael hatten gute Jobs gefunden. Mario war nach seinem Betriebswirtschaftsstudium zuerst für den Tourismusverband Linz und später als Geschäftsführer der Landhotelgruppe tätig und Michael arbeitete sich im Rosenbergerkonzern hoch und leitet mittlerweile mehrere Autobahnraststätten. Meine Frau und ich betätigten uns auch hin und wieder als Hoteltester für die Landhotelgruppe und lieferten Mario nach jedem Aufenthalt einen schriftlichen Bericht. Das machte uns Spaß und wir konnten wieder so wie früher Hotelluft schnuppern. Diese Tests hatten aber nichts mit der Vergabe der begehrten Sterne zu tun, sondern dienten dazu, dem Hotelier Dinge und Abläufe aus der Sicht des professionellen Gastes aufzuzeigen. Meine Betriebe lasse ich heute noch regelmäßig von „Mystery-Guests" testen, um unser Qualitätsmanagement weiter zu verbessern.

Kurz bevor wir wieder ein Treffen mit dem gesamten Linzer Clan aus der Hotelfachschule organisieren konnten, kam die Schreckensmeldung, dass Christian gestorben war! Er hatte sechs Tage vor seinem 30. Geburtstag Selbstmord begangen. Bei uns allen saß der Schock tief und auch nach stundenlanger Diskussion darüber, wie es so weit kommen hatte können, wusste keiner eine Antwort. Ein jahrelanger Wegbegleiter und Freund hatte offensichtlich massive Probleme gehabt und keiner von uns hatte das bemerkt oder geahnt. Die ersten Wochen nach Christians Tod waren sehr traurig, aber es musste ja weitergehen und viele neue Projekte in meinem Job lenkten dann doch ein wenig ab.

2004 lud ich Siegfried Wintgen, Haubenkoch in München, als Gastkoch zu unserer Gourmetwoche ein, um weitere Akzente in Sachen Qualität an den österreichischen Mensen zu setzen. Außerdem war es eine willkommene Abwechslung bzw. wieder eine Reise in die gute alte Haubenzeit. Ich kann mich noch an die Vorbereitungsarbeiten in der Nacht vor der

Eröffnung dieser Gourmetwoche erinnern. Leichtsinnigerweise hatte ich Wintgen meine aktive Mithilfe in der Küche angeboten. Er führte die Regie und ich war sein Helferlein. Stundenlange Mise-en-Place-Tätigkeiten wie das Entkernen von frischen Weichseln sowie einige Versuche, einen schönen Parmesanring für die Vorspeise zu kreieren, waren die Folge. Während der Vorbereitungsarbeiten gönnten wir uns natürlich einige Glas Wein aus der für den nächsten Tag vorbereiteten Weinempfehlung, schließlich mussten wir ja wissen, ob der Wein auch gut zu den Gerichten passen würde! Ganz fertig wurden wir nicht, da gegen zwei Uhr früh der Wein seine Wirkung zeitigte und uns die Müdigkeit übermannte. Gut, dass uns meine Köche am nächsten Tag noch unterstützten! Mir gefiel es auch, mit solchen Aktionen und medialen Schlagwörtern wie „Haubenkoch an Kepler-Mensa“ oder „Haubenmensa“ kulinarisch aggressive Punktlandungen durchzuführen. Unser Österreichgeschäftsführer äußerte mir gegenüber zwar seine Bedenken: „Wir sind eine Mensa und kein Haubenlokal“, ließ mich aber dann doch diese für unser Geschäftsfeld unüblichen Aktionen durchführen. In welchem Gemeinschaftsverpflegungsbetrieb gab es schon solche Menüs:

Arrangement von Räucherlachsparfait
und Avokadomousse auf Wildkräutern

Eierschwammerlsuppe
mit glasiertem Kalbsbries

Mühlviertler Biolammrücken
im Blätterteig auf Portweinschalotten
und Polentatorte

Variation von Schokolade und Kirsche

Man konnte das Menü mit oder ohne korrespondierende Getränke bestellen (zu 38 oder 28 Euro). Auch bei den Getränken handelte es sich nicht unbedingt um das Standardprogramm in den Mensen:

Il Rose
Mionetto, Valdobbiadene

2003 Sauvignon blanc, Steirische Klassik
Weingut Manfred Tement

2000 „Cum Laude", Castello Banfi
Montalcino, Toskana

Kirsche
Hans Reisetbauer, Axberg, OÖ

Die Medien sprangen voll auf dieses Thema auf. In vielen Tageszeitungen und sogar im Fernsehen wurde über die „Haubenmensa" berichtet. Selbstverständlich hatten die Wünsche und die Zufriedenheit unserer Hauptzielgruppe der Studierenden und Universitätsangehörigen oberste Priorität. Solche Veranstaltungen wurden lediglich aus Marketinggründen durchgeführt, aber für das Aufpolieren des Mensaimages waren sie sicher von Vorteil.

Es fanden Studentenkochkurse mit Köchen wie Mike Süßer (RTL-Kochprofis) oder Oliver Horn (Restaurant NIU) statt. Auch unser damaliger Souschef Alexander Brandstötter leitete schon erfolgreiche Kochevents in der Mensaküche. Er ist ein Feind des Einheitsgeschmacks. Besonders gefiel mir, als der Direktor der Tourismusschule Bad Leonfelden, Autor von zahlreichen anerkannten einschlägigen Lehrbüchern, auf mich zukam, um gemeinsam mit mir, einem seiner Absolventen, das Catering für das 14. Jahrestreffen des

Verbands Europäischer Tourismusschulen zu organisieren. Gemeinsam mit meinen ehemaligen Lehrern bereiteten wir ein Galabuffet für über 600 internationale Gastronomieexperten zu. Dass diese Konferenz in den Jahren davor in Städten wie Paris oder Berlin abgehalten worden war, ehrte mein Team besonders.

Es waren nicht mehr die besonderen Ereignisse, die man bei meiner Tätigkeit selten erlebt, sondern es war vielmehr das freie, selbstständige und verantwortungsvolle Handeln, das mir immer besser gefiel. Einem Betriebswirtschaftsstudenten im letzten Semester zu erklären, dass es für 3,60 Euro pro Menü mit Suppe, Hauptspeise, Beilage und Getränk leider nicht möglich ist, die ohnehin großen Hascheeknödel zu vergrößern, nur weil die Knödel bei seiner Mutter noch größer als die in der Mensa sind, kann aber auch ganz schön spannend sein.

Dass es unter Tausenden zufriedenen Gästen natürlich auch Spinner gibt, ist klar. Wir hatten einen Spezialgast (kein Studierender!), der sich am Gemüsebuffet bediente und in regelmäßigen Abständen die extra zu bezahlenden Gemüsetaler unter dem auf dem Teller angerichteten Gemüse versteckte, um das Diebesgut an den Kassadamen vorbeizuschmuggeln! – Meine langgedienten Kassadamen kennen aber jeden Trick und verrechneten ihm ohne Worte das versteckte Gemüsestück. Der feine Herr hatte doch tatsächlich die Frechheit, meine Mitarbeiter anzubrüllen, was denn das solle, er ließ den Gemüseteller, ohne zu bezahlen, stehen und verließ schimpfend die Mensa. Dies wiederholte er noch zweimal, bevor ich ihm ein Lokalverbot aussprach. Einige Wochen danach kam er zu mir und bat mich, das Verbot aufzuheben, er werde ab jetzt alles bezahlen. Um unnötigen Ärger zu vermeiden, willigte ich ein.

An einem Frühsommertag riefen mich meine Kassadamen im Büro an und teilten mir mit, dass soeben ein Gast mit den Worten „Ich bezahle nicht" mit einer kleinen Salatschüssel auf dem Tablett die Kassa im Marktrestaurant passiert und es sich seelenruhig in der Cafeteria zum Verzehr gemütlich gemacht habe. Ich ging auf den Gast zu und sagte ihm, dass er vergessen habe, sein Essen an der Kasse zu bezahlen, und er dies bitte nachholen solle. Der Gast sprang auf und schrie mich an: „Ich weiß genau, Sie sind der King von der Bank of England" und versuchte mich mit einem Fußtritt zu attackieren. Ich wich zurück und er setzte sich wieder, als wäre nichts passiert, und speiste weiter. Ich teilte meinen Mitarbeitern mit, den leicht verwahrlosten und stinkenden Gast zu ignorieren, und informierte die Polizei. Angesichts der Geruchsbelästigung, die von ihm ausging, lichteten sich die Tische rund um den Zechpreller. Als er mit dem Essen fertig war, bewegte er sich gemütlich in Richtung Hauptausgang. Ich folgte ihm und winkte die soeben vorgefahrene Funkstreife in meine Richtung. Die Beamten fragten mich nach dem Sachverhalt und nahmen die Verfolgung auf. Als der Gast das bemerkte, flüchtete er schnell in Richtung Bibliothek. Inzwischen hatten sich rund um mich einige Schaulustige versammelt, zum Großteil Studenten, und beobachteten die Festnahme kurz vor dem Eingang zum Hörsaaltrakt. Der Täter lag auf dem Boden und ihm wurden Handschellen angelegt. Neugierig fragten mich die Studenten, was denn passiert sei, und ich antwortete ihnen: „Dieser Gast hat nicht bezahlt!" Einer der Studenten griff in seine Hosentasche, holte eine 50-Cent-Münze heraus und sagte, er habe vor Kurzem vergessen, seine Semmel zu bezahlen. Wir sahen uns an und begannen zu lachen. Ich verzichtete auf eine Anzeige und die Polizeibeamten sprachen dem offensichtlich geistig Verwirrten ein Betretungsverbot für das gesamte Universitätsgelände aus.

2006 machte mich Herr Magister Kaißl auf die Firma Gastromed aufmerksam. Diese Firma führt intensive Betriebschecks durch und verleiht die sogenannten „Kessel" für Großküchen. Die Kessel sind das Pendant zur elitären „Haube" in der Nobelgastronomie und mir gefiel die Idee, uns testen zu lassen, von Anfang an gut. Einen Erfolg kann man zur Werbung gut gebrauchen und einen Misserfolg verschweigt man einfach. Wir bewilligten also den Test. Getestet wurden nicht nur die Küchen- und Serviceleistung wie bei den bekannten „Hauben", sondern auch der Einkauf, die Hygiene, die Speisenqualität, die Ernährungsphysiologie, das Marketing, die Mitarbeiter und die Wirtschaftlichkeit. Für die Aufarbeitung des benötigten Zahlenmaterials benötigte ich eine knappe Woche. Die erste Prüfung wurde vom Gastromedchef Peter Van Melle persönlich durchgeführt. Eines Kessels war ich mir sicher, erhofft haben wir uns aber zwei. Am 30. Juni 2006 präsentierte uns Peter Van Melle das Ergebnis seines Betriebschecks und verlieh uns auf Anhieb 17 von 20 möglichen Punkten, also drei der begehrten Kessel. Auch in den nächsten Jahren konnten wir dieses Ergebnis halten und die Punkteanzahl ständig erhöhen. 2008 erreichte unser Team bei der Kessel-Award-Verleihung in Waidhofen den zweiten Platz unter allen getesteten Großküchen aus Österreich und Deutschland. Auch Gastrokritiker wie Peter Hirsch stellten uns ein gutes Zeugnis aus. Als Krönung richtete der damalige Bundesminister für Wissenschaft und Forschung Dr. Johannes Hahn ein persönliches Schreiben an mich und den Küchenchef und gratulierte uns und unseren Mitarbeitern zu diesem Erfolg. Er bedankte sich für den Einsatz und das Engagement beim gesamten

Team und beendete seinen Brief mit folgendem Schlusssatz: „Sie und Ihr Team erfüllen eine wichtige Sozialfunktion in unserer Gesellschaft, vor allem zum Wohle der Studierenden und Mitarbeiterinnen und Mitarbeiter der Universität Linz." Dieses Lob von höchster Stelle hat uns sehr gefreut!

Gratulation zum dritten Kessel – Franz Schmidbauer

Ich bevorzugte immer die aktiven gastronomischen Tätigkeiten beim Gast vor den administrativen. Als ich eines Morgens nach einer langen Cateringveranstaltung mein Büro betrat, traf ich meine Assistentin aufgeregt und den Telefonhörer von ihrem Ohr weghaltend an. Am anderen Ende der Leitung war die wütende, laute Stimme unserer Chefbuchhalterin aus Wien zu hören, die sich über irgendetwas furchtbar aufregte. Ich hielt den Hörer zu und fragte meine Assistentin leise, worum es denn eigentlich bei diesem „Gespräch" gehe. Sie antwortete mir: „Um sechs Cent Monatsdifferenz im Kassabuch." Genau das brauchte ich nach einem 17-Stunden-Tag und nach einer der stärksten Cateringwochen im Jahr. – Eine Aufregung wegen sechs Cent! Ich nahm den Hörer und meldete mich sehr lautstark: „Guten Morgen! – Worum geht es hier eigentlich, doch nicht etwa um eine lächerliche Differenz von sechs Cent, das gibt's ja wohl nicht, wir reißen uns hier den Arsch auf, um unsere Ziele zu erreichen, und Sie quälen uns frühmorgens mit so einer Kleinigkeit." Ich legte den Telefonhörer auf, nahm ein Briefkuvert zur Hand, steckte einen Zehn-Euro Schein hinein und fügte folgende Kurznotiz hinzu: „Hier sind zehn Euro, damit können Sie 166 Monatsdifferenzen zu à 6 Cent ausgleichen, also lassen Sie uns die nächsten 13 Jahre einfach mit so lächerlichen Themen in Ruhe!" Im selben Moment kam der Unibriefträger ins Büro und ich gab ihm den Brief gleich mit. Mir war klar, dass ich hier die Grenze überschritten hatte und besagte Dame gleich zum Geschäftsführer laufen würde, deshalb rief ich ihn an und erzählte ihm die ganze Geschichte vorab. Nachdem ich unserer Chefbuchhalterin die näheren Umstände, die zu dieser Auseinandersetzung geführt hatten, in Ruhe erklärt hatte, verstand auch sie meine Reaktion und das Ganze nahm ein versöhnliches Ende. Von da an war das Verhältnis zu unserer Buchhaltung viel besser, man könnte fast schon sagen, harmonisch. Als Praktiker bin ich bis heute ein Gegner von übertriebener Bürokratie!

Im Frühjahr 2012 war es so weit, die nun in Pemcon-Personal Empowerment Consulting GmbH umbenannte Firma Gastromed (My Kessel) verlieh uns den lang ersehnten vierten Kessel mit 19,06 von 20 Punkten und wir waren stolz, unter mittlerweile 250 getesteten Betrieben ganz vorne dabei zu sein. Auch dieses Mal reagierte das Ministerium, besser gesagt der Bundesminister O. Univ.-Prof. Dr. Karlheinz Töchterle, mit einem netten Brief und gratulierte der gesamten Crew zu diesem großen Erfolg. Ich hatte also wieder allen Grund, auf meine Mitarbeiter stolz zu sein!

Mag. Albert Kaißl, Alexander Schedl – Jour fixe

Im September 2012 wurde unser altgedienter Küchenchef Xandl vom jungen Souschef Alexander Brandstötter abgelöst. Er führt seither die Küche auf dem von Xandl vorgegebenen hohen Niveau weiter und bringt auch mit eigenen Ideen frischen Schwung hinein. Alex ist auch ein Feind des „Einheitsgeschmacks“ und versucht, soweit es in einer Großküche möglich ist, sich von Convenienceprodukten zu distanzieren bzw. nur die wirklich notwendigen und sinnvollen Produkte zu verwenden. Unser Problem ist aber, dass ein Großteil der heutigen Jugend nur noch diesen Geschmack kennt und frisch zubereitete Speisen aus hochwertigen Zutaten für sie befremdlich oder, um es mit den Worten der Jugendlichen zu sagen, komisch schmecken. Wir bezeichnen diese Gäste liebevoll als „Glutamatisten“ und hoffen, dass die immer häufiger in Schulen durchgeführten Geschmacksseminare unseren Kindern wieder beibringen werden, wie ein hochwertiges, gutes Lebensmittel eigentlich schmecken sollte.

Im Mai 2013 folgte Gerhart Stadlbauer, ein gelernter Koch und Keplerabsolvent, als Geschäftsführer Albert Kaißl nach, der sich nach über 25 Jahren an der Spitze der österreichischen Universitätsgastronomie in den wohlverdienten Ruhestand verabschiedete. Er wird sicher dafür sorgen, dass es meinen 65 Mitarbeitern und mir nicht an Herausforderungen mangeln wird. Es bleibt also für mein erfahrenes, routiniertes und loyales Team und mich weiterhin spannend.

Kapitel 18: Vinophil-kulinarische Geschichten „Best of ...“

In all den Jahren während meiner Tätigkeit für die ÖMBG ist mir meine Liebe zum Wein geblieben: nun aber immer weniger als einem weinfixierten Dienstleister an der Front, sondern vielmehr als Privatmann. Wer sich einmal dem Genuss von feinem Wein und erlesenen Speisen verschrieben hat, den lässt diese Leidenschaft nicht mehr so leicht los. Ein Leben ohne Wein ist nicht lebenswert!

Lebensart in Montalcino

Gregor, mein Nachbar und Genießer von ausgesuchten Weinen und Speisen, reiste mit mir gemeinsam im November zum jährlich stattfindenden Merano Wine Festival nach Südtirol. Am zweiten Verkostungstag probierten wir am Stand des Consorzio di Brunello di Montalcino einige der edlen Weine aus der Toskana, als wir plötzlich von einem aus der bisher degustierten Serie von Brunelli herausstechenden Tropfen völlig überrascht wurden. Wir erkundigten uns sofort nach diesem Weingut und die Dame, die die Verkostung beaufsichtigte, teilte uns mit, dass sogar der Besitzer heute hier im Kurhaus von Meran anwesend sei. Kurz darauf erschien Lionel Cousin, der Winemaker und Besitzer von Cupano, um uns Rede und Antwort zu stehen. Ein älterer Herr, der eine Ruhe ausstrahlte, die fast schon ansteckend war. Nachdem er uns alle Informationen über seinen Wein mitgeteilt hatte, fragten wir ihn, ob wir einige Flaschen gleich hier auf der Messe kaufen könnten. Er sagte uns, dass er nur sehr wenige Flaschen mitgenommen habe und wir ihn, bei ehrlichem Interesse an seinen Weinen, gerne im Frühjahr auf seinem Weingut in Montalcino besuchen könnten, um unsere Einkäufe zu tätigen. Der Geschmack dieses Weins blieb mir den ganzen Winter über in Erinnerung und so kam es, dass ich Lionel im Februar kontaktierte und unseren Besuch ankündigte. Gregor konnte aus beruflichen Gründen leider nicht mitkommen, so reisten Walter und ich in die Toskana, um für uns und einige Weinfreunde ein kleines Kontingent zu erwerben. Ich habe vor Kurzem in der letzten Brunello-Kiste von damals jenen Reisebericht gefunden, den ich damals an alle meine Weinfreunde gerichtet hatte. Hier nun der unveränderte Text:

Liebe Weinfreunde!

Es ist getan! Der „Cupano" ist eingetroffen. Ich wurde von einigen gebeten, einen kleinen Reisebericht zu erstellen. Dies mache ich gerne für Euch. Um Erlebtes wiederzugeben, würde man einen kleinen Roman füllen, so hier nun ein kleiner Auszug. Eines sei zu Beginn gleich zu sagen: Wer diesen Wein im Keller hat, besitzt eine weltweit einzigartige Rarität und unserer Meinung nach den besten Brunello der Region. Mit einer Jahresproduktion von 1 000 Flaschen im Jahr 2001 sind wir mit einem Kauf von 12 % des Ernteertrags sozusagen Hauptaktionäre. Nicht zu vergessen, dass der 2001er ein hervorragendes Jahr war. Niemals hätten wir die Möglichkeit gehabt, diese Menge zu erwerben, wenn Lionel uns nicht sein Wort in Meran gegeben hätte.

Der Winzer Lionel Cousin hat vor elf Jahren begonnen, Wein zu machen. Davor war er ein Filmemacher, der auf der ganzen Welt zu Hause war. Die Ausstrahlung und Ruhe von Lionel gingen gleich am ersten Abend direkt auf uns über. Nach elf Stunden Fahrt lud uns Lionel zum Familiendiner auf sein Weingut ein. Ein leicht verregneter Samstagabend begann bei offenem Feuer im Speiseraum der Familie mit einem traditionellen Fiorentiner Steak, das direkt am offenen Feuer im Wohnzimmer zubereitet wurde. Es war wohl das größte Steak, das Walter und ich je gese-

hen haben (ca. 2,2 kg). Als Dessert zauberte uns Lionels Tochter Orsa eine wundervolle Apfel-Tarte. Eines ist sicher, wer so mitten in den Weinbergen von Montalcino empfangen wird, der vergisst sofort die Hektik und Geschwindigkeit „unserer Welt" und lässt sich einfach mitreißen.

Wir starteten mit einer Flasche Rosso di Montalcino 2002, gefolgt und parallel verkosteten wir den Rosso 2003, dann den Umbrone 2003 und zu guter Letzt den Brunello di Montalcino 2002. Dieser Abend endete nach endlosen interessanten Gesprächen am offenen Kamin im Wohnzimmer der Familie Cousin. Leicht benebelt, im Hintergrund klassische Musik, und nach einer weiteren Flasche Brunello wurden unsere Gespräche schon leicht philosophisch. Zu guter Letzt sagte er uns, dass er noch keine Zeit gefunden hatte, uns den Rosso di Montalcino zu etikettieren, und er das sofort am nächsten Morgen erledigen werde. Walter und ich sahen uns kurz an und boten ihm unsere Hilfe an.

Am nächsten Morgen machten Walter und ich einen genauen Plan zur Gestaltung unseres letzten Tages in Montalcino. Aber es sollte anders kommen.

Ein kurzer Auszug aus dem geplanten Programm:
7:30 Uhr: Tagwache
9:00 Uhr: Besichtigung des Weingutes
10:00 Uhr: Hilfe beim Etikettieren
10:30 Uhr: Kurze Jause
11:00 Uhr: Besichtigung der Festung Montalcino
12:00 Uhr: Mittagessen in irgendeiner Osteria
14:00 Uhr: Besichtigung von Castello Banfi
16:00 Uhr: Laden und Bezahlen des Weins
17:30 Uhr: Ausflug nach Grosseto (ans Meer)

Fakt war, dass uns Lionel sein ganzes Weingut zeigte, seine Zukunftsvisionen erklärte und wir nach getaner Arbeit (etikettieren) noch zu einer kleinen Jause im Freien (22 Grad im Schatten) eingeladen waren und wir genau dort weitermachten, wo wir am Vortag aufgehört hatten. Wir saßen in der Sonne und verkosteten die am Vortag bereits geöffneten Flaschen nochmals, um etwaige Rückschlüsse auf die Entwicklung der Weine zu machen. Am Weinberg sitzend, den ersten Frühlingstag genießend und unter der bereits leicht beginnenden Wirkung des Weines, wurden alle Pläne rasch verworfen und wir verbrachten den ganzen Tag bis kurz vor Sonnenuntergang auf Cupano. Walter und ich konnten uns auch nach angestrengtem Überlegen nicht erinnern, wann wir zuletzt einen so entspannten Tag genossen hatten. Bei uns ging dies so weit, dass wir uns mit ernsthaften „Aussteigergedanken" beschäftigten. Wir gaben ihm unser Wort, dass jede einzelne Flasche Brunello mit Andacht getrunken werde und nur von Menschen, die Wein auch zu schätzen wissen. Auch noch interessant war, dass es sich um einen Biowein handelte. Lionel versuchte, die Chemie, soweit es ging, bei seinen Weinen nicht zu verwenden. Der Sulfatgehalt dieses Weines war also niedriger als bei vielen anderen Weinen, somit benötigte er bei Langzeitlagerung ideale Temperaturen. In Lionels Weinkeller war klassische Musik, wie z. B. Schubert, allgegenwärtig. Er meinte, der Wein sei das gewohnt. Es war uns natürlich ein Anliegen, den Wein perfekt temperiert und so schonend wie möglich nach Österreich zu kutschieren. Wir sorgten sogar für die klassische Musik während der Fahrt, um dem Wein bis zur Ankunft in Linz die gewohnten Bedingungen zu bieten. (Das ist nun ein wenig übertrieben, aber …)

Auf die Frage, welchen Brunello-Maker Lionel persönlich sehr schätze, bekamen wir gleich drei Antworten:

1. *Gian Carlo Pacienti*
2. *Salienti (organic)*
3. *San Polino (organic)*

Ich hoffe, unser Reisekurzbericht bringt Euch beim Genießen diesen edlen Tropfens auch ins Schwärmen. Im Anhang findet Ihr noch einige Eindrücke von Cupano. Sehr zum Wohl und denkt immer daran: Das Leben ist viel zu kurz, um schlechten Wein zu trinken!!!

Alex und Walter

Diesem Bericht ist wohl nicht mehr viel hinzuzufügen. Es sind oft die kleinen Dinge im Leben, die wirklich Freude machen. Was ist schon groß dabei, einige Stunden Autofahrt in Kauf zu nehmen, um derart schöne Eindrücke zu erleben. Man macht das viel zu selten!

Alexander Schedl, Lionel Cousin, Walter Trybek auf Cupano

Best of 1996

Besonders in Erinnerung geblieben ist mir eine wunderschöne Einladung zu einer Blindverkostung auf Schloss Parz in Grieskirchen im November 2002. Bekocht wurden wir von der Haubenköchin Elisabeth Grabner und kommentiert wurde die Verkostung von Martin Buttinger. Bevor wir die edelsten und besten 96er Serien aus der Alten und Neuen Welt blind degustierten, wurden uns vorab vier Gänge serviert, und zwar relativ zügig, um uns nicht allzu lange auf die Folter zu spannen.

Wir starteten mit einer Roulade von Hummer und Seezunge an Schwarzwurzeln und jungem Spinat, dazu wurde uns ein 1999er Chardonnay Smaragd vom Weingut Prager gereicht, gefolgt von einer Rahmsuppe von schwarzem Rettich und Trüffel, zu der uns parallel ein 2001er Riesling Klaus Smaragd aus demselben Weingut gereicht wurde. Zu den Mille Feuilles vom Kalbsbries mit Gamberetti gab es dann den etwas reiferen Prager Veltliner Bodenstein 1990, den wir über das nächste Gericht, die Crêpinette von der Bresse-Taube mit roten Rüben, hinaus genossen. Zu erwähnen ist, dass dies die beste Taube meines Lebens war! Nach einer kleinen Pause wurden uns die ersten beiden Serien, bestehend aus je vier Weinproben, gereicht. Es galt nun blind den Gewinnerwein des Abends zu finden und die einzelnen Weinnuancen zu erschmecken. Wir wussten zwar, welche Weine es an diesem Abend geben sollte, nicht jedoch, welchen der insgesamt 16 Rotweine wir gerade bekamen.

Wir waren zwölf Teilnehmer, die auf zwei runde Tische verteilt wurden. Jeder bekam eine Liste der Weine und konnte seine Bewertungsnotizen darin eintragen. Neben mir und meiner Frau saß ein junges Pärchen, das Frau

Grabner für das Hochzeitscatering buchen wollte und sich als Fans ihrer Bresse-Taube outete. Der Herr verfügte trotz seines jungen Alters über ein enormes Fachwissen über die edelsten Weine dieser Welt. Was er in den letzten Wochen schon probiert hatte, entsprach dem Gegenwert eines Kleinwagens. Er wirkte aber nervös und verließ ziemlich oft den Raum, um zu telefonieren. Den Grund dafür erfuhren wir bald. Der Motor seines 600er Mercedes ließ sich nicht mehr abstellen und er hatte den Notdienst angewiesen, ihm nach der Weinprobe einen Ersatzwagen zu organisieren. Er beschrieb die Weine sehr gut und landete die meisten richtig erratenen Treffer am Tisch. Als ich ihn fragte, wo er sich sein umfassendes Weinwissen angeeignet habe, teilte er mir mit, dass er bereits jahrelang ein paarmal in der Woche Weine aus dieser Liga trinke und daher ihre Charakteristik kenne. Was macht er wohl beruflich, dachte ich mir noch, als er auch dieses Geheimnis lüftete. Er betrieb mehrere Spielcasinos im Osten und speziell in Weißrussland. In diesem Business kann man sich schon das eine oder andere gute Flascherl leisten. Zwischen den beiden Doppelserien speisten wir Rücken und Schlögel vom Junghirsch mit Holunder und Sellerie.

Es ging weiter und die letzten acht Weine wurden verkostet. Unter folgenden großen Weinen einen Favoriten zu küren, war alles andere als leicht:

Lafite-Rothschild	*1996*
Latour	*1996*
Mouton Rothschild	*1996*
Argiano Solengo	*1996*
Antinori Solaia	*1996*
Sassicaia	*1996*
Sissek Pingus	*1996*

Palacio L'Eremita	*1996*
Artadi Pagos Viejos	*1996*
Opus One	*1996*
Dominus	*1996*
Silver Oak SS Napa	*1996*
Sena	*1996*
Alma Viva	*1996*
Penfolds Grange	*1996*
Astralis	*1996*

Herr Buttinger präsentierte uns den Gewinnerwein des Abends. 50 % der Gäste, auch ich, hatten einen mir damals noch unbekannten Wein gewählt. Gegen die Weltelite gewonnen hatte ein spanischer Wein aus dem Gebiet Ribera del Duero, Pingus 1996 vom berühmten Winemaker Peter Sissek. Als ich das sehr unspektakuläre Etikett bewunderte, dachte ich, ein Cosecha, den man sich wahrscheinlich auch leisten kann. Ich bat den Kommentator des Weinabends, mir zu sagen wo ich ein bis zwei Kisterln dieses wunderbaren Weines kaufen könne. Obwohl ich mich schon intensiv mit dem Thema Wein beschäftigt hatte, kannte ich diesen Wein noch nicht. Als mir dann ein Flaschenpreis von circa 700 Euro genannt wurde, war die Kauflaune auch gleich wieder dahin. Der Pingus zählt auch heute noch zu den teuersten Weinen Spaniens.

Den Sainte-Maure übersprang ich gerne, da ich mich bis heute mit Ziegenkäse nicht wirklich anfreunden konnte. Zum Abschluss des perfekten Abends wurde eine gebratene Creme mit Mandel-Vanille-Eis und eingelegten Dörrmarillen gereicht, dazu noch ein Gläschen Weinrieder Weißburgunder Eiswein 1991. Die damals geleerte Flasche Pingus 1996 steht heute noch als Erinnerung an diese gelungene Veranstaltung in meinem Weinkeller.

Château Mouton Rothschild im Palais Coburg

Zu meinem 40. Geburtstag erfüllte mir meine Familie einen Herzenswunsch, einmal bei einer schönen Moutonverkostung dabei zu sein und dazu gut zu speisen. Im noblen Hotel Palais Coburg in Wien wurde eine Moutonverkostung ausgeschrieben, degustiert wurden die Jahrgänge 2005, 1995, 1985 und ein 1975er aus der Sechs-Liter-Imperialflasche. Dazu kredenzte der Zwei-Michelin-Sterne-Koch Silvio Nickol ein Fünf-Gänge-Menü. Begleitet wurde ich von meinem Freund Walter Trybek. Die Verkostung wurde von knapp 50 Teilnehmern besucht und wir wurden an einem runden Siebenertisch platziert. An unserem Tisch saßen ein rumänischer Geschäftsmann mit junger Freundin, eine Mitarbeiterin der amerikanischen Botschaft und ein Ehepaar aus Wien. Noch vor der Veranstaltung fragten wir, ob es möglich sei, den weltberühmten Weinkeller des Palais zu besichtigen. Leider wurde uns das verwehrt, er könne nur zu bestimmten Zeiten besichtigt werden, wurde uns mitgeteilt. Schade, das wäre die Krönung gewesen.

Zum Saibling mit Gurke, Wasabi und Anisrauch wurde uns der 2008er Aile d'Argent, ein gereifter Weißwein aus dem Hause Rothschild, der sich aus zwei in etwa gleichen Teilen Sauvignon blanc und Sémillon und einem minimalen Anteil Muscardelle zusammensetzt, gereicht, bevor wir direkt auf die roten „Granaten“ losgingen. Weiter ging es mit einer Etouffée-Taube mit Amarant und roten Rüben, gefolgt von einem Rinderfilet mit klassischer Sauce béarnaise und einem Perlhuhn mit Kohlsprossen, Mohn und Rouennaiser Blutente. Ein schokoladiges Dessert mit Birne und Earl-Grey-Geschmack bildete den Abschluss.

Unter der Wirkung des herrlichen Weins wurde auch die Tischgesellschaft etwas lockerer und ich kam mit dem rumänischen Geschäftsmann ins Gespräch. Er war ein Stammgast im Palais und genoss ganz offensichtlich eine besonders gute Betreuung durch den Restaurantleiter und Sommelier. Walter und ich sahen uns an und fassten zeitgleich denselben Gedanken: Der Rumäne ist der Schlüssel zur Weinkellerbesichtigung! Wenn dies ein offensichtlich guter Stammgast nicht schaffte, wer dann? Ich erzählte ihm, dass wir es sehr schade fanden, dass wir diesen schönen Weinkeller heute nicht besuchen durften und wir nach der Verkostung liebend gerne eine gute Flasche Wein direkt im Keller getrunken hätten. Nun konnte er zeigen, wie viel Einfluss er hatte! Er winkte den Ober herbei und teilte ihm mit – er fragte nicht einmal –, dass wir im Anschluss im Weinkeller eine Flasche Wein trinken wollten. Nach einem kurzen Nicken der für den Keller verantwortlichen Person war das Tor zu den „heiligen Gewölben" offen. Jetzt mussten wir nur noch einen passenden Wein aus der mehr als umfangreichen Weinkarte wählen. Ich beriet mich leise mit Walter, um unsere finanziellen Grenzen festzulegen, denn wir hatten mit dem Rumänen vereinbart, dass wir uns die Kosten dieser Flasche teilen würden. Ich beobachtete meinen Tischnachbarn, wie sich sein Zeigefinger bei Weinen jenseits der 2 000 Euro pro Flasche kreisend bewegte. Ich bin gerne bereit, für guten Wein auch gutes Geld zu bezahlen, aber diese Klasse war eindeutig nicht unsere. Ich fragte ihn, ob ich den Wein wählen dürfe, und rettete mit einer günstigeren Flasche Château Haut Brion 1996 unser Budget.

Wir wurden durch alle Kellerräumlichkeiten geführt und genossen exklusiv eine gute Stunde im Weinkeller. Ein schöneres Erlebnis kann man sich als Weinfreak nicht wünschen. Im Anschluss beschlossen wir noch, eine kubanische Zigarre zu rauchen und einen Nightcap in der Bar zu trinken. Ich fragte die hübsche junge Begleitung des Herrn, welcher ihr Lieblingswein sei. Ohne zu zögern, sagte sie, der Batonnage. Ihr schmeckte also ein österreichischer Rotwein besser als die Franzosen. Wir genossen noch zwei Flaschen Batonnage 2006 in der Bar. Gegen zwei Uhr früh, wieder etwas hungrig geworden, beschlossen Walter und ich, auf Käsekrainer und Bier zum Würstelstand hinter der Staatsoper zu spazieren. Ein absolut würdiger Abschluss!

Kalifornische Fassprobe in Linz

Frei nach dem Motto „Die schönsten Erlebnisse entstehen aus der Spontanität des Handelns" wurde ich im Mai 2012 zur Mittagszeit zu einer am gleichen Tag am späten Nachmittag einberufenen Weinprobe ins Restaurant Essig's eingeladen. Ein kleiner Kreis von Weinfreaks sollte kalifornische Weine aus den Ridge Vineyards verkosten und Georg Essig zauberte ein paar Gänge, die wir am großen Verkostungstisch direkt neben dem Weinkeller genießen durften. Organisiert hatte diese nicht geplante Veranstaltung Michael Schenkenfelder, einer der größten Weinhändler Oberösterreichs und der Generalimporteur vieler großer Weine. Die Verkostung sollte schnell über die Bühne gehen, da angesichts des sehr kurzfristig angesetzten Termins so mancher Teilnehmer noch Abendtermine hatte. Jeder bezahlte einen Beitrag und schon konnte es losgehen.

Die Überraschung war groß, als der Winemaker Eric Baugher von Ridge Vineyards höchstpersönlich vor uns stand, um die Spontanverkostung zu kommentieren. Er hatte eine Fassprobe des berühmten Monte Bello 2011 im Reisegepäck und wir waren die ersten Europäer, die diesen Wein degustieren durften. Hoch konzentriert – die Verkostungssprache war Englisch – lauschte ich den Weinbeschreibungen von Eric und versuchte, die wesentlichen Informationen herauszufiltern. Wir begannen natürlich nicht mit dem „Flaggschiff" des Weinguts, dem Monte Bello, sondern tasteten uns wie folgt heran:

2009 Chardonnay – Santa Cruz Estate
2008 Zinfandel – Geyserville
2008 Zinfandel – Lytton Springs
2008 Cabernet Sauvignon – Ridge Estate

2008 Monte Bello
2007 Monte Bello

Zu guter Letzt der erste in Europa verkostete Monte Bello 2011 als „Barrel-Sample“. Bei diesem Wein handelte es sich um eine Cuvée aus 87 % Cabernet Sauvignon, 9 % Merlot und 4 % Cabernet Franc. Der Geruch dieses Weins war, als würde man eine Tasse Mokka riechen. Der 2011er entwickelt sich garantiert zu einem sehr edlen Tropfen und ich werde mir einige Flaschen in meinen Keller legen, um alle paar Jahre einmal eine Flasche zu öffnen und mich an diesen schönen spontanen Nachmittag, die glücklichen Gesichter der Weinfreaks und die vielen vinophilen Gespräche zurückzuerinnern. Auch hier reiht sich eine von Eric Baugher signierte Flasche dieser Fassprobe in mein Erinnerungsregal im Weinkeller.

Eric Baugher, Winemaker, Ridge Vineyards, Kalifornien

Austrian Big Bottle Summit 2013

Im April 2013 besuchte ich eine von Günter Hager organisierte Veranstaltung mit 130 Weinfreunden im Restaurant Josef in Linz. René Gabriel führte durch den Abend und die Küchencrew unter der Leitung von Andreas Atzelsberger zauberte über 30 Gänge Tapas.

Günter Hager, René Gabriel und Alexander Schedl

Die Minigerichte wurden in einer nicht enden wollenden lockeren Küchenparty in Form eines Flying Buffets stundenlang serviert. Der neue Küchenchef zeigte, was er konnte, und kreierte Tapasgerichte auf höchstem Niveau. Über 4500 kleine Tellerchen und Schüsselchen wurden in dieser Nacht angerichtet, eine logistische Meisterleistung von Küche, Service und Abwasch. Degustiert wurde ausnahmslos österreichischer Wein aus großen Gebinden. Es war ein Gipfeltreffen der XXXL-Großflaschen und vieler österreichischer Topwinzer. Die edlen Tropfen wurden gemeinsam mit den Winzern aus Magnum, Jeroboam, Imperial und Salmanazar in Glaskaraffen dekantiert und der Gast konnte sich nach Herzenslust daraus selbst bedienen.

Anders als bei so mancher formellen und oft auch steifen, ja in manchen Fällen sogar langweiligen Weinverkostung wurde hier eine Weinparty oder, wie René es bezeichnete, ein „Trinkrodeo“ veranstaltet. Nicht nur wir, sondern auch die Winzer hatten ihren Spaß. Viele Topwinzer wie Bernhard Ott, Hans Nittnaus, Josef Umathum, Lucas Pichler, Johann Donabaum, Sepp Högl und viele andere waren bei diesem Event dabei und es entwickelten sich zahlreiche nette Weingespräche. Es ist eine Bereicherung für Oberösterreich, dass es Gastronomen gibt, die solche Events planen und durchführen. Alleine die Zeit, die dafür aufgewandt wurde, um an die seltenen Großflaschen zu kommen, lässt sich in Wochen messen. Eine so lockere Weinveranstaltung hatte ich bis dato noch nicht erlebt. Ich konnte auch wieder einmal mit René Gabriel plaudern und ihn nach der Veranstaltung bei einem traumhaften Erdäpfelgulasch und Bier dazu gewinnen, dieses Buch mit einem lustigen Gastartikel zu bereichern.

New York – New York

Anstatt eine große Geburtstagsparty zu meinem Vierziger auszurichten, hatten meine Frau und ich beschlossen, nach einer langjährigen Fernreiseabstinenz gemeinsam Urlaub zu machen. Zuerst sahen wir uns New York an und danach war Ausspannen auf den niederländischen Antillen angesagt. Egal, welche Urlaubsdestination man wählt, das Essen trägt mindestens 50 Prozent zu einem gelungenen Urlaub bei. Stimmt der Genussfaktor auf Reisen nicht oder ist das Weinangebot nicht in Ordnung, kann die Destination noch so schön und interessant sein, der Urlaub ist trotzdem nicht mehr zu retten. Das klingt für jemanden, der keinen Wert auf gutes Essen legt, sicher eigenartig und „schnöselhaft", für mich ist es aber so und dazu stehe ich!

Es mussten also Tische in guten New Yorker Restaurants gebucht werden, um den Aufenthalt in dieser Stadt zu einem gelungenen Urlaub zu machen. Auf den Spuren von Anthony Bourdain, der einer meiner Lieblingsautoren im kulinarischen Bereich ist, reservierte ich einen Tisch in seiner „Brasserie Les Halles" an der Park Avenue. Sein Buch „Geständnisse eines Küchenchefs" hatte ich mehrmals gelesen und es hat mich sicher, wenn auch unterbewusst, zu meinem eigenen Buch inspiriert. Das deutsche Nachrichtenmagazin „Der Spiegel" hat es auf den Punkt gebracht, es beschrieb sein Buch als eine Liebeserklärung an die Irren der Kochtöpfe und eine romantische Reise in die Finsternis der Kühlschränke. Voller Erwartung betraten wir das Lokal und wurden mit lockerer Freundlichkeit begrüßt. Die Tischkultur war sehr einfach und die auf der Speisekarte angebotenen Gerichte waren deftiger Natur. Ausgesprochen nette und fröhlich wirkende Servicemitarbeiter bedienten uns und trotz der hohen Gästefrequenz spürte man keine Hektik – ein gut organisierter Laden. Ich wagte einen Blick in die Küche und sofort schossen mir die im Buch beschriebenen Geschichten durch den Kopf. Hier wurden also Tag für Tag Hunderte Gerichte produziert. Wer hier ein Fine-Dining-Restaurant erwartete, wurde jedenfalls enttäuscht. Die Portionen waren groß und die Küche würde ich als sehr klassisch bezeichnen. Von Gourmetfreunden waren mir die Gänseleber und die Crème brulée wärmstens empfohlen worden.

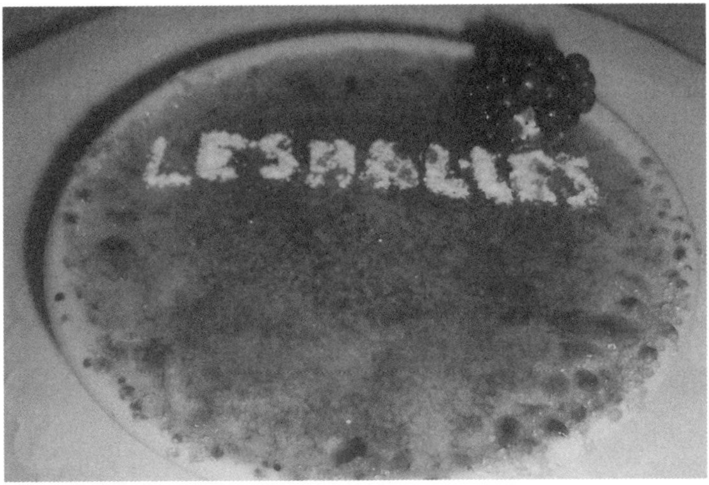

Crème brulée

Diese beiden Gerichte waren wirklich ein Gedicht und ich kann diese Empfehlung nur weitergeben. Auch die Crêpes Suzette wurden so, wie ich es vor Jahren gelernt hatte, vom Kellner, in unserem Fall von einer netten Kellnerin, am Tisch zubereitet. Schrecklich fand ich nur die Glaskultur, die zwar in einer einfachen Brasserie gut zum Konzept passte, für einen Weinfreak aber bedeutete, dass ich hier lieber Bier zum Steak trank. Für ein einfaches „französisches Gasthaus“ war das Ambiente aber eine sehr stimmige Angelegenheit.

Mein Freund Gregor hatte mir den besten Restauranttipp gegeben. Ob ich denn nicht wüsste, dass der Gallneukirchner Markus Glocker als Küchenchef im weltberühmten Restaurant Gordon Ramsay „At the London“ in Manhattan auf Zwei-Michelin-Sterne-Niveau koche? Gelernt hatte Markus im Linzer Courtyard by Marriott. Er kochte im Hotel Vier Jahreszeiten in München, dem Steirereck in Wien, dem Gordon Ramsay at Claridge's in London und auch unter Eckart Witzigmann in Berlin. Seit 2007 war er nun im Gordon Ramsay „At the London“ im Big Apple. Mit unter 30 Jahren eine Position als Executive Chef in einem der besten Restaurants in New York zu bekleiden und für an die 70 Köche die Verantwortung zu tragen, ist eine beeindruckende Leistung. Ich wollte natürlich im Fine-Dining-Bereich des Hotels speisen. Es war nicht leicht, einen Tisch dort zu buchen. Selbst die New Yorker mussten in den Spitzenzeiten mehrere Monate Wartezeit in Kauf nehmen. Über Buchungsplattformen war es jedenfalls unmöglich, dort zu buchen. Auch am Telefon teilte man mir mit, dass meine Chancen im gewünschten Zeitraum schlecht stünden. Im zweiten Restaurant des Hotels „Maze, by Gordon Ramsay“ wäre es kein Problem gewesen, aber ich wollte mich im begehrten Michelin-Sterne-Restaurant den kulinarischen Genüssen hingeben. Dank Willi Minder, einem Freund der Familie Glocker, der für uns ein gutes Wort einlegte, wurde es dann doch möglich, in den „heiligen Hallen“ zu reservieren. Er hatte uns auch bei Markus angekündigt und wir wurden mit Champagner in der Hotelbar empfangen. An diesem Tag hatte unsere Sightseeingtour bereits am frühen Morgen begonnen. Wir kamen von den tollen Eindrücken dieser Stadt ziemlich abgekämpft zum Diner und freuten uns auf einen gemütlichen Ausklang. Tagsüber war es über 30 Grad heiß gewesen und angesichts dieser Hitze bestellten wir lediglich ein dreigängiges Menü mit Weinbegleitung. Da Markus den Besuch aus seiner Heimat dazwischen immer wieder mit Küchenkreationen überraschte, blieb es ohnehin nicht bei drei Gängen. Wir durften Geschmacksempfindungen und Aromen kennenlernen, die wir absolut nicht zuordnen konnten.

Markus Glocker mit Familie Schedl

Besonders in Erinnerung geblieben ist mir eine kross gebratene Entenbrust, die durch eine spezielle Art der Räucherung zu einem nachhaltigen Geschmackserlebnis wurde. Das Lamm meiner Frau und auch das Filet meiner Tochter waren von vollkommener Qualität. Den Abschluss machte ein süßes Soufflé, dessen Lockerheit und Luftigkeit nicht zu überbieten waren. Die vom Sommelier dazu gereichten Weine korrespondierten perfekt zu allen Gängen. Zwischendurch besuchte uns Markus im Restaurant und kündigte eine Küchenführung nach dem Abendgeschäft an. Wir betraten sein Reich und er führte uns durch die beeindruckende Küche.

Vom Chef's Table hatte man den besten Blick über die ganze Küche. In intensiv arbeitsschwangerer Atmosphäre reservierten viele Feinschmecker genau diesen Tisch in der Küche. Hier konnte man den Starköchen dieser Welt auf die Finger schauen und das Flair der Küche hautnah miterleben. Um die Gäste dieses Tisches kümmerte sich der Chef de Cuisine höchstpersönlich. Nur zum Weinservice eilte der Sommelier herbei. Dieses Gourmetprivileg in Form eines Acht-Gänge-Menüs mit Betreuung durch den Chef blieb aber angesichts der starken Nachfrage nur einem kleinen Teil der Gäste vorbehalten. Wir haben uns sehr über den Einblick hinter die Kulissen dieses Gourmettempels gefreut. Wer wie Markus nach einem harten Arbeitstag mit so einer Begeisterung von seiner Arbeit erzählen kann, dem macht sein Job wirklich Spaß, und das merkten wir an jedem dort servierten Gang. Sein Boss Gordon Ramsay, der alle paar Wochen einmal vorbeischaute, zählte zu den allerbesten Köchen der Welt und auch Markus war, wenn überhaupt, nicht weit davon entfernt. Die österreichische Gastronomie kann auf Exilgastronomen wie Markus mit Recht stolz sein und sein Ausspruch vor der Presse gefällt uns besonders: "Success for me is when the customer is happy."

Chef's Table, Gordon Ramsay, New York
Photo Credit: The London NYC

Markus Glocker
Photo Credit: The London NYC

Kapitel 19: Gastrogastgeschichten

Georg Essig

Geboren am 28. Juli 1962 in Linz, verheiratet, eine Tochter, Hotelfachschule Bad Leonfelden, Quereinsteiger als Koch 1990, erreichte die dritte Haube im Jahr 2005, selbstständiger Gastronom seit rund 26 Jahren mit seinem Restaurant „Vogelkäfig“ und nun dem Essig's in Linz, mit über 600 abgehaltenen Kochkursen lässt sich diese große Leidenschaft nicht verbergen, Wein- und Kunstliebhaber.

„Das kommt nicht rüber!“ Oder wie es ist, wenn man weiß, dass ein Tester im Lokal sitzt

Autor: Georg Essig

Sehr oft werden wir gefragt, ob wir wissen, dass ein Tester im Lokal sitzt. In neun von zehn Fällen wissen wir es nicht. Sie kommen anonym und verlassen ebenso unbekannt auch wieder das Restaurant. Im Unterschied zum Guide Michelin (die vergeben die Sterne), wo sich die Tester nach dem Essen zu erkennen geben und in den meisten Fällen auch ausweisen. Man plaudert danach über die Gerichte, erwähnt diverse Details und kann zumindest nach Erscheinen der Kritik ein wenig nachvollziehen, was im Text steht und was man vielleicht besser machen kann. Erfreut ist man aber trotzdem nicht, wenn die Kritik negativ ausfällt. Es handelt sich natürlich um eine rein subjektive Beurteilung des Testers, die außerdem vom Gemütszustand am Tag des Besuches beeinflusst wird.

Es ist schon viele Jahre her, als uns ein Kollege aus einem anderen Restaurant anrief und uns mitteilte, dass ein Tester, der namentlich bekannt war, in der Stadt sei, um die Linzer Restaurants zu testen und anschließend darüber ein Urteil zu fällen. Genauso geschah es und Sie können sich vorstellen, was bei uns los war. Es musste alles perfekt sein, nichts wurde dem Zufall überlassen, das Personal voll instruiert, der schönste Tisch noch schöner eingedeckt und eigentlich konnte nichts mehr schiefgehen. Wir warteten nur mehr auf das Eintreffen des Testerehepaares aus Salzburg. Pünktlich auf die Minute erschienen sie und die große Frage, die sich natürlich schon vorher gestellt hatte, war: Was werden sie bestellen? In jeder Küche gibt es die Lieblingsgerichte eines Kochs, die locker von der Hand laufen, und Gerichte, die aus den verschiedensten Gründen oft nicht zu 100 % klappen. Wie heute weiß ich es noch, dass Bärlauchsuppe, Lamm und Kaninchen-Crépinette bestellt wurden, wie erfreut wir darüber waren und dass ich mir innerlich schon die Hände rieb.

Nach einem kleinen Gruß aus der Küche servierten wir die Bärlauchsuppe, perfekt mit einem Stabmixer aufgeschäumt, und das vor allem ohne Pülverchen aus der Molekularküche. Jedoch schon nach einigen Löffeln der giftgrünen Schaumsuppe winkte der Tester meine Frau zum Tisch und erkundigte sich, ob denn der Bärlauch in Oberösterreich anders schmecken würde als in seiner Heimat Salzburg. Die Suppe war ihm zu wenig scharf. Nach Rückmeldung in der Küche probierten wir selbst noch einmal aus dem Suppentopf und waren, wie das halt so ist, der Meinung, dass es unterschiedliche Auffassungen von Schärfe gibt. Die Hauptspeise stand nun an und eigentlich war die Wahl des Kaninchens perfekt. Kein anderes Gericht verkaufte sich besser. Wir formten aus den ausgelösten Keulen des Kaninchens eine Roulade, wickelten sie obendrein in ein Schweinenetz und hatten damit auch in Sachen Schwierigkeitsgrad sicher die Nase vorn. Durch das Einarbeiten einer Farce, die auch die klein geschnittenen Innereien des Tieres enthielt, war sie äußerst kompakt und nach dem Schneiden in zwei dickere Scheiben obendrein sehr hübsch anzusehen. Wir servierten dem Tester einen Lammrücken mit Rosmarinsafterl und seinen klassischen Beilagen wie Ratatouille und Polenta und seiner Frau die Crépinette vom Kaninchen auf Spargelrisotto und Salbeijus. Aus weiter Ferne und mit gierigem Blick um die Ecke spähend, beobachteten wir die beiden, wie sie zu essen begannen. Das Lamm schien offensichtlich zu munden, jedoch die gnädige Frau legte nach nur einem Bissen das Besteck zur Seite und beendete offensichtlich das Mahl.

O Gott, was kann da nur passiert sein? Meine Frau kam wie von einer Tarantel gestochen in die Küche und erkundigte sich bei mir, ob mit dem Kaninchen alles rechtens sei. Ich versuchte, sie zu beruhigen, und bestätigte ihr, dass dieses Gericht mit besonderer Sorgfalt zubereitet war und auch der Garpunkt von mir überprüft worden war. Nun denn, es blieb nicht aus und meine Frau ging zum Tisch, wie wir das immer tun nach kurzer Zeit, um uns zu erkundigen, ob alles in Ordnung ist. Das Lamm schmeckte, aber die Frau des Testers sagte nach kurzer Überlegung: „Das kommt nicht rüber!" Wie denn auch, das Tier war tot, fachmännisch zerlegt, von Knochen befreit, in ein Netz eingewickelt und sorgfältig auf den Punkt gebraten. Sie meinte allerdings den Geschmack des verwendeten frischen Salbeikrautes, das wir zwischen Schweinenetz und Kaninchenfleisch eingepackt hatten. Diese Geschmacksnote war für sie völlig neu. „Können wir Ihnen vielleicht eine andere Hauptspeise zubereiten?“ „Nein“, sagte die Dame, „ich muss ohnedies auf meine Linie achten.“ Meine Frau ging völlig zerstört zu mir in die Küche und sagte lautstark. „Na bravo, das haben wir nun davon und überhaupt ist sowieso alles Scheiße!“ Der Abend war gelaufen und das Urteil wahrscheinlich vernichtend. Der Teufel an der Wand war nur mehr eine Frage der Enthüllung, denn verbal hatten wir ihn schon vor dem Besuch an die Wand gemalt.

Es vergingen lange Monate des Wartens. Wir trösteten uns mit einem Gefühl der Gleichgültigkeit und doch kamen wir innerlich nicht wirklich zur Ruhe, lagen doch zwischen dem Testessen und dem Erscheinen des Restaurantführers einige Monate. Meist ist es der Herbst und für viele Restaurants der Beginn einer stressigen Zeit. Genau in dieser Zeit erscheinen die Restaurantführer und unabhängig davon, wie die Kritik ausfällt, es gibt stets ein enormes Aufsehen. Einerseits bei den Medien, die, wenn die Bewertung gut ausfällt, einige Zeilen darüber berichten wollen (meist mit Foto), andererseits bei den vielen lieben Stammgästen, die uns trösten und Mut zusprechen, wenn die Beurteilung in die Hose gegangen ist. In unserem Fall ging sie nicht in die Hose, das Kaninchen wurde gar nicht erwähnt, nur der Bärlauch aus Linz konnte mit dem wilden Knoblauch – wie er auch genannt wird – aus Salzburg nicht mithalten.

In den 90er-Jahren, als Gäste noch mit dem Restaurantführer unter dem Arm ins Lokal kamen, konnte eine vernichtende Kritik das Ende bedeuten. Heute nicht mehr. Es gibt sehr viele Restaurantführer und darüber hinaus jede Menge Plattformen im Internet, wo sich Gäste untereinander austauschen und ihre eigene Wertung abgeben. Neueinsteigern, wenn sie ihre Arbeit gut machen, kann die Erwähnung in einem dieser Führer sehr helfen. Mit einem Stern oder einer Haube weiß man meist, wie man dran ist. Dies gilt gleichermaßen für die Qualität und den Preis. Neue Lokale, von denen man spricht, werden sehr gerne vor allem von den Kollegen besucht. Es könnte sich etwas Neues auftun, und wie heißt es so schön: „Lieber gut kopiert als selber schlecht gemacht!"

Abschließend meine persönliche Meinung: Stern hin, Haube her, man sollte sich auf keinen Fall verrückt machen, seinen eigenen Weg gehen und konsequent durchziehen. Es kommt ohnehin, wie es kommen muss, und ein Quäntchen Glück braucht man in allen Lebenslagen. Mein Wunsch für die Zukunft ist, im Einklang mit meiner Frau Cornelia, meiner Tochter Theresa, meinen Mitarbeitern und vielen zufriedenen Gästen im Essig's alt zu werden.

René Gabriel

Wurde 1957 im Schweizer Kanton Nidwalden geboren. Gabriel machte eine Lehre als Koch im Hotel Gütsch in Luzern. 1986 übernahm er das Hotel Kreuz in Sempach, erkochte dort 13 Gault-Millau-Punkte und präsentierte dort die damals berühmteste Weinkarte der Schweiz mit mehr als 1 000 Positionen. 1990 wurde er als Einkaufschef und Head-of-Product-Manager von Mövenpick engagiert und schrieb sein erstes Buch „Bordeaux à Jour". Zwischen 1994 und 2004 folgten vier weitere Bücher, jetzt unter dem Brand „Bordeaux Total". 2005 gründete er die Eventfirma Weingabriel GmbH. Er wird häufig als Moderator von Weinevents engagiert und ist durch seine Radiointerviews und seine zahlreichen Fernsehauftritte im gesamten deutschen Sprachraum als Weinpapst bekannt. Bei all seinem Wissen vermittelt René Gabriel auch eines immer ganz klar: Das Wesentliche ist die Liebe zum Wein!

Hochwürden geht zu Bett
Autor: René Gabriel

Es gibt viele Geistliche, die auch profunde Weingeniesser sind. Entweder von den Mengen her oder vom Wissen. Bei dieser Geschichte treffen beide Elemente auf ein und denselben Pfarrer zu. Als wir gegen Abend im damaligen Restaurant Schafelner (Stadt Haag in der Nähe von Linz) eintrafen, sass er noch am Mittagstisch und verdrückte die letzten Marillenknödel und trank dazu ein halbes Fläschchen Süsswein. Und es standen noch zwei leere normale Flaschen auf seinem Tisch, die von früherer Fischverzehrung und Fleischeslust zeugten. Auf den Kaffee verzichtete der gewichtige Seelsorger und wechselte im Flug zum Apero, der für die Teilnehmer der anschliessenden Château-Montrose-Vertikale stattfand. Die Intervalle des Servicebesuches mit der Weissweinflasche schienen ihm etwas zu lang zu sein und so fragte er höflich nach einer „eigenen Flasche" mit der Bitte eines diskret aufgestellten Eiskübels in seiner Griffnähe. Dann bat der Veranstalter zu Tisch und schenkte die ersten fünf Gläser mit verschiedenen Jahrgängen Château Montrose ein. Die Tannine dieses berstigen St-Estèphe schlugen so richtig auf die Zunge, die am Schluss der Probe wie sandgestrahlt wirkte. Dem Pfarrer schienen die Gerbstoffe aber nichts auszumachen und er lächelte gütig, roch jeweils kurz am Glas und schüttete einen Wein nach dem anderen in seinen Schlund. Notizen schrieb er keine nieder. Er könne sich das auch so merken. Auf dem Menüblatt standen alle zu verkostenden Weine und auch noch ein Hinweis auf einen Tischwein. Der Pfarrer fragte höflich, wann denn dieser Tischwein aufgefahren würde, weil bei ihm sei jetzt schon kein Wein mehr auf dem Tisch … Der Veranstalter bemerkte, dass dieser eigentlich für das Essen vorgesehen wäre, aber man könne diesen ja schon mal öffnen und allenfalls bereits jetzt ein bisschen verkosten. Gesagt, getan! Als das nette Servicefräulein sich nach dem Einschenken wieder von Hochwürden entfernen wollte, griff dieser nach der Flasche: „Lassen Sie diese doch einfach hier – man weiss ja nie, wann Sie wieder kommen!"

Weitere Serien folgten und endlich kam die versprochene Hauptspeise. Doch wo war der geplante Tischwein geblieben? Leider schon ausgetrunken. Es gab einen offensichtlichen, namentlich unausgesprochenen Haupttäter. So musste der Veranstalter zur offiziellen Weinkarte des Restaurants greifen und seine Kalkulation für diese tolle Weinprobe war definitiv dahin. Zum Ausklang bestellte sich der harte Kern noch die eine oder andere Flasche. Der Pfarrer gab sich immer noch durstig, ziemlich redselig, sichtlich genussvoll, aber irgendwie, was das Mitbestellen von zu bezahlenden Flaschen anbelangte, eher von seiner geizigen Seite. Am Schluss sass nur noch ein Trio am Tisch. Der Wirt, der Pfarrer und ich. Zeit zum „Insbettgehen", meinte der Hausherr und so standen wir auf. Was uns gelang – gelang dem Pfarrer nicht so ganz. Er schwankte sichtlich wie ein kleines Schiff bei Sturm und setzte sich gleich wieder, um den hoch wogenden Gerbstoffwellen auszuweichen. Jetzt half nur noch ein begleitendes Pilotieren. Franz Schafelner griff unter den rechten Arm des gewichtigen Gottesmannes und ich unter den linken Arm. Und so schleppten wir ihn durchs Restaurant und hatten unsere liebe Mühe, die nahezu 200 Kilogramm schwere Persönlichkeit die Treppe hinaufzubugsieren. Im Zimmer setzten wir den promilligen Koloss auf die Bettkante und fragten höflich: „Hochwürden, geht's?" Er nickte und wünschte uns eine gute Nacht! Am anderen Morgen sassen alle schon längst beim Frühstück. Bis auf eine Person. Die „Betthelfer" bekamen es langsam mit der Angst zu tun. Hätten wir ihn hinlegen sollen, anstatt ihn einfach so sitzend sich selbst zu überlassen? Ist er nach hinten gekippt und hat sich an der Bettkante womöglich den Kopf angeschlagen? Oder ist er nach vorne aus dem Bett gefallen? Franz und ich gingen nach oben. Klopften erst leise, dann immer lauter. Kein Ton. Jetzt öffneten wir die

Türe und staunten. Hochwürden sass immer noch genauso da – wie wir ihn vor Stunden verabschiedet hatten …

Mit weinfreundlichem Gruss
René Gabriel

Günter Hager

Geboren am 29. August 1955 in Linz, erster Haubenkoch von Linz, seit Jahrzehnten gastronomischer Trendsetter, hat mit dem Konzept Josef neue gastronomische Maßstäbe gesetzt, seit gut 25 Jahren Asienliebhaber und großer Förderer der tibetanischen Kultur. Sein Engagement für die Errichtung von Waisenhäusern für tibetische Flüchtlingskinder wurde mit zahlreichen persönlichen Audienzen vom Dalai-Lama gewürdigt.

Promistars und der Dalai-Lama

Geschichten vom ersten Linzer Haubenkoch, Erdäpfelsalat für den Sultan, Ratten am Himalaja, Waisenhäuser in Tibet und die berührendste Cateringveranstaltung meines Lebens!
Autor: Günter Hager

Die Landeshauptstadt Linz zählt in Österreich zu den Großstädten, im internationalen Ranking der Superstädte würde man uns allerdings eher als sehr lebenswerte Kleinstadt bezeichnen. Und doch finden Promis und Stars immer öfter in unsere liebenswürdige Stadt. Da all diese A-, B- und C-Promis auch essen müssen, kommen wir Gastronomen in den Genuss, sie bewirten zu dürfen. Der eine oder andere längere Kontakt lässt sich daher nicht vermeiden bzw. war er auch der Beginn einer langjährigen Freundschaft! Ich hatte als junger Koch in Linz das Vergnügen, das erste Restaurant zu betreiben, das mit einer der begehrten Gault-Millau-Hauben ausgezeichnet wurde. Ja, es waren sogar zwei und 15 von 20 der höchstmöglichen Punkten in diesem Gourmetführer. Eine Heerschar von Möchtegern-Feinschmeckern und viele, die es auch wirklich waren, beglückten uns mit ihrem Testbesuch. Da, wo der heutige Feinschmecker und Gast mündig geworden ist und wohl selbst entscheidet, wo es ihm schmeckt und wo nicht, waren diese Gastroführer damals noch wesentlichere Entscheidungshilfen bei der Restaurantwahl als heute.

Am seltsamsten benahmen sich aber unsere sogenannten „Rennstallbesitzer". Eigentümer war damals eine regionale Großbank und wie viele andere Banken, Großunternehmen und Kommunen hatte man die Idee, sich seine eigenen Restaurants, Starköche, Sommeliers und Weinkeller zu halten bzw. einzurichten. Einerseits war es in, es gehörte sozusagen zum guten Ton, wenn man sich ein eigenes Restaurant hielt, andererseits war man Herrscher über die üblichen Sperrstunden und Feiertage hinaus. War man hungrig oder durstig bzw. einer der Topkunden, musste der Starkoch oder Oberkellner auch am freien Tag einmal schnell ein Steak in die Pfanne hauen bzw. der Kellner den „Rennstallbesitzer" samt seinen Gästen bis in die frühen Morgenstunden bewirten. Unübertroffen in Sachen „Sitzenbleiben" war der Boss einer großen Bank und irgendwann auch mein Chef. Sitzrekord war damals im Zuge eines Geschäftsessens von elf Uhr vormittags bis etwa zwei Uhr früh! Aber nicht nur der Wirt hatte bei solchen Marathonsitzungen Anwesenheitspflicht, sondern auch der Chauffeur des Gastgebers. Man kann ruhig sagen, dass wir an solchen Tagen gleichermaßen „erfreut" waren. Heute bieten diese „Gästerestaurants“ ideale Möglichkeiten, die Repräsentationskosten (auch als Anfütterung bezeichnete Restauranteinladungen), das Nichtraucherverbot sowie die Öffnungszeiten der öffentlichen Restaurants zu umgehen.

In dieser Zeit wurde mein Restaurant für seine große Weinauswahl vom internationalen Weinmagazin Wine Spectator an die weltweite Spitze gereiht und der damalige Universitätsdirektor Dr. Othmar Köckinger (Kö), der gleichzeitig Komtur der Oberösterreichischen Weinbruderschaft war, zählte zu meinen treuesten Stammgästen. Aber selbst die Weinauswahl bei einem gemeinsamen Geschäftsessen wurde nicht in die Hand der Profis gelegt. Anstatt dem Komtur, der als genialer Weinkenner galt, die Auswahl des zu den ersten drei Gängen passenden Weißweins zu überlassen, wurde auch diese Wahl vom Banker persönlich getroffen. Der auserwählte rare und sauteure französische Rotwein passte jedenfalls nicht wirklich zu dem servierten Fischgericht!

Bei einer meiner vielen Österreichwochen in den 80er-Jahren im Ausland (Hongkong, Peking, Toronto usw.) hatte ich in einem TV-Interview gesagt, dass ich es traurig fände, dass Österreich mit seinen wunderbaren Wiesen, Almen und Feldern nicht in der Lage sei, eine bessere Lebensmittelqualität zu produzieren. Dies hatte eine einzigartige Hetzjagd einiger namhafter österreichischer Lebensmittelproduzenten auf mich zur Folge, als hätte ich mein Vaterland verraten. Das heute noch populäre Wirtschaftsmagazin Trend widmete dieser Kritik eine neunseitige Titelstory mit der Headline „Der Wilde von Linz“! Zwei junge ÖVP-Sekretäre, Dr. Molterer und Dr. Strasser, luden mich daraufhin ins Landwirtschaftsministerium zu einem Gespräch mit dem damaligen Landwirtschaftsminister Dr. Riegler ein und unterzogen mich einem vorsichtigen Kreuzverhör, was ich denn mit dieser Kritik tatsächlich gemeint hätte. Sie erkannten den tieferen Sinn des Rufes nach mehr Qualität in der österreichischen Landwirtschaft, daraufhin wurde ich eingeladen, einen Vortrag im Auditorium maximum an der Wiener Universität vor 700 österreichischen Viehzüchtern zu halten. Mit etwas Bauchweh trat ich in weißer Kochjacke an das Rednerpult und hielt den Anwesenden eine saftige Standpauke über ihre damals von mächtigen Genossenschaften gelenkte landwirtschaftliche Massenproduktion.

Ich kam zum Ende meines Vortrages und rechnete stark mit einem Pfeifkonzert. Auch faule Eier und Tomaten als Wurfgeschoße hätten mich nicht überrascht. Stattdessen erlebte ich Standing Ovations und einen Applaus, der nicht enden wollte. Noch nie in meinem Berufsleben hatte ich ein solches Glücksgefühl erlebt. Mut, Ehrlichkeit und Zielstrebigkeit hatte mir mein Vater beigebracht, heute hatte ich die Gelegenheit genutzt und sie waren gut angekommen.

Wenn die Agrarmarketinggesellschaft heute Millionen in die Werbung für erstklassige österreichische Produkte investiert, wenn unsere Bauern stolz sind auf das, was sie in unserem schönen Land Tolles produzieren, wenn die vielen großartigen Kochkollegen aus dem Vollen schöpfen, dann war ich damals als einer von vielen landwirtschaftlichen Pionieren und gastronomischen Missionaren als Wegbereiter beteiligt. Es kam, wie es kommen musste, die Presse setzte sich auf das Thema. Im ganzen schönen Land Österreich begann man umzudenken. Molkereien machten „reiferen" Käse, Viehzüchter verabschiedeten sich von der „Eier legenden Wollmilchsau" Kuh und züchteten Qualitätsfleisch, Wein wurde nicht nach Masse, sondern nach Klasse erzeugt, auf das „französische Bresse-Huhn“ folgte das österreichische Freilandhenderl und in Oberösterreich begann man, erstklassigen Spargel anzubauen. Unser Landwirtschaftsminister verlieh damals als einzigem Oberösterreicher dem Haubenkoch des Allegro-Restaurants Günter Hager die Ökosoziale Waage für seine Verdienste um die qualitätsorientierte landwirtschaftliche Produktion.

Österreichwochen in Hongkong, Peking und Toronto

Diese Food-Promotions im Ausland, vielfach mit der Bundeswirtschaftskammer durchgeführte Österreichwochen, waren mein damaliges Tor zur Welt und zu berühmten Gästen. Oft denke ich an mein Schmugglertalent, als ich etwa 10 kg beste Sauwalderdäpfel nach Hongkong schmuggelte, um dem Sultan von Brunai meine Lieblingskreation „Der noble Erdäpfelsalat“ bei einem großen Staatsbankett zu servieren. Großreeder, Multimillionär und Abgeordneter zum britischen Parlament in Hongkong Helmuth Sohnman, ein gebürtiger Linzer, lud mich ein, auf seiner Jacht in Aberdeen (Hongkong) für einen kleinen Gästekreis Innviertler Grammelknödel mit Gabelkraut zuzubereiten. Bei einem seiner vielen Besuche im Josef-Biergarten brachte er mir eine Kiste sündteure Cohiba-Zigarren mit, er habe sie von einem lieben Freund und er rauche nicht, sagte er mir, als er sie mir überreichte. Als ich sie öffnete, leuchteten mir das Wappen und der Schriftzug des legendären Drogengenerals und Präsidenten von Panama, General Manuel Noriega, entgegen – seinerzeit der größte Rauschgiftboss und angeblich heute noch in US-Haft sitzender Staatsfeind Nummer 1. Noch heute besitze ich einige Exemplare dieser edlen Zigarren. Hongkong gehörte damals zu meinen gastronomischen Lieblingsstädten. An die zwanzigmal durfte ich hier im Hotel Furama (Intercont/Kempinski) aufkochen.

Viele österreichische Hotelgeneraldirektoren darf ich heute noch zu meinen besonderen Freunden zählen. Ein ganz besonderes Vergnügen war es, als ich bei einem Empfang sogar dem Thai Pan von Hongkong vorgestellt wurde.

Das Hotel in den Bergen

Die Gage für meine Austrian-Food-Promotion im Dienste der österreichischen Landwirtschaft bestand in der Regel aus den Flügen, der Unterkunft im Hotelzimmer und natürlich Essen und Trinken. Manchmal gelang es mir, als Gegengeschäft einige Tage Urlaub in einem Schwesterhotel in Bali, Phuket oder in der Stadt Lhasa in Tibet zu verbringen, die mein Leben am meisten beeinflusst hat. Hier stand das Holiday Inn, das mein langjähriger Freund und der Hotelpionier aus Österreich, Ernst Zimmermann aus Stadl-Paura, bereits in den 70er-Jahren errichtet hatte. Es war lange Zeit das höchstgelegene Hotel der Welt, viele Geschichten aus der Gründerzeit der ersten internationalen Hotels im damaligen Maoland China hatte Ernst mir berichtet.

Wer Gelegenheit hat, sollte sich das Buch „Das Hotel in den Bergen“ besorgen. Ein englischer Mitarbeiter von Ernst, damals junger Assistent Manager im Holiday Inn Lhasa, hat es geschrieben. Schon während der Besatzung Tibets durch die chinesischen Soldaten hatte man versucht, in der Zwischensaison die Zimmerbelegung etwas aufzubessern. Eine von vielen verrückten Ideen war, einen Swimmingpool im Gelände des Hotels auf fast 4000 Meter Seehöhe zu errichten, um seine Attraktivität zu steigern. Das Wasser war aber während des ganzen Winters bei annähernd 40 Grad minus gefroren und in den kurzen Wochen des Sommers diente er als Auffangbecken für im Restaurant zubereitete Fische, Frösche und anderes Getier aus den nahen Flüssen, damit sie möglichst frisch in den verwöhnten Mägen der mondänen Gäste landen konnten.

Irgendwann wurde das Hotel von einer unwahrscheinlichen Plage von Ratten heimgesucht, die sich zwischen den vielen Rohren und Zwischenräumen des weit verzweigten Gebäudes eingenistet hatten, sie vermehrten sich unglaublich schnell. Schließlich brachte man Rattengift aus dem weit entfernten Hongkong herbei und legte giftige Köder für die lästigen Nagetiere aus. Das größte Problem war aber, den vielen einheimischen Tibetern, die nach einem Leben als Nomaden und Bergbauern zum ersten Mal in einem feinen Luxushotel als Angestellte arbeiteten, zu erklären, dass die blauen Kügelchen nicht zum Essen seien und ausschließlich der Bekämpfung des Ungeziefers dienten. Sehr bald stellte sich der erwünschte Erfolg ein. Täglich mussten die Mitarbeiter die toten Kadaver der Biester wegräumen, was natürlich nicht immer gelang. Üblicherweise wurde in den Wintermonaten die Heizung abgedreht, um die Betriebskosten zu reduzieren, der angenehme Nebeneffekt war, dass die Kadaver der Tiere gefroren und dadurch auch die unangenehme Geruchsbelästigung eingedämmt wurde.

Nachdem der Hotelpool seine Marketingwirkung verfehlt hatte, wurde die Idee einer „Miss-Tibet-Wahl" geboren. Eine Abordnung der Führungsmannschaft flog nach Hongkong, damals war dort die größte Zielgruppe an Gästen zu finden und hier gab es auch Journalisten, die man sehr großzügig einlud, an dieser ersten Misswahl im Himalaja teilzunehmen und vor allem ausführlich darüber zu berichten. Als zukünftige Missen rekrutierte man tibetische Mädchen von den umliegenden Bauerndörfern und putzte sie mit wunderschönen heimischen Trachten entsprechend auf. An Bikinis war natürlich nicht zu denken, es waren jedoch viele Mitarbeiter von Medien und TV-Stationen gekommen, um über dieses einzigartige Ereignis zu berichten. Das ganze Hotel war herausgeputzt, der Frühling mit seinen ersten kräftigen Sonnenstrahlen trug bei der Ankunft der Journalisten in Lhasa seinen Teil zum Gelingen bei. Die tibetischen Mädchen marschierten auf dem neu errichteten Laufsteg zögernd auf und ab, begeistert applaudierten Medienvertreter und die vielen anwesenden hochrangigen Regierungs- und Militärangehörigen, die zu diesem besonderen Anlass auch eingeladen waren. Da es allerdings nach wie vor sehr kalt im Hotel war und sich so mancher VIP-Gast über die eisige Kälte beschwerte, wurde die Heizung kurz aktiviert. Vergessen waren die vielen toten Ratten, der Verwesungsgeruch der Hunderten Kadaver bei zunehmender Temperatur unter den vielen Holzfußböden und Decken wurde jedoch so stark, dass die Veranstaltung mit einem Gewitter an Beschimpfungen durch die Anwesenden und der Abreise der Medienvertreter endete. Wieder keine guten PR für das höchstgelegene Hotel in den Bergen!

Ich hatte hier meine erste Begegnung mit dem tibetischen Volk, an die 200 000 chinesische Besatzungssoldaten waren in dem kleinen Städtchen Lhasa mit etwa 150 000 tibetischen Einwohnern stationiert. So muss es nach der Befreiung vom Hitlerregime 1945 in Wien gewesen sein. Ich kam mir vor wie im legendären Nachkriegsfilm „Der dritte Mann". Tag und Nacht patrouillierten die Soldaten der gelben Armee zwischen Portala und Joghang, den unübersehbaren und wichtigsten Heiligtümern des tibetischen Volkes. 65 Diskotheken, eher getarnte Bordelle für das Militär, gab es zu dieser Zeit in Lhasa. Mein tibetischer Fahrer machte mich auf einer der vielen traurigen Sightseeingtouren durch die alte Stadt und das Umland auf zahlreiche von der chinesischen

Armee verübte Verbrechen an seinem Volk aufmerksam. Er bat mich, mit niemandem in seiner Heimat über die verbotene Tour zu sprechen. Dies wäre für ihn sehr gefährlich, viele Tausende Tibeter seien wegen viel kleinerer Vergehen verschleppt oder hingerichtet worden. Mein tibetischer Freund aber bat mich, in meiner Heimat dieses Thema an die Öffentlichkeit zu bringen. Er wusste, dass der Dalai-Lama in Österreich viele gute Freunde hatte und dass er oft zu Gast in meiner Heimat war. Heinrich Harrer, der Autor des Bestsellers „Sieben Jahre in Tibet" und Lehrer des Dalai-Lamas in jungen Jahren, war hier allen bekannt. Ich erinnere mich an Harrers Besuche in meinem Restaurant Allegro, als er zu Gast beim Generaldirektor der RZK Dr. Kern war. Alleine der Besitz eines Fotos vom Dalai-Lama wurde damals in Lhasa schwer bestraft. Ich war froh, bald wieder aus dieser mit so viel negativer Energie besetzten Stadt wegzukommen – losgelassen hat sie mich aber nie. Heute, etwa 25 Jahre später, denke ich oft an diese Zeit in Lhasa zurück, die mein Leben so beeinflusst hat. Nur mein Job in der Gastronomie hat die vielen Reisen und netten Bekanntschaften möglich gemacht.

Aus dem Allegro wird Josef

Nachdem ich nach zehn wunderbaren, aber sehr mühsamen Jahren der gastronomischen Pioniertätigkeit in der kulinarisch kargen Wüstenlandschaft Linz meine missionarische Tätigkeit wegen großer wirtschaftlicher Probleme beendet hatte, wechselte ich in die ehrwürdigen, aber doch schon sehr abgewirtschafteten Mauern des „Wienerwaldes" im Palais Kaufmännischer Verein. Mit einem Berg Schulden aus der Allegroära wechselte ich in ein relativ zukunftsloses Gastronomiekonzept, das dem Wienerwald-Gründer Friedrich Jahn gehörte, der selbst vor vielen Jahren in diesem Haus gelernt hatte. Das Präsidium des Kaufmännischen Vereins wollte mich unbedingt als neuen Pächter haben, ohne allerdings meine wirtschaftlichen Verhältnisse zu kennen. Man riss sich um gastronomische Aushängeschilder, zu denen ich angeblich auch gehörte, um das Image des gesamten Hauses aufzuwerten. Ich hatte wieder meinen „Rennstall" gefunden.

Wie Robin Hood kämpfte ich gegen das damalige Wirtshaussterben, ohne zu bemerken, dass ich im eigenen neuen Betrieb (damals Stadtwirt) selbst bereits ein Opfer dieser österreichweiten Seuche geworden war. Mein ohnedies hoher Kontostand aus Allegro-Zeiten vermehrte sich enorm, aber leider in die verkehrte Richtung. Ein guter Freund hatte mich als Kundenfang mit einigen Visitenkarten als Unternehmensberater für die marode österreichische Gastronomie und die vielen wie Bambus aus dem Boden wachsenden Haubenlokale engagiert. Mein Ruf als einer der ersten Haubenköche Österreichs, im Falstaff-Ranking unter den Top 10, mit einer der besten Weinkarten der Welt laut Wine Spectator, ja der legendäre Restaurantkritiker Christoph Wagner hatte mich sogar zum schönsten Koch Österreichs emporgehoben, war ja um ein Vielfaches besser als mein Bankkonto.

1996 setzte ich alles auf eine Karte und investierte, ohne selbst einen Schilling zu besitzen, noch mal 15 Millionen Schilling, nicht ohne den Rat meines Freundes und Unternehmensberaters Edi Altendorfer einzuholen. Ich höre heute noch seine mahnenden Worte: „Denk immer daran, wenn du etwas willst, schaffst du es!" Die Landeshauptstadt Linz bekam ihre erste Wirtshausbrauerei und der Stadtwirt einen neuen Namen, Josef! Vom ersten Tag an lief das Josef wie kaum ein anderes Lokal in Österreich, es war täglich voll, eine von Studenten der Linzer Uni organisierte Gästezählung ergab an einem der umsatzstärksten Tage, dem Faschingsdienstag, von neun Uhr vormittags bis sechs Uhr früh 13 000 Gäste! Alle waren glücklich, die Brau AG, die anfangs nicht sehr erfreut war über die Konkurrenz, freute sich über einen zusätzlichen Bierumsatz, der jährlich weit über 2 000 Hektolitern lag, die Herren des Palais über enorme zusätzliche Pachteinnahmen, die Landstraße, die ursprünglich bis zur Mozartkreuzung gereicht hatte, erhöhte ihre Gästefrequenz um ein Vielfaches, um den Josef-Eingang siedelten sich Pizzalokale, Eisdielen und Geschäfte an und sogar die Grundstückspreise in der Umgebung des Josef stiegen. Gastronomen aus Nah und Fern besuchten, untersuchten und fotografierten das erfolgreiche Josef-Konzept und kopierten es vielfach. Ich wusste aber, dass kopiert nicht kapiert bedeutet, und baute das Josef-Grundkonzept weiter erfolgreich aus.

Das Josef-Waisenhaus im Himalaja oder das berührendste Catering meines Lebens

Günter Hager und der Dalai-Lama

Ich war müde vom Erfolg, der Kampf ums wirtschaftliche Überleben verlangte seinen Tribut. Man hatte mir in Tibet erzählt, dass sich auf der indischen Seite des Himalajas viele tibetische Flüchtlingskinder niedergelassen hatten, die im Schutze des Dalai-Lamas mit Unterstützung des genialen Österreichers und SOS-Kinderdorf-Gründers Hermann Gmeiner ihren Glauben und ihre Kultur in Kinderdörfern pflegen. Mich hat diese Kultur des Loslassens, der Nächstenliebe und der Pflege des Geistes schon immer fasziniert, ich wollte da hin! Gemeinsam mit einem lieben Freund und hochrangigen Polizeibeamten machte ich mich auf die Reise in den fernen unbekannten Norden Indiens. Wir bereisten Dharamsala, die Exilheimat des Dalai-Lamas, fuhren mit alten Jeeps bis ins 5 000 Meter hohe Leh nach Ladakh und wagten uns sogar ins krisengeschüttelte Srinagar in Kaschmir. In Dharamsala kamen wir auch ins SOS-Kinderdorf für etwa 2 500 tibetische Flüchtlingskinder, das noch Hermann Gmeiner persönlich eröffnet hatte. Wir spazierten durch die riesige Anlage, auf den Ausläufern des Himalajas auf etwa 2 000 Meter gelegen, und kamen zum „Home Austria“, einem von Herrn und Frau Zimmermann aus Wien gesponserten Haus für etwa 40 tibetische Kinder. Wir spielten mit den Kindern, verteilten Süßigkeiten und waren beim Weggehen so beeindruckt, dass wir beschlossen: Wir bauen ein Waisenhaus für diese Kinder! Gesagt, getan, nach unserer Rückkehr begaben wir uns in den Wettbewerb der Charity! Bereits nach einem Jahr hatten wir 42 000 Euro für das erste „Home Josef“ für etwa 48 junge Flüchtlingsmädchen gesammelt. PR und Marketing waren schon immer ein Steckenpferd von mir, ich wollte allen Spendern und Freunden, die mich bei diesem Projekt unterstützt hatten, zeigen, was ich mit ihrem Geld errichtet hatte, und organisierte eine Reise mit einem ORF-Kamerateam und einigen

Freunden zur Eröffnung des ersten Josef-Waisenhauses in den Himalaja. Um dem Ganzen auch einen entsprechenden Rahmen zu geben, schrieb ich dem SOS-Büro in Dharamsala, dass ich mit einem Kamerateam und 18 Sponsoren zur Eröffnung kommen wollte. Sie sollten ein kleines Fest organisieren, wenn möglich, tibetische Maskentänze, natürlich ein Mittagessen für alle und einige tibetische Würdenträger sollten auch zu Gast sein. Alles wurde mir zugesichert und wir begaben uns auf die Reise.

Während des Fluges nach Delhi erinnerte ich mich daran, dass ich gar nicht gefragt hatte, wie viel Gäste kommen würden und was diese Eröffnungszeremonie kosten würde. Nach der Landung in Indien telefonierte ich gleich mit der Sekretärin des SOS-Büros, die versuchte, mir die Gästeanzahl möglichst schonend mitzuteilen: „Also, von den Kindern sind es 2 500 und von den Lehrkräften, Mitarbeitern und Ehrengästen nochmals 500 zusätzlich.“ Im ersten Augenblick blieb mir fast das Herz stehen und ich versuchte blitzschnell, die Kosten für dieses „Einladungscatering“ zu überschlagen. Im zweiten Atemzug teilte mir die Dame mit, dass der von indischen Rupien umgerechnete Betrag lediglich 50 Cent pro Person betrage. Den Hörer hatte ich noch nicht aufgelegt, als ich schon zu rechnen begann, pro Person 50 Cent, 3 000 Gäste, also rund 1 500 Euro für ein bombastisches Mittagessen mit Tausenden Dorfbewohnern! Wo gibt es das noch auf dieser Welt? Diesen Betrag beglich ich von Herzen gerne aus meiner privaten Tasche. Viele Dorfbewohner halfen bei der Zubereitung der Speisen zusammen und leisteten, als sei es das Selbstverständlichste von der Welt, ihren Beitrag zu diesem Großcatering im Himalaja. Wir blickten ins Tal und sahen Tausende in der Nationaltracht gekleidete Kinder, die unser Kommen bejubelten.

Von all den Festen, die ich in meiner gastronomischen Laufbahn erlebt habe oder bei denen ich selbst als Veranstalter auftrat, war dies das schönste Catering meines Lebens.

Dass ich all diese Geschichten erlebt hätte, wenn ich mich in jungen Jahren nicht dazu entschlossen hätte, meine berufliche Erfüllung als Koch zu finden, wage ich zu bezweifeln. Ich habe auch das große Glück, dass mich meine Frau Monika und seit einigen Jahren auch mein Sohn Andreas – beide sind ein nicht mehr wegzudenkender Bestandteil des Josef-Teams – immer tatkräftig unterstützen. Auch wenn diese Branche nicht für jeden geeignet ist und man außer den hier veröffentlichten lustigen Erlebnissen auch sehr vielen ernsten Herausforderungen als Dienstleister gegenübersteht, ist das Gastgewerbe für mich noch immer der schönste Job der Welt!

Erich Lukas

Erich Lukas, geboren am 26. März 1964 in Linz, verheiratet, ein Sohn, der auch bereits den Kochlöffel schwingt, erster Drei-Hauben-Koch von Linz, ein Michelin-Stern und die Bib-Gourmand-Auszeichnung, bekennender Fan der italienischen Küche und geouteter Mallorca-Liebhaber, führt seit seinem 22. Lebensjahr den elterlichen Betrieb, Opfer des Gastrogens, denn schon seine Mutter kochte bei Eckart Witzigmann.

Die rote Invasion
Autor: Erich Lukas

Es war einer dieser heißen Sommertage, an denen sich bereits am frühen Nachmittag die Gewitterwolken bedrohlich über dem Mondsee aufbauten. Ich war 18 Jahre alt und bekleidete die Stelle des Chefentremetiers bei Karl Eschlböck in seinem gleichnamigen Restaurant Plomberg-Eschlböck. Mit seinen drei Hauben war er einer der kulinarischen Pioniere des Landes und es gab keinen Zweifel, dass sein Restaurant zu den besten Adressen im Salzkammergut zählte.

Der Kastenwagen unseres französischen Spezialitätenlieferanten fuhr wie immer am selben Tag zur selben Zeit mit 50

Kilogramm Flusskrebsen vor. Das war etwa die Wochenration für das Restaurant und wir kippten den lebenden Inhalt aus unzähligen mit Holzwolle ausgelegten Kisten wie immer in unseren Granitgrander, der bis zum Überlauf mit Wasser gefüllt war. Der Küchenchef kontrollierte dieses Mal die Qualität besonders penibel, denn für den nächsten Tag waren 30 Spitzenpolitiker angesagt, die mit einem schönen Fünf-Gänge-Menü zur Mittagszeit verwöhnt werden wollten. Es waren wirklich prachtvolle Flusskrebsexemplare geliefert worden und ihre Größe entsprach auch den hohen Ansprüchen unserer Küche. Fertig ausgelöste, frische Flusskrebse waren Teil des Menüs, das bis ins kleinste Detail passen musste. Wer schon einmal Flusskrebse ausgelöst hat, wird verstehen, dass sich die Freude der Köche angesichts der großen Zahl dieser Tiere in Grenzen hielt. Mit Vorbereitungen für diesen Gang schon am Tag zuvor zu beginnen, war natürlich unmöglich, wir konnten erst unmittelbar vor dem Eintreffen der hohen Gäste mit der Zubereitung dieser warmen Vorspeise beginnen. Ganz klassisch sollten die Krebse zubereitet und von uns ausgelöst werden. Aus den Karkassen fertigten wir ein eigenes reduziertes Safterl und reichten dazu hausgebackenes Baguette. Das war jene Variante der Zubereitung, bei der die eigentliche Schwerarbeit, nämlich das Aufbrechen bzw. Schälen der Krebse, von den Köchen verrichtet wurde und der Gast sich nicht mehr damit beschäftigen musste. Mundgerecht – essfertig also!

In der Nacht vor dem großen Krebseessen, als das Restaurant bereits lange geschlossen war, zog ein ungewöhnlich starkes Gewitter über den See. Das Unwetter war derart heftig, dass ich sogar durch den lauten Donner und den starken Regen, der an mein Fenster prasselte, zweimal aus dem Schlaf gerissen wurde. Es schüttete wie aus Eimern, und das bis in die frühen Morgenstunden. Wegen der großen Menge an Krebsen, die es vorzubereiten galt, begann unser Dienst am nächsten Tag bereits um 8:30 Uhr. Kurz bevor ich beim Restaurant ankam, sah ich, dass die Polizei die Straße gesperrt hatte. Anfangs dachte ich, dass das bereits Vorbereitungen für den mittäglichen Staatsempfang wären. Ich war aber verwundert und ein wenig irritiert, dass damit schon so früh begonnen worden war. Ich näherte mich dem Restaurant und das Bild, das sich mir bot, werde ich wohl so schnell nicht wieder vergessen: Mein Chef stand mitten auf der Straße, hantierte wie wild im Hochsommer mit einer Schneeschaufel, Stubenmädchen, mit Besen und Schaufel bewaffnet, manche Kollegen mit Kübeln ausgerüstet und einige sogar mit den bloßen Händen versuchten die Straße zu säubern? Ich konnte so gar nicht verstehen, was vor sich ging, und ehe ich mich versah, wurde mir ohne viele Worte ein Wäschekorb in die Hand gedrückt.

Dann sah ich den Grund für diesen Auflauf: Unsere Vorspeise, die Flusskrebse, hatten sich aus ihrem Gefängnis befreit und die Hoheit über die Straße erlangt. Es hatte nachts so stark geregnet, dass der Überlauf im Grander den Wassermassen nicht mehr standgehalten hatte und der ganze lebende Inhalt herausgeschwemmt worden war. Auf diese Weise hatten Tausende Flusskrebse den Weg in die Freiheit gefunden und es hatte eine regelrechte Flusskrebs-Völkerwanderung in Richtung See eingesetzt. Die gesamte Plomberg-Crew, besser gesagt alle, die sich bereits so früh im Betrieb befanden, versuchten verzweifelt, die ausgebüxten Krebse einzufangen, die Polizei sperrte sogar für eine halbe Stunde die Straße und der Verkehr in Plomberg war lahmgelegt. Dieser horrende Aufwand war nur zum Schutz der „roten Invasion“ betrieben worden. Die Szenerie erinnerte mich an Hitchcocks „Vögel“, nur dass es sich hier um Flusskrebse handelte. Die Tiere versuchten natürlich, über den angrenzenden Badeplatz in den nur 50 m vom Haus entfernten Mondsee zu flüchten. Es war wirklich ein filmreifes Schauspiel. Köche, die Krebse über die Liegewiese zum See verfolgten, sie von den Gästeliegen und Badetüchern einsammelten und dazu alle möglichen Behälter wie Wäschekörbe, Sandspielkübel und Ähnliches verwendeten. Die Tiere waren einfach überall!

Das Spektakel dauerte fast eine Dreiviertelstunde und es konnten, Gott sei Dank, wieder genügend Krebse eingefangen werden, um die Vorspeisen für den bevorstehenden Mittagsempfang zubereiten zu können. Gut die Hälfte der Flüchtlinge hatte den See erreicht, die andere Hälfte fand den direkten Weg in den Kochtopf. Pünktlich um 12:00 Uhr wurde die Straße ein zweites Mal gesperrt: dieses Mal aber nicht, um flüchtende Krebse vor dem sicheren Verkehrstod zu retten, sondern für die ankommende Politprominenz. Das Aufgebot mit je zwei Polizisten auf Motorrädern am Anfang des Konvois, zwei am Ende, schwarzen Limousinen mit Blaulicht und Leibwächtern, war jedenfalls bei Weitem nicht so spektakulär wie unsere morgendliche „Operation Flusskrebs“! Dieser Gang mundete unseren Gästen besonders, denn welches Restaurant kann schon von sich behaupten, mit frischen Flusskrebsen Morgensport zu betreiben, sie zu bewegen und fit zu halten, bevor man sie zubereitet und serviert. Noch heute denke ich jedes Mal, wenn in meinem Restaurant Flusskrebse verarbeitet werden, gerne an diesen lustigen Tag in Plomberg zurück.

Karl Neubauer

Geboren am 7. August 1945 in Linz, Stadtkeller Linz, Parkhotel Linz, Palace Hotel Ritz Brüssel, Castle Harbour auf den Bermudas, Hotel Wolfinger Linz, Tourotel Linz, selbstständig – Lindenheuriger St. Veit i. M. Als Oberkellner im Hotel Wolfinger, Restaurantchef im Tourotel und auch selbstständig als Wirt hat er viel erlebt und natürlich auch einiges zu erzählen, seine Gastrogastgeschichte widmet er jedoch seinem Auslandsaufenthalt auf den Bermudas.

Kampf der Nationen und der internationale Tauschhandel
Autor: Karl Neubauer

Heute ist es ja nichts Besonderes mehr, einen Teil seines Lebens im Ausland, fernab von zu Hause, zu verbringen bzw. dort zu arbeiten. Zu meiner Zeit war das Ganze jedoch noch ein riesengroßes Abenteuer! Die Aussage „Wahre Abenteuer sind im Kopf" würde ich meine Person betreffend auf „Wahre Abenteuer bleiben im Kopf" abändern. Ich erinnere mich fast detailgenau an die eineinhalb Jahre, die ich auf dieser Trauminsel erleben durfte.

Das Castle-Harbour-Hotel zählte zu den besten Fünfsternehotels der Insel und war personell sehr international besetzt. Der Eigentümer war die Pan-Am-Fluggesellschaft. Rasch bildeten sich Clans und man verbrüderte sich. Es gab drei Gruppen:

Gruppe 1: Deutsche, Österreicher, Schweizer
Gruppe 2: Italiener, Spanier, Franzosen
Gruppe 3: Bermudianer

Jede Gruppe versuchte ständig, besser als die anderen zu sein. Es wurde gestichelt, intrigiert, versucht, sich gegenseitig die Mädels auszuspannen, und jeder Streich, der dazu diente, den anderen Gruppen das Leben schwer zu machen, wurde mit Begeisterung ins Programm aufgenommen. Ähnlich wie im Spielfilm „Dirty Dancing“ wurde im Vorfeld besprochen, welcher Kellner sich um welchen weiblichen Gast besonders bemühen würde. Dass dies natürlich auch Gruppen übergreifend ein spannendes Thema war, lag auf der Hand.

Ein Italiener überspannte den Bogen aber eindeutig, als er die frisch gedeckten Frühstückstische unserer Gruppe mit Tomatensauce bestrich und aus dem von uns leichtsinnigerweise unversperrten Sidestand das gesamte Silberbesteck entwendete. In das Besteck war die Nummer der Station eingraviert und wir waren persönlich dafür verantwortlich. Es gelang uns trotzdem, das angerichtete Chaos vor dem Eintreffen der ersten Frühstücksgäste zu beseitigen. Auf jeder Servicestation arbeiteten zwei Station-Waiters mit einem Busboy, der für das la Suite Service eingeteilt war, und wir bedienten zwischen 20 und 25 Gäste auf höchstem Niveau. Gleichzeitig speisten 250 Gäste im Restaurant, das tagtäglich mit zwei Abendsitzungen ausgebucht war. Der Italiener musste einen Denkzettel erhalten und so kam es, dass er bei einem sehr wichtigen Bankett unmittelbar nach der Schwingtüre zum Gästebereich des Restaurants über den Fuß eines „Kollegen“ stolperte. Auf seinem Plateau befanden sich zwölf Hauptgerichte, die sich im weiten Bogen über die Gäste im Restaurant verteilten. Der vordere Bereich des Restaurants glich einem Schlachtfeld. Steaks, Fisch, Gemüse konnte man in den Haaren der Gäste, auf dem polierten Holzboden und auch in so mancher Handtasche wiederfinden. Mit Speisen garnierte Dinner-Jackets und Abendroben rundeten dieses Bild noch ab. Auch der Generalmanager des Hotels war an diesem Abend einer der Gäste, doch weder er noch der Maître d'Hôtel schafften es, den Vorfall aufzuklären. Er sprach von einem noch nie da gewesenen Eklat und tobte wie ein Wilder. Es war einfach ein „Unglück“ passiert und jeder in unserer Gruppe hielt dicht.

Anzumerken ist, dass wir im Restaurant nicht irgendwelche Gäste bedienten, sondern die High Society der USA, und Gäste wie Edward Kennedy, Senator Goldwater und auch einige Hollywoodgrößen aus dem Filmbusiness waren oft bei uns zu Gast. Legendär waren die Außer-Haus- und Beach-Partys, die wir für die Reichsten der Reichen organisierten. Auch unser Lohnniveau war mehr als gut! Ein Station-Waiter hatte zwar nur einen kleinen Grundlohn, kam aber mit dem Trinkgeld auf circa den zehnfachen Wert, den er in Österreich hätte verdienen können. Den eher umsatzschwachen, also auch trinkgeldschwachen Lunchdienst konnte man für einige Dollar an andere Kellner verkaufen. Ich bevorzugte es zu leben, jede freie Minute zu genießen, und freute mich jedes Mal, wenn ich einen dieser Dienste an geldgierige Kollegen verkaufen konnte, damit mir die Zeit blieb, mit meiner Vespa die Insel zu erkunden. Wenn wir große Conventions im Haus hatten, war das natürlich nicht möglich. Das Schöne war, dass wir viel Freizeit hatten und alle erdenklichen Sportarten ausüben konnten. Ich war sogar Mitglied im berühmten Arthur-Ashe-Tennisstadion, segelte, fuhr Wasserski, tauchte, ging Speerfischen, spielte Fußball und konnte auch die ersten Erfahrungen auf dem Golfplatz sammeln. Wir führten ein Leben wie Gott in Frankreich und an vielen Tagen kam mir das Ganze so unwirklich vor, dass ich mein traumhaftes Leben auf der Insel oft nicht fassen konnte.

Neben dem guten Verdienst blühte auch der interne Tauschhandel. Einer unserer favorisierten Deals war der „Steaktausch". Am Pass wurden die Teller mit den frisch gebratenen Steaks je nach Garzeit unter Cloches in kleinen Türmen aufeinandergestapelt. Ein Turm für rare, ein Turm für medium, und ein kleiner für die, die nichts vom Essen verstanden, die sogenannten well done Gäste. Die Kellner konnten sich je nach Wunsch des Gastes das passende Steak nehmen und servieren. Um an das begehrte Tauschobjekt zu gelangen, lernte man relativ schnell, wie man mit dem Clocherand ein Filet vom fremden Teller schob und es unter der Cloche des eigenen Tellers versteckte. Man musste schnell und geschickt sein, damit kein Koch den „Filetschwund" bemerkte. Das Rinderfilet landete im Magen des bermudianischen Sommeliers, der wiederum mit von ihm erbeutetem Wein bezahlte. Er war einer der wenigen schwarzen Kollegen, mit denen man gute Geschäfte machen konnte.

Tatort Meeresaquarium

Viele der Einheimischen mochten uns nicht und wir Weißen waren nicht überall willkommen. Ein Beispiel war unser schwarzer Patissier, der jedem weißen Kellner, bevor dieser das Dessert von ihm bekam, tief in die Augen blickte und ihn mit den Worten „Fuck off, white rat" verabschiedete. Er kam dabei jedes Mal bedrohlich nahe und flüsterte uns diese Botschaft leise ins Ohr. In den meisten Fällen wusch aber wirklich eine Hand die andere. Tat man jemandem einen Gefallen oder lud man ihn zu einem außergewöhnlichen Mahl ein, konnte man mit einem Warentausch oder einer Gegeneinladung rechnen. Mein Villacher Freund Helmut Werner, der jetzt ein Taxiunternehmen in Südafrika besitzt, und ich organisierten also ein ausgefallenes Mahl. Wir entwendeten aus einem kleinen Bassin vor dem bermudianischen Meeresaquarium eine Schildkröte. Ich packte das Tier in ein mitgebrachtes Gefäß und wir verschwanden damit in der Dunkelheit. Werner, der auf der Insel als Koch arbeitete, bereitete eine traumhafte Schildkrötensuppe zu und wir luden zu ihrem Verzehr auf sein Hausboot, das in Flats vor Anker lag. Die korrespondierenden Weine gab es an diesem Abend zwar nicht, aber jede Menge bermudianischen Rum und deutsches Bier. Das Diner ging bis in die frühen Morgenstunden und ließ keine Wünsche offen. Es war meist den Österreichern Rudi Fischer, Helmut Werner und „Sweet Charly“ (das war mein Spitzname) vorbehalten, das Boot zu nützen. Regelmäßig wurden die sogenannten Bottle-Partys unter dem Personal organisiert. Einer lud zur Party und organisierte die Speisen und jeder Eingeladene hatte als Eintrittsentgelt eine Flasche Alkohol mitzubringen.

Rudi leitete jahrelang ein großes Reisebüro und gelegentlich besucht er mich auch heute noch, um gemeinsam mit mir in Erinnerungen wie diesen zu schwelgen. Carl Reiser, Station-Waiter aus Bayern, und Hannes Broschek, Oberkellner und Austrokanadier, haben wir die Organisation unseres letzten Mitarbeitertreffens im August 2012 auf den Bermudas zu verdanken. Hier trafen sich mehr als 30 ehemalige Arbeitskollegen aus der ganzen Welt und die „Gruppenzugehörigkeit“ von damals war natürlich kein Thema mehr. Es wurde im Restaurant bei Valerio, einem Kollegen, der auf der Insel geblieben war, gespeist, getrunken und die ganze Nacht über „die gute alte Zeit“ auf den Bermudas geplaudert. Neben mir saß Frankie, der bermudianische Sommelier, der dieses Mal nicht mehr mein Steak gegen seinen Wein tauschen wollte. Fast alle der dort anwesenden Kollegen haben Karriere gemacht in Positionen wie Generalmanager internationaler Hotelgruppen oder sie besitzen eigene Lokale oder sie sind im besten Fall bereits Privatiers. Ich würde wieder ins Gast- bzw. Hotelgewerbe gehen, mit dem kleinen Unterschied, dass ich dann den nächsten

Schritt machen würde, um mich in Richtung internationales Hotelmanagement zu entwickeln.

Servicecrew auf den Bermudas

Christian Graf zu Stolberg-Stolberg

Geboren am 9. Juni 1952 in Wien, deutscher und österreichischer Staatsbürger, internationale Ausbildung in der Hotellerie in Häusern wie dem Schlosshotel Fondachhof, Intercontinental Wien und Atlantik-Hotel in Hamburg. Nach zwanzigjähriger Tätigkeit für die österreichische Handelsdelegation in Hamburg nun seit 2003 als Paradehotelier in seinem Jagdschloss Kühtai tätig.

Treue Stammgäste
Geschichten von Stammgästen „durch das Fenster" und dem treuesten und längsten Stammgast der Welt
Autor: Christian Graf zu Stolberg-Stolberg

Leider ist nicht jedem Hotelier das „Thema Stammgäste" wirklich bewusst bzw. wichtig genug. Das Jagdschloss Kühtai hat seit der Übernahme durch meinen Vater 1952 einen extrem hohen Stammgastanteil und noch immer gibt es Gäste, die seit 1955 regelmäßig in das Jagdschloss kommen – inzwischen also weit über 80 Jahre alt. Unser ältester Gast ist 94 Jahre. Seine Kinder und Enkelkinder sind jedes Jahr zu Weihnachten zu Gast. Der sogenannte Stammgast hat natürlich auch seine Eigenheiten und manchmal gibt er einem sogar das Gefühl, ihm gehöre das Hotel.

Holz vorm Fenster

Im Jagdschloss gibt es in der Dependance ein großes Appartement – genannt „Der Schweinestall" (ursprünglich ein wirklicher Schweinestall). Vor dieser Wohnung hatte ich den Hausmeister angewiesen, Kaminholz vor den zwei Außenfenstern aufzustapeln. Dieses Holz konnte man also von innen in den Wohnraum zum Heizen über das Fenster zum Kamin hereinholen. Der Hausmeister kam verzweifelt zu mir und erklärte, die Dame im Appartement (ein Stammgast) hätte ihm verboten, diese Arbeit auszuführen. Wütend über diese Beschwerde, rannte ich zum Nebenhaus und erklärte der Dame, dass dieses Haus immer noch mir gehöre – wo denn das Problem sei! „Lieber Graf, ich bin seit 40 Jahren Stammgast, nie gab es Kaminholz vor dem Fenster, und jetzt das!" Sie sei empört. Immer seien ihre Kinder durch die Wohnzimmerfenster ins Freie gestiegen. Das hätte Tradition! Und jetzt wäre das nicht mehr möglich! Ich sagte nur: „Gnädige Frau, soweit ich sehe, sind ihre Kinder inzwischen 17 und 18 Jahre! Um nach draußen zu gehen, gibt es etwas, was man im Volksmund Tür nennt! Vielen Dank für Ihr Verständnis!"

Stammgasttreue über den Tod hinaus

Ich glaube, das Jagdschloss in Kühtai ist eines der wenigen Hotels, die einen eigenen Friedhof haben. Dort liegen die Familienangehörigen unserer Familie Stolberg begraben. Vor drei Jahren bekam ich den Anruf der Frau eines unserer ältesten Stammgäste und diese äußerte einen besonderen Wunsch: Ihr Mann, Stammgast und auch alter Freund des Hauses, hätte kurz vor seinem Tod noch einen letzten Wunsch geäußert: Er würde gerne am Jagdschlossfriedhof beerdigt werden und nicht in Köln, wo er seinen Wohnsitz und seine Familie hatte. Hier in Kühtai sei er über 50 Jahre ins Jagdschloss gekommen, hier würde er gerne ruhen! Ein wunderschöner Wunsch! Ich habe ihn mit großer Freude und Dankbarkeit erfüllt!

Walter Trybek

Geboren am 23. April 1969 in Linz, Tourotel Linz, Vier-Hauben-Gasthaus Zoll in Bregenz, Plaza Hilton Wien, zweieinhalb Jahre in New York – zuletzt als Souschef im „Cellar in the Sky“ im World Trade Center, Küchenchef im Haubenlokal Bruckmühle, Alberndorf, danach als Chefpoissonnier im ANA-Grandhotel Wien, bevor es ihn nach Australien zog, wo er leitende Positionen in der australischen Topgastronomie innehatte, Gründung seiner eigenen Cateringfirma in Brisbane, nach fünf Jahren zurück nach Österreich, wo er als Verkaufsleiter von Gourmet Menü Service tätig war und den MBA für General Management und den MSc nachholte, selbstständiger Unternehmer und Gründer des Trainingsunternehmens „Culinaction“ und jetzt Geschäftsführer der Firma SENNA Nahrungsmittel in Wien.

Hummer an der Leine
Eine wahre Geschichte vom Hummer an der Leine, von zerborstenen Weinflaschen und „no more lobster“
Autor: Walter Trybek

Auf dem Weg zu einer Rohstoffkonferenz nach Malaysia fiel mir plötzlich wieder ein, dass mich mein guter Freund Alex bereits vor einigen Wochen gebeten hatte, einen Einblick in meine berufliche gastronomische Vergangenheit für sein Buch zu geben. Mein Name ist Walter und ich war über 25 Jahre in der Gastronomie in Europa, Amerika und Australien tätig. Während dieser Zeit durfte ich sehr viele lustige, manchmal aber auch verrückte Geschichten miterleben.

Hier eine davon. Ein ehemaliger Arbeitskollege im Hilton Plaza in Wien, in dem ich 1988 die Eröffnung mitmachen durfte, hatte die verrückte Angewohnheit, sich am Küchentelefon statt mit seinem Namen mit „Miami Vice" vorzustellen. So auch an diesem Tag, als er mit unserem Food-and-Beverage-Manager ein äußerst kurzes Telefonat führte. Danach verschwand Wolfgang im Kühlhaus, nahm einen Hummer aus der Holzkiste, wo wir die Hummer immer mit feuchtem Zeitungspapier bedeckt lagerten. Mit einer Stück Schnur nahm er den Hummer an die Leine, um so mit ihm durch die Küche zu spazieren. In diesem Moment stürzte unser Food-and-Beverage-Manager in die Küche, um nachzusehen, was bei uns in der Küche eigentlich los war. Er kannte offenbar Wolfgangs unorthodoxe Telefongewohnheiten nicht. Es dauerte auch nur einen Moment, da kam seinerseits die Frage an Wolfgang, der gerade mit dem Hummer in Richtung Patisserie unterwegs war: „Was wird denn das?" Wolfgang antwortete prompt: „Dieser Hummer braucht frische Luft." So bleibe er entspannt und werde dann beim Kochen besonders zart und schmackhaft. Der Food-and-Beverage-Manager verließ ungläubig und kopfschüttelnd die Küche. Na ja, Wolfgang konnte sich das erlauben, schließlich war er durch seine Ausbildung bei Eckart Witzigmann im Aubergine in München einer unserer Topköche.

Er war aber beileibe nicht der einzige Verrückte, den ich in der Welt der Gastronomie kennenlernen durfte. In dieser Branche tummeln sich sehr viele Vertreter dieser Spezies. So sollte ich in New York erfahren, dass diese Geschichte eigentlich sehr harmlos war. Die Gastronomie bietet neben sehr vielen extremen Belastungen und Stress auch sehr viele Möglichkeiten. Eine davon ist, dass man die Chance hat, in der ganzen Welt arbeiten zu können. Große Ketten wie Hilton, Marriott usw. bieten ihren Mitarbeitern bei entsprechender Qualifikation die Möglichkeit eines Transfers in andere Länder. Ich hatte das große Glück, dass ich mir meinen Jugendtraum erfüllen konnte, nämlich im „Big Apple" in New York arbeiten zu dürfen. Nach gut einem Jahr im Hilton Vienna Plaza war damals mein Transfer ins New York Vista International perfekt.

Als ich am 30. Dezember 1989 mit meinem Koffer in New York ankam und meine Stelle antrat, wusste ich noch nicht, dass das Gebäude, in das ich zweieinhalb Jahre lang täglich zur Arbeit ging, einige Jahre später einem Terroranschlag zum Opfer fallen sollte. Nach meinem Start im New York Vista war ich kurz darauf für das Haubenrestaurant „Cellar in the Sky" im 107. Stock des World Trade Center zuständig und verantwortlich. Dienstbeginn war meistens um neun Uhr, Dienstende um 23 Uhr, manchmal auch später. Wir hatten eine Sechstagewoche, die auch Vorteile hatte. Erstens hatte man wenig Zeit zum Geldausgeben, zweitens genoss man den freien Tag wirklich sehr. Auch der bezahlte Urlaub war anders geregelt als in Österreich, es waren nämlich nur zehn Tage. Im Restaurant „Windows on the World" gab es neben dem À-la-carte-Restaurant das Restaurant „Cellar in the Sky", wo abends ein sehr exklusives achtgängiges Menü mit entsprechender Weinbegleitung serviert wurde. Mich faszinierte damals, dass wir unsere Weine nicht den Speisen anpassten, sondern umgekehrt. Wöchentlich legten wir die Menüfolge fest, doch wir verkosteten zuerst die Weine und kreierten danach die korrespondierenden Speisen dazu. Die Vorgangsweise erscheint mir heute ganz logisch, da man den perfekten Wein nicht mehr ändern kann, die Speisenzusammenstellung, die Gewürze, die Konsistenz der Komponenten, die Zubereitungsart und vieles mehr sehr wohl. Heute bin ich der Ansicht, dass man Kochen durchaus mit Kunst vergleichen kann. Manchmal entstehen dabei Situationen und Kreationen, die man nie vergisst.

Unsere Weine kamen großteils aus Frankreich. Täglich gab es einen Chefs-Table, so nannten wir das gemeinsame Mittagessen des Küchenchefs mit seinen Souschefs, von 14 Uhr bis 16 Uhr im À-la-carte-Restaurant. Da zu diesem Zeitpunkt das Lunchservice vorbei war, konnten wir uns zumeist ungestört unseren kulinarischen Fachgesprächen hingeben. Im Restaurant im 107. Stock hatte man einen traumhaften Ausblick über Manhattan, zur Freiheitsstatue und an klaren Tagen bis weit über den Central Park hinaus nach New Jersey und Upstate New York. Viele Hubschrauber flogen über die unter uns liegenden Stadtteile. Ein wirklich faszinierendes Schauspiel. Wir diskutierten, ob wir als Entrée für die kommende Woche einen Sauvignon blanc aus Neuseeland und dazu Soft-Shell-Crabs servieren sollten oder vielleicht doch einen Chardonnay von Robert Mondavi aus Nappa Valley, den wir gerade verkosteten. Chardonnay ist in den USA eine sehr beliebte Rebe. Ich schlug vor, dass dazu ein kross gebratener Lachs auf karamellisiertem Babylauch gut passen würde, und wir entschieden, dass wir das am nächsten Tag ausprobieren wollten. Beide Weißweine waren ausgezeichnet. Der Rotwein, den unser Sommelier aus Frankreich geöffnet hatte, war dieses Mal kein Bordeaux, sondern ein Cabernet Sauvignon aus Argentinien. Dazu passte sehr gut eine Schnitte vom Entrecôte double, rosa gebraten, auf getrüffelten Pommes Dauphine oder doch eventuell eine Taubenbrust mit Rotweinschalotten und Pastinakenflan. Wir entschieden uns aber letztendlich für ein Confit von der Ente mit Indian Spices. Dieses tägliche Ritual, Weine zu verkosten und nach der am besten dazupassenden Speise zu suchen, ist mir bis heute noch in sehr guter Erinnerung. Gerne praktiziere ich dieses Ritual, wenn ich zu Hause für Sandra koche. Unsere elf Monate alte Tochter Valerie darf nur kurz riechen, meistens verzieht sie aber noch das Gesicht, vor allem, wenn es kein Bordeaux ist. Es gibt aber auch Wein, da strahlt sie übers ganze Gesicht. Auch wenn ich meinen ursprünglich erlernten Beruf als Koch nicht mehr ausübe, überlege ich heute immer noch, wenn ich einen Wein trinke, welche Speise wohl am besten zu ihm passt.

Das Hauptrestaurant im WTC hatte ca. 500 Sitzplätze und war auch zum Frühstück geöffnet. Security hatten wir allerdings zu dieser Uhrzeit keine im Dienst. An einem Mittwoch – ich hatte mir gerade im Kühlhaus einen Überblick gemacht und mir eine Mise-en-Place-Liste geschrieben – stand plötzlich ein leicht verwirrter Mann vor mir. Er wolle ein Frühstück haben, meinte er etwas aufgeregt. Als ich ihm mitteilte, dass er sich in der Küche und nicht im Restaurant befände, reagierte er verärgert und verlangte den Küchenchef. „Der ist noch nicht im Dienst, ich bin der Souschef und vertrete ihn“, erwiderte ich. Als ich ihn fragte, was er denn möchte, kam abermals als Antwort, er wolle frühstücken. Also zeigte ich ihm den Weg ins Restaurant und dachte mir nichts weiter dabei, als er hinter der Tür verschwand. Das sollte sich aber ändern, als ich nach ca. zehn Minuten das Klirren zahlreicher zu Bruch gehender Flaschen hörte. Ich ging aus der Küche zum Restaurant, dem Cellar in the Sky. Dort waren an den Wänden gut gefüllte Weinregale montiert, von daher kam auch sein Name. Doch jetzt stand jener Mann, der mich gerade noch um ein Frühstück gebeten hatte, nackt mitten im Restaurant und begann Regal für Regal, alle gefüllt mit Weinflaschen, umzuwerfen. Es dauerte nicht sehr lange und der Wein aus den zerbrochenen Weinflaschen stand 20 cm hoch und floss in kleinen Bächen den Gang hinaus. Bis die gerufene Security eintraf, war es schon zu spät. Unser ungewollter Gast hatte nämlich das Lokal fast zur Gänze zerstört, ehe er hinauseskortiert wurde. Der Schaden war so massiv, dass das Restaurant für zwei Tage geschlossen werden musste. Länger ging es aufgrund der zahlreichen Reservierungen nicht. Zuerst dachte ich, toll, zwei freie Tage, doch stattdessen wurde ich eingeteilt, den Pass, also das Abrufen der Speisen, im À-la-carte-Restaurant zu leiten, weil einer der Souschefs ausgefallen war.

Wir hatten trotz des Zwischenfalls im À-la-carte-Restaurant über 700 Reservierungen. An Tagen wie Thanksgiving, in Amerika auch „Turkey-Day“ genannt, waren es über 1 200. Zu solchen Anlässen begannen wir bereits zwei Tage vorher, die über 150 Truthähne im Schichtbetrieb zu braten. Dies bedeutete, gut zu planen, denn falls etwas ausging, gab es kaum Möglichkeiten, kurzfristig Ersatz in den 107. Stock zu schaffen. Wie an diesem Abend, als ich gerade die letzten 30 Tische abgerufen hatte. 400 Essen waren schon serviert. Bald geschafft, dachte ich, als mir plötzlich unser Koch aus dem Jemen beiläufig lächelnd sagte: “I am sorry, Chef, no more lobster.” Er meinte also, die Hummer seien aus. Leider war es keiner seiner sonst üblichen Scherze, wir hatten wirklich keine Hummer mehr. Nach dem Vorfall am Vormittag war das ganz und gar nicht lustig, da ich weder wusste, wie ich es unseren Kellnern, noch, wie ich es jenen 50 Gästen erklären sollte, die einen Hummer bestellt hatten. Als Ersatz boten wir in letzter Minute King-Prawns an. Die Reaktionen waren, wie man sich vorstellen kann, aber wenig erfreut. Was für ein Tag oder der ganz normale Wahnsinn der Gastronomie, dachte ich später im Path-Train auf dem Weg in meine Wohnung in Jersey City. New York ist bis heute meine Lieblingsstadt geblieben, und falls jemand noch nicht dort gewesen ist: "Please go, enjoy the Big Apple and have some lobster!"

Siegfried Wintgen

Geboren am 7. August 1960 in München, Ausbildung zum Koch im Hotel Vier Jahreszeiten in München, fünf Jahre in der Nationalmannschaft der Köche Deutschlands, Küchenmeister, Gesundheitswissenschaftler, Ernährungsberater und Trainer, Autor und Fernsehkoch.

Die Unendlichkeit der vier Minuten
Autor: Siegfried Wintgen

„Sigi, bitte wieder die Uhr stellen", schallt es durch die Küche des „Le Gourmet" in München. Das Restaurant ist ausgebucht und das Amuse-Gueule des Abends sind Trüffeleier. Der Gardemanger ist an diesem Abend für das Begrüßungsentree verantwortlich. Der Patron des Hauses, Otto Koch, hilft dem Gardemanger und kocht die in Trüffelreis eingelegten Eier höchstpersönlich. Genau vier Minuten sollen sie kochen und ich habe den Job, als Chefsaucier diese vier Minuten zu kontrollieren. „Chef, Eier raus", rufe ich rüber, während ich die Gänsestopfleber für die Vorspeise vorbereite. Otto Koch richtet akkurat das Beet aus Portulak, feinsten Keniabohnen und Julienne von eingekochter Perigord-Trüffel und ein herrliches Trüffeldressing auf dem Glasteller an und öffnet vorsichtig das erste Ei für den Achtertisch, an dem

Paul Brutier und seine Freunde sitzen. „Verdammt, die Eier sind hart gekocht – hast du die Uhr falsch gestellt?", werde ich etwas unsanft gerüffelt. – „Los, acht Eier neu kochen – Sigi, die Uhr stellen, aber diesmal richtig!" Gewissenhaft und mit einem Gemisch aus Schuldgefühl und Ratlosigkeit stelle ich wieder vier Minuten ein, muss aber gleichzeitig für die neuen Bestellungen Taube, Rinderfilet und diverse Saucen vorbereiten. „Chef – vier Minuten sind um", rufe ich laut rüber und Otto startet einen neuen Versuch, die Eier zu öffnen. „Verdammt noch mal, die sind wieder hart – ist die Uhr kaputt? Los, neu!", ruft Otto Koch und ich stelle wieder die Uhr auf vier Minuten, kontrolliere aber gleichzeitig die Küchenuhr oberhalb des Ausganges aus dem Restaurant. Ungeachtet des inzwischen vollen Bonpasses stelle ich kurz meinen Job als Chefsaucier ein und beobachte mit Adleraugen den Uhrzeiger. – „Chef, jetzt sind vier Minuten um und keine Sekunde mehr", rufe ich, um dann sofort zum Gardemanger zu eilen und gespannt das Aufschlagen des ersten Eies zu beobachten. Rums – wieder hart. Ottos Blick wird ratlos, der Oberkellner will endlich das Amuse-Gueule haben und ich stehe wie versteinert da. Otto Koch dreht sich wortlos um, öffnet den Kühlschrank, um neue Eier zu holen. Genau in diesem Moment fängt er auf einmal schallend an zu lachen und wir schauen uns alle verdutzt an. Hatte er doch die ganze Zeit, anstatt die zur schnellen Entnahme in einer Eierschachtel deponierten Trüffeleier zu kochen, in das falsche Regal gegriffen und die ebenfalls in einer Eierschachtel deponierten hart gekochten Eier für eine spezielle Sauce der À-la-carte-Karte genommen und gekocht. „Chef, das kostet Champagner für uns", scherze ich, um nun erneut die Uhr zu stellen – diesmal für die echten Trüffeleier.

Von Käfern und Köchen

Samstagabend, Bayern München verliert daheim, das Restaurant ist ausgebucht und alle, aber auch wirklich alle Gäste essen à la carte, anstatt brav eines der feinen Menüs zu ordern. Die besten Voraussetzungen also für einen stressigen Abend – doch es kam noch dicker. Die Amuse-Gueules waren für zwei Tische gerade raus, da ruft der Oberkellner die Hauptgänge für einen Tisch mit vier Damen ab. Wir richten die – natürlich – vier unterschiedlichen Bestellungen an. Unter anderem einen gebratenen Hummer auf einer speziellen Rotweinsauce. Alle sind hoch konzentriert und die bereitstehenden Servicemitarbeiter warten den Befehl von Otto Koch ab, die Teller zu servieren. Zwei Servicemitarbeiter setzen die Cloches auf und platzieren die Teller auf den vorbereiteten Silbertabletts. Der Hummer wird auf einer eigenen ovalen Silberplatte dekorativ platziert und darf vom Azubi separat getragen werden. Alle Gerichte verlassen gleichzeitig die Küche, in der wir Köche uns sogleich um den nächsten Tisch kümmern wollen, als uns ein gellender Aufschrei verharren lässt. „Was ist da denn los?“, ruft Otto Koch, aus der Küche eilend, um am ersten Tisch sogleich das Malheur sehen zu müssen. Der sorgfältig aufgestellte Hummer hat infolge eines Stolperns nicht seinen Weg zum Tisch der Damen gefunden, sondern ist zielgenau in der großen, geöffnet am Stuhl hängenden Edelhandtasche einer Dame gelandet. „Na, das kann ja heiter werden heute“, versucht unser Küchenchef die Stimmung ein wenig zu beschreiben – und er sollte recht behalten.

21 Uhr – und der so wichtige Sechsertisch mit Größen aus der Münchner Szene war immer noch nicht da. Endlich, um halb zehn, trafen die Gäste ein, um nach einigen Aperitifs sechs verschiedene Vorspeisen und sechs verschiedene

Hauptgänge zu ordern. Während die meisten Tische schon die Desserts bekommen, richten wir für diesen speziellen Tisch hoch konzentriert alles her – und selbst den jungen Spinat zum Kalbsrücken putzen wir à la minute sehr gewissenhaft, um ihn dann in Nussbutter zu schwenken, fein abzuschmecken und akkurat anzurichten. Alle Speisen sind gleichzeitig fertig, um vom Service und von Otto Koch persönlich serviert zu werden. Zufrieden mit unserer Arbeit, machen wir uns ans Aufräumen, als wieder ein unüberhörbarer Schrei unseren Atem stocken lässt. „Nein, nicht schon wieder", entfährt es mir und schon kommt ein missgelaunter Oberkellner in die Küche, um uns den wunderschönen Spinat zum Kalb zu zeigen. „Was ist los?", frage ich, um dann den grünen Käfer zu entdecken, der sich trotz genauen Zuputzens in das grüne Gemüse verirrt hat. Während wir in Windeseile diese Speise neu kochen, übernimmt Otto Koch das Beschwichtigen des empörten Gastes, was ihm mit viel Routine und Champagner auch gelingt. Der neue Teller passt schlussendlich, und nachdem sich die ganze Aufregung gelegt hat und die Stimmung wieder gut ist am Tisch, meint der Gastgeber zu Otto: „Besser finde ich beim Koch einen Käfer im Essen als beim Käfer (Feinkost Käfer) einen Koch auf dem Teller." So fand selbst dieser Albtraumsamstag ein versöhnliches Ende – und die Bayern wurden trotz der Niederlage schlussendlich trotzdem Meister.

Epilog

Als ich meiner Familie und meinen Freunden erzählte, dass ich ein Buch schreiben wollte, wurde ich belächelt und nicht ernst genommen. In einem schwachen Moment behauptete ich, den Beweis antreten zu wollen, dass man ein Buch trotz eines anspruchsvollen Jobs schreiben kann und nicht auf die Pensionierung warten muss. Meine Entscheidung stand fest! Da ich Menschen, die keine Entscheidungen treffen können oder Entscheidungen aus einer Laune heraus wieder revidieren, prinzipiell nicht leiden kann, war ich diesem Projekt daher so gut wie verpflichtet. Ich schätze Menschen mit Handschlagqualität, die Versprochenes auch halten. Das war ein Grund für mich, mit dem Schreiben so schnell wie möglich zu beginnen.

Dieses Buch sollte keine langweilige Autobiografie werden, sondern ein Auszug aus vielen lustigen Erlebnissen in meiner gastronomischen Laufbahn. Selbstverständlich sollte es chronologisch aufgebaut sein, die lustigen Geschichten sollten aber im Vordergrund stehen und nicht meine Person. Dass von der Idee bis zur Fertigstellung über ein Jahr vergehen sollte, erwartete ich nicht. Meine Frau und meine Tochter haben damals sicher nicht geahnt, was sie mit ihrem ungläubigen Lächeln heraufbeschworen haben.

Neben meiner Arbeit begann ich kurz vor der stärksten Zeit im Jahr zu schreiben und opferte über ein Jahr lang beinahe jedes Wochenende und jeden freien Tag. Auch mein Freund Oskar fragte mich, ob ich verrückt sei, mir das zusätzlich zu meinem stressigen Job anzutun. Ich kann mich noch gut an seine leicht philosophisch klingenden Worte über meine Freisprecheinrichtung erinnern. Ich war spät dran und hetzte mit über 160 Sachen auf der Bundesstraße zu meinem nächsten Termin, als er offensichtlich in meiner Stimme die Hektik spürte. Er gab mir einen Rat, den ich damals auf einen kleinen Zettel im Auto notierte, um ihn heute in mein Buch aufzunehmen: „Alex, das System hat nicht dein Tempo! Lass das System zu und lass dich mitreißen, kämpfe nicht immer dagegen an, sonst gehst du unter!"

Auch Valentina, meine Tochter, fragte mich nach vielen familienfeindlichen Wochenenden, wie weit ich denn mit meiner „Lebensbiopsie", die ja eigentlich keine sein sollte, sei. Ich muss ehrlich zugeben, dass mir das Schreiben und Recherchieren Spaß gemacht hat und dass es über einen Großteil der aufgewendeten Zeit sogar ein angenehmer Ausgleich für mich war. Alleine die zahlreichen Treffen mit ehemaligen Kollegen, die vielen Stunden in schönen Bars und Restaurants und das gemeinsame Philosophieren über die „gute alte Gastrozeit", die ohne dieses Buch wohl nicht zustande gekommen wären, waren diesen Aufwand wert. Auch die ehemaligen Arbeitsstätten zu besuchen, zu sehen, was die Gastronomiekollegen jetzt so machen, war immer sehr interessant und schön. Die Arbeit, die hinter so einem Buch steht, habe ich aber eindeutig unterschätzt.

Auch viele Kollegen haben mit mir die Geschichten wieder revitalisiert und aktiv mitgearbeitet. Der Stoff für weitere Bücher wäre jedenfalls vorhanden.

Nach dem Lesen dieses Buches könnte man den Eindruck gewinnen, dass das Gast- bzw. das Hotelgewerbe nur aus Jux und Tollerei besteht. Die in diesem Buch erzählten Geschichten sind aber nur einzelne Episoden. In der Gastronomie ist die Chance, lustige Geschichten zu erleben, sicher größer als in so manch anderem Job, dennoch ist diese

Branche ein sehr ernsthaftes Gewerbe, das speziell in der gehobenen Gastronomie einiges an Disziplin verlangt. Weiters sollte auch nicht der Eindruck entstanden sein, dass die anspruchsvolle, gehobene Küche das einzig Wahre ist. Man kann durchaus einmal zu McDonald's gehen und an einer Straßenecke einen Kebab verzehren, das mach ich ja auch. Wichtig ist aber, dass wir unseren Kindern auch die andere Seite der Medaille zeigen, um ihnen Genuss, Geschmack und auch die Zeremonie des Miteinanderessens näherzubringen. Leider geht die kulinarische Versorgung unserer Kinder oft nicht über das Niveau von Würsteln mit Pommes und Ketchup, Fischstäbchen oder Burgern hinaus. Ich erinnere mich noch gut an den Gesichtsausdruck der Kellnerin eines Nobelitalieners, als meine zwölfjährige Tochter zur Vorspeise ein Vitello tonnato, danach eine kleine Portion Tagliatelle mit weißer Trüffel bestellte und hinzufügte, dass sie, sollte sie danach noch hungrig sein, bei den von meiner Frau und mir bestellten Bistecca alla fiorentina probieren würde. Mit den Worten „Das kommt aber selten vor" nahm sie leicht verwirrt die Bestellung auf. Auch die wenigen Male, wo wir zu Hause kochen, sollte die Qualität der Lebensmittel vor der Quantität Vorrang haben. Danach noch gemütlich zusammenzusitzen und bei gutem Essen miteinander zu plaudern, kann entspannender als so mancher Kurzurlaub sein!

Die einzige negative Nebenwirkung von häufigem gutem Essen meine Person betreffend lässt sich am besten in Zahlen ausdrücken: von 55 Kilogramm auf 101,4 Kilogramm bei einer diätbedingten Schwankungsbreite von +/– 15 kg im Jahr. Ich bereue die frühe Entscheidung für diesen Weg jedenfalls nicht! Ob das meine Frau auch so sieht, wenn ich spätnachts von diversen Cateringveranstaltungen nach Hause komme, kann ich nicht mit Sicherheit sagen. Ich möchte mich bei allen Freunden, Exkollegen und Kollegen für ihre Beiträge, Ideen und die tolle Unterstützung bei diesem Werk bedanken.

Der größte Dank gilt aber meiner Frau Ricki und meiner Tochter Valentina, für die im letzten Jahr nicht wirklich viel Zeit übrig geblieben ist.

Ich liebe euch!

Fachwörterverzeichnis von A bis Z

à la carte	Freie Auswahl der Speisen aus der Speisekarte im Gegensatz zum Menü
à la jardinière	Auf Gärtnerinart – mit verschiedenen Gemüsesorten
à la minute	Auf die Minute genaue Zubereitung der Speisen direkt vor dem Servieren
Amuse-Gueule	Ein appetitanregendes, mundgerechtes Häppchen, auch Amuse-Bouche genannt
annoncieren	Ausrufen der Restaurantbestellung durch den Annonceur
Arrivée	Ankunft
Azubi	Bezeichnung eines Lehrlings in Deutschland
Bain-Marie	Wasserbad, in dem Gerichte warm gestellt werden
Balthazar	Flascheninhalt von zwölf Litern
bardieren	Mit Speckscheiben umbinden, um das Fleisch beim Braten saftig zu halten
Barrel-Sample	Weinprobe direkt vom Holzfass (Fassprobe)
bien cuit	Gut durchgebraten
Blini	Russische Eierkuchen aus Hefe, Buchweizenmehl und Wasser, gereicht zu Kaviar
bonieren	Eintippen einer Bestellung in die Kasse durch den Kellner

Bouquet garni	Kräutersträußchen, z. B. für Suppe (Karotten, Petersilienwurzel, Lauch und Lorbeerblatt)
Bresse-Taube	Taube aus Bresse, Bresse ist eine natürliche Landschaft im Osten von Frankreich
brunoise	In kleine Würfel geschnitten (z. B. Gemüse)
Busboy	Hilfskellner
Café de Paris	Sauce auf Basis einer kalten Buttermischung
Canapés	Kleine geröstete Brotscheiben, pikant belegt
Carpaccio	Hauchdünne Scheiben von rohem Rindfleisch, in Harry's Bar in Venedig erfunden
Chateaubriand	Ein doppeltes Steak aus der Mitte des Rinderfilets
Chef de Bar	Barchef, in größeren Bars sind ihm die Barkeeper unterstellt
Chef de Cuisine	Küchenchef
Chef de Partie	Postenchef in der Küche, der für einen Teilbereich verantwortlich ist
Chef de Rang	Dem Restaurantleiter und dessen Vertreter unterstellter Kellner mit eigener Station
Cloche	Abdeckhaube, meist aus Edelstahl, zum Warmhalten von angerichteten Speisen
Commis de Bar	Barkeeper im ersten Gehilfenjahr
Commis d'Entremetier	Gehilfe des Entremetiers

Commis de Rang	Dem Demichef de Rang unterstellter Kellner
Concierge	Mitarbeiter im Empfangsbereich, steht im Dienste von Gästen mit höchsten Erwartungen
Confit	In Fett gekochtes und so haltbar gemachtes Fleisch (Ursprung Südfrankreich)
Consommé	Kraftsuppe, die mit faschiertem magerem Rindfleisch geklärt wird
Consommé double	Extra starke Kraftsuppe, bei der die doppelte Menge an Klärfleisch verwendet wird
Coquilles St-Jacques	Jakobsmuscheln
Couvert	Gedeck, dazu zählen die Serviette, das Besteck, Gläser und oft auch Brot und Butter
cravad	Auf skandinavische Art gebeizt (z. B. Lachs)
Crème brulée	Dessert aus Eigelb, Sahne und Zucker, das mit Oberhitze bis zur Krustenbildung erhitzt wird
Crème Caramel	Im Wasserbad gestockte Masse aus Ei, Milch und Zucker, auch Flan genannt
Crêpes Suchard	Dünne Palatschinken mit Speiseeis und Schokoladensauce
Crêpes Suzette	Dünne Palatschinken mit Orangensaftsauce und Grand Marnier, am Tisch flambiert

Crépinette	Flaches Würstchen aus Fleisch, das in Schweinenetze gefüllt wird
Crottin	Französischer Weichkäse aus Ziegenmilch
Dash	Ein Spritzer einer flüssigen Zutat (ca. 1 ml)
degraissieren	Abfetten, abschäumen
degustieren	Probieren, verkosten
dekantieren	Den Wein von unerwünschtem Bodensatz trennen und ihm Luft geben, damit er atmen kann
Demichef de Bar	Vertreter des Barchefs oder des leitenden Barkeepers
Demichef de Rang	Dem Chef de Rang unterstellter Kellner
Duxelles	Würzige Farce aus fein gehackten Pilzen, Zwiebel, Knoblauch, Petersilie …
Entrecôte double	Steak aus dem Zwischenrücken-stück des Rindes für zwei Personen
Entremetier	Gemüsekoch, Koch von Beilagen, kalten Platten sowie Butter- oder Eisskulpturen
Etage	Diese Abteilung im Hotel umfasst die Gästezimmer, die Halle und deren Reinigung
Etouffée-Taube	Taube, die erdrosselt und nicht geschlachtet wurde, dadurch ist das Fleisch roter und zarter
F & B	Food-and-Beverage-Manager – Verantwortlicher für den Speisen- und Getränkeeinkauf

Farce	Füllung für Fleisch- und Fischgerichte
Filet Rossini	Steak mit Gänseleber, Trüffeln und Madeirasauce
filetieren	Fische auslösen, entgrätete Filets herrichten
finishen	Ein Gericht letztmals bearbeiten, ihm den letzten Schliff geben
flambieren	Abbrennen mit Alkohol
Flying Buffet	Servicemitarbeiter reichen den meist stehenden Gästen auf Tabletten angerichtete Speisen
Fond	Aufgussmittel wie Saft, Sud oder Suppe
Gardemanger	Koch der kalten Küche
Glace	Fleischextrakt, oft sirupdick eingekochter Fond zur Aufbesserung schwacher Saucen
glasieren oder glacieren	Überglänzen mit Gelee oder bei Fischen rasches Bräunen (Überbacken)
Gourmand	Vielesser, zum Unterschied vom Gourmet (Feinschmecker)
Grande Brigade de Cuisine	Küchenbrigade mit mindestens sechs Chefs de Partie mit Commis
Grand Jus	Wird als Grundsauce zur Herstellung einer Sauce Demi-Glace benötigt
gratinieren	Überbacken, überkrusten durch starke Oberhitze

Guéridon	Kleiner Beistelltisch für die Arbeiten des Kellners am Tisch des Gastes
Horizontale (Wein)	Weinprobe eines Gebietes und Jahres, Vergleich unterschiedlicher Weingüter
Hors-d'œuvre chauds	Warme Vorspeisen
Hors-d'œuvre froids	Kalte Vorspeisen
Imperiale	Flascheninhalt von sechs Litern (Bordeaux)
Jeroboam	Flascheninhalt von 4,5 Litern (Bordeaux), seit 1978 beträgt der Flascheninhalt fünf Liter
julienne	In feine Streifen geschnitten
Jus	Saft, Bratensaft, Fleischsaft, aber auch Fruchtsaft
Küchenpass	Speisenausgabestelle der Küche
la Suite Service	Commis, der aus der Küche die Speisen bringt, bevor die Ober an den Tisch weiterservieren
Magnum	Flascheninhalt von 1,5 Litern
Maître d'Hôtel	Restaurantleiter
Malossol	Hochwertiger, schwach gesalzener russischer Kaviar
marinieren	Einlegen bzw. Beizen von Fleisch und Fisch, aber auch Herstellung von Salatmarinaden
Mille Feuilles	Französische Bezeichnung für Blätterteig (tausend Blätter)

Mirepoix	Röstgemüse, je nach Saucenwürze z. B. Karotten, Sellerie, Lauch, Speck …
Mise en Place	Vorbereitung eines Arbeitsplatzes in der Küche, im Restaurant oder in der Rezeption
Mousseline	Eine durch Zugabe von Schlagobers verfeinerte Variante der Sauce hollandaise
nappieren	Speisen mit einer Sauce überziehen (wird meist vom Kellner gemacht)
Nebukadnezar	Flascheninhalt von 15 Litern
Nightcap	Letzter Drink vor dem Schlafengehen
Office oder Backoffice	Jener Teil des Betriebs, der vom Gast uneinsehbar für Hintergrundarbeiten genutzt wird
Parfait	Halbgefrorenes, meist eine Art Speiseeis aus Eigelb, Sahne, Zucker und Aromen
Pata negra	Ibérico-Schinken oder auch Jamón de Pata negra genannt (Schwarzklauenschinken)
Patissier	Süßspeisenkoch, Konditor
Plat de Gibier	Wildgerichte
Plat sauté	Sautierte Gerichte
Poissonnier	Fischkoch
Poissons	Fischgerichte
Potages	Suppen
Rôtisseur	Bratenkoch
saignant	Blutig gehalten

Salamander	Küchengerät mit starker Oberhitze zum schnellen Überbacken diverser Gerichte
Salmanazar	Flascheninhalt von neun Litern
Sauce béarnaise	Eine der holländischen Sauce ähnliche Sauce der klassischen französischen Küche
Sauce Cumberland	Pikante Sauce aus gelierten roten Johannisbeeren, Portwein und Gewürzen zu Wildgerichten
Sauce Demi-Glace	Braune Fleischsauce, deutlich kräftiger als Jus, Basis für weitere Ableitungen
Sauce hollandaise	Warm aufgeschlagene helle Sauce aus Butter und Eigelb
Saucier	Saucenkoch, in der Küchenhierarchie nach dem Souschef
Sauciere	Saucenschüssel
sautieren	Schwingend in der Pfanne rösten, Gemüse in Butter schwenken
Scoville-Skala	Skala zur Abschätzung der Schärfe von Paprikapflanzen
Silver-Service-Waiter	Ein Kellner, der vom Sideboard aus Speisen zubereitet, filetiert und vorlegt
Sirloinsteak	Steak aus dem hinteren Ende des flachen Roastbeefs
Sommelier	Weinkellner und Weinfachmann
Souschef	Küchenchef-Stellvertreter
Supplement	Zu- bzw. Nachschlag

Tannin	Wertvoller Inhaltsstoff des Weins – Tannine sind Gerbstoffe
Tarte	Französischer, flacher Mürbteigkuchen
Tastevin	Probierschale aus Metall zur sensorischen Analyse des Weins durch den Sommelier
Tournant	Wechselkoch, übernimmt die Vertretung anderer Köche (Springer)
tournieren	Formen, z. B. Kartoffeln in die gewünschte Form bringen
tranchieren	Zerlegen, in Scheiben schneiden
Tumbler	Zylindrisches Glas ohne Stiel
Velouté	Samtartige Cremesuppe
Vertikale (Wein)	Weinprobe verschiedener aufeinanderfolgender Jahrgänge eines einzigen Weingutes
Vichykarotten	In Scheiben geschnittene Karottenstücke, in Mineralwasser gedünstet
Vinaigrette	Eine kalte Sauce aus Essig und Öl mit verschiedenen Kräutern
Vol-au-Vent	Hohe, runde, mit Ragout gefüllte Pastete aus Blätterteig
ziselieren	Kleine Einschnitte machen, gegen Aufspringen, meist bei Fischen
Zucchetti	Bezeichnung für Zucchini in der Deutschschweiz